Hedi Ben Amor

Méthodes pour l'ingénierie des réseaux biologiques

AF217043

Hedi Ben Amor

Méthodes pour l'ingénierie des réseaux biologiques

Calcul avec des populations d'oscillateurs et approches par contraintes pour les réseaux biologiques

Presses Académiques Francophones

Impressum / Mentions légales

Bibliografische Information der Deutschen Nationalbibliothek: Die Deutsche Nationalbibliothek verzeichnet diese Publikation in der Deutschen Nationalbibliografie; detaillierte bibliografische Daten sind im Internet über http://dnb.d-nb.de abrufbar.

Alle in diesem Buch genannten Marken und Produktnamen unterliegen warenzeichen-, marken- oder patentrechtlichem Schutz bzw. sind Warenzeichen oder eingetragene Warenzeichen der jeweiligen Inhaber. Die Wiedergabe von Marken, Produktnamen, Gebrauchsnamen, Handelsnamen, Warenbezeichnungen u.s.w. in diesem Werk berechtigt auch ohne besondere Kennzeichnung nicht zu der Annahme, dass solche Namen im Sinne der Warenzeichen- und Markenschutzgesetzgebung als frei zu betrachten wären und daher von jedermann benutzt werden dürften.

Information bibliographique publiée par la Deutsche Nationalbibliothek: La Deutsche Nationalbibliothek inscrit cette publication à la Deutsche Nationalbibliografie; des données bibliographiques détaillées sont disponibles sur internet à l'adresse http://dnb.d-nb.de.

Toutes marques et noms de produits mentionnés dans ce livre demeurent sous la protection des marques, des marques déposées et des brevets, et sont des marques ou des marques déposées de leurs détenteurs respectifs. L'utilisation des marques, noms de produits, noms communs, noms commerciaux, descriptions de produits, etc, même sans qu'ils soient mentionnés de façon particulière dans ce livre ne signifie en aucune façon que ces noms peuvent être utilisés sans restriction à l'égard de la législation pour la protection des marques et des marques déposées et pourraient donc être utilisés par quiconque.

Coverbild / Photo de couverture: www.ingimage.com

Verlag / Editeur:
Presses Académiques Francophones
ist ein Imprint der / est une marque déposée de
OmniScriptum GmbH & Co. KG
Heinrich-Böcking-Str. 6-8, 66121 Saarbrücken, Deutschland / Allemagne
Email: info@presses-academiques.com

Herstellung: siehe letzte Seite /
Impression: voir la dernière page
ISBN: 978-3-8416-2528-1

Remerciements

C'est un lieu, commun mais c'est sincère, sans eux tout cela ne serait pas possible. Il s'agit de ma famille, mes collègues et mes amis. Ils sont les ennemis jurés de mes humeurs moroses et les premiers à soutenir mes décisions rendant les responsabilités qui en découlent plus légères et acquises. Par conséquent, ce travail a pu être finalisé et a pu voir le jour.

À mes parents, vous qui m'avez toujours encouragé à m'initier à la Recherche, même si c'est au prix de mon éloignement géographique. Pour cet encouragement vital, je vous dédie cette thèse.

À ma famille, Amine, Anis, Azza, Dali, Nour, Sarra et Soufia, c'est lors de moments difficiles que je me suis rendu compte de ce qui est le plus important ; cela m'a permis de rebondir et de retrouver mes objectifs et la vocation à laquelle j'aspire : l'ingénierie du vivant.

À mon oncle Abdel-Razek et sa fille Soundes, tous les deux archéologues, vous m'avez transmis l'importance de l'histoire. Ces monuments et objets qui sont pour certains des attrape-poussières sont pour moi un trésor inestimable et des repères de temps. Cette conscience du temps historique, je vous la dois en partie. Elle m'a été d'une grande utilité pour réaliser l'importance de situer les travaux précédents dans leur contexte historique.

Au Pr. Jacques Demongeot, mon directeur de thèse. Je me rappelle encore de notre premier contact, en France, c'était la veille de Noël, je vous ai envoyé un message électronique à 23h du soir dans lequel je vous faisais part de ma motivation à poursuivre mes études sur les réseaux de neurones. J'ai eu une réponse dans la minute qui a suivi et notre échange a duré 3h. C'est votre motivation, votre réactivité et votre humanité que j'admire. En parallèle, il y a cette grande science que vous portez en vous et qui m'a permis d'élargir ma vision et de connaître des champs aussi passionnants que la biologie, les systèmes dynamiques, les systèmes complexes et la modélisation du vivant. Cela m'a permis de voir que des systèmes aussi différents en forme que les réseaux de régulations génétiques, les réseaux de neurones et d'oscillateurs physiques s'apparentent en comportement. Ceci abolit des frontières qu'un jeune esprit pouvait imaginer : enzymes, protéines, applaudissement d'une foule, rythme cardiaque, neurones ou oscillateurs physiques ne sont

3

plus désormais que substrats, il n'y a que comportement et mécanique.

À Nicolas Glade, mon directeur de thèse et ami, avec qui nous avons eu de nombreuses discussions à propos du computing, de la machinerie cellulaire, de l'émergence dans les systèmes complexes et de la biologie en général. Cela m'a permis de catalyser et faire mûrir beaucoup d'idées et de voir les frontières entre sciences à leur juste valeur. Tu m'as aussi appris qu'il était essentiel de ne pas garder ses idées dans l'air, mais de les écrire et les affronter et puis les proposer, chose qui m'a permis d'obtenir mon premier financement de projet. Je te dois tout cet apprentissage, qui me sera sans doute très utile pour développer ma pluridisciplinarité et appréhender le métier de chercheur. La liste est loin d'être finie, je préfère en garder pour un autre manuscript.

À Eric Fanchon et Laurent Trilling : vous faites partie d'une école de pensée que j'ai eu la chance de côtoyer de près à deux pas de mon bureau. Vous m'avez appris un autre type de rigueur, qui prend en compte le lecteur lors de la rédaction d'articles scientifiques, ainsi qu'à modérer ma motivation. J'avoue que cela est frustrant dans ces moments d'avalanches d'idées, mais cela s'est avéré utile pour ne pas s'éparpiller. À Fabien Corblin, collaborateur, ami et leur ancien doctorant, grâce à toi j'ai appris la puissance, comme tu dis, des approches par contraintes et leur intérêt dans l'étude des systèmes complexes. Je te remercie aussi pour les conseils et les propositions qui m'ont permis de m'améliorer sur le plan pédagogique.

À Adrien Elena, Olivier Bastien, Mathilde Noual et Sylvain Sené, collaborateurs : les échanges d'idées que j'ai eus avec vous était plus que féconds. J'ai pu notamment côtoyer vos travaux de grande qualité de très près et réaliser le potentiel des expériences *in simulacra* dans l'analyse de la robustesse des réseaux, pour cerner les limites du formalisme des automates booléens à seuil dans la modélisation des réseaux biologiques.

À Hervé Guiol, Olivier François, Michael Blum, Nicolas Thierry-Mieg, les autres permanents de l'ex-équipe TIMB du TIMC-IMAG, où j'ai fait la moitié de ma thèse, même si nous n'avons pas travaillé ensemble sur un même projet, les discussions qu'on a eues à propos des statistiques, de la génétique des populations, du smart-pooling ou encore de la politique rendaient le repas du RU délicieux.

À Angélique Brouta, Caroline Messina Dos Sanatos, Céline Fontant, Maribel Chenin, Nadine Perraud, Noureddine Laieb et Olivier Pedano : un bon laboratoire est un laboratoire muni d'une administration et d'une équipe

4

système réactives et efficaces, mais par-dessus tout, humaines. Je réalise de plus en plus chaque jour à tel point ça aurait été difficile sans vous, surtout que je suis du genre à m'y prendre à la dernière minute pour ces choses là. Je m'en excuse et je suis reconnaissant envers votre grande patience.

À tous mes amis du laboratoire et d'ailleurs (par ordre alphabétique), Abdessalem Chekhchoukh, Abdelbari Chaabane, Amine Belmabrouk, Amira Yahyaoui, Angélique Stéphanou, Anis Moualhi, Arbi Ben Ali, Arnold Fertin, Asma Aouinet, Aziz Ben Cheikh, Aziz Mezlini, Cédric Frambourg, Céline Fouard, Emilia Snow, Eric Durand, Firas Thraya, Flavien Caraguel, Flora Jay, Jeremey Rolland, Khadija Jaïet, Khalil Chouk, Laure Sambourg, Laurie Chambon, Marco Montalva, Maria Christou, Mathilde Becker, Mathilde Noual, Mohamed Louati, Nasr Mdimagh, Nicolas Mobilia, Othmane Chaouachi, Raphaëlle Vialleton, Saïd Zbidi, Sean Schoville, Shashi Rao, Simon Lefloch, Simon Pervier, Walid Ben Romdhane, Walid Skouri, Xavier Combier, Yassine Hamrouni et Youssef Ben Hmdia. J'espère que je n'ai oublié personne, désolé d'avoir rarement été disponible durant ces années et je suis sûr que vous comprenez pourquoi.

Après les personnes, vient le tour des organismes qui ont rendu possible ces recherches : le réseau d'excellence Européen : NoE - Virtual Physiological Human etl'Institut Rhône-Alpin des Systèmes Complexes (IXXI).

À mes parents et à mes enfants[1],

---

1. ... si j'ai le temps d'en avoir un jour

Méthodes numériques et formelles pour l'ingénierie des réseaux biologiques :

Traitement de l'information par des populations d'oscillateurs, Approches par contraintes et Taxonomie des réseaux biologiques.

Résumé. Cette thèse concerne l'ingénierie des systèmes complexes à partir d'une dynamique souhaitée. En particulier, nous nous intéressons aux populations d'oscillateurs et aux réseaux de régulation génétique.

Dans une première partie, nous nous fondons sur une hypothèse, introduite en neurosciences, qui souligne le rôle de la synchronisation neuronale dans le traitement de l'information cognitive.

Nous proposons de l'utiliser sur un plan plus large pour étudier le traitement de l'information par des populations d'oscillateurs. Nous discutons des isochrons de quelques oscillateurs classés selon leurs symétries dans l'espace des états. Cela nous permet d'avoir un critère qualitatif pour choisir un oscillateur. Par la suite, nous définissons des procédures d'impression, de lecture et de réorganisation de l'information sur une population d'oscillateurs. En perspective, nous proposons un système à couches d'oscillateurs de Wilson-Cowan. Ce système juxtapose convenablement synchronisation et désynchronisation à travers l'utilisation de deux formes de couplage : un couplage continu et un couplage par pulsation. Nous finissons en proposant une application de ce système : la détection de contours dans une image.

En deuxième partie, nous proposons d'utiliser une approche par contraintes pour identifier des réseaux de régulation génétique à partir de connaissances partielles sur leur dynamique et leur structure. Le formalisme que nous utilisons est connu sous le nom de réseaux d'automates booléens à seuil ou réseaux Hopfield-semblables. Nous appliquons cette méthode, afin de déterminer le réseau de régulation de la morphogenèse florale d'*Arabidopsis thaliana*. Nous montrons l'absence d'unicité des solutions dans l'ensemble des modèles valides (ici, 532 modèles). Nous montrons le potentiel de cette approche dans la détermination et la classification de modèles de réseaux de régulation génétique.

L'ensemble de ces travaux mène à un certain nombre d'applications, en particulier dans le développement de nouvelles méthodes de stockage de l'information et dans le design de systèmes de calcul non conventionnel.

Mots-clés. évocation mnésique, synchronisation et désynchronisation, populations d'oscillateurs, approche par contraintes, robustesse, réseaux de régulation génétique.

Numerical and formal methods for biological networks engineering :

Computing by populations of oscillators, constraint-based approaches and taxonomy of biological networks.

Abstract. This thesis is concerned by the engineering of complex systems from a desired dynamics. Particularly, we are interested by populations of oscillators and genetic regulatory networks.

In a first part, we start from a hypothesis introduced in neuroscience, which highlight the role of neural synchronization in the cognitive processing. We propose to use this hypothesis in a more general panorama to investigate the computing with populations of oscillators. We discuss about the isochrons of few oscillators selected according to their symmetry in the state space. Therefore, we define procedures for making footprints, for reading and for reorganizing information by a population of oscillators. As a perspective, we propose a system of lattices of Wilson-Cowan oscillators organized in several interconnected layers. This system properly mixes synchronization and desynchronization by using two types of coupling : pulsed and continuous coupling. At the end of this part, we propose to use this system in order to detect the edges of an image.

In the second part, we propose a constraint-based approach to determine the structure of genetic regulatory networks starting from incomplete knowledge on their structure and their dynamics. The formalism we use is widely called thresholded Boolean automata networks or Hopfield-like networks. As an proof of concept, we apply this method to determine the regulatory network of *Arabidopsis thaliana* flower morphogenesis. We obtain 532 valid models instead of one unique solution and then classify them by using structural robustness criteria. By this way, we showed the potential of this approach in determining and classifying thresholded Boolean automata networks like genetic regulatory networks or neural networks.

This works leads to many applications, in particular the developpement and the design of new methods for processing information and the design of systems of unconventional computing.

Keywords. Mnesic evocation, synchronization and desynchronization, populations of oscillators, constraint-based approaches, robustness, genetic regulatory networks

Table des matières

Table des figures

Première partie

Introduction

Chapitre 1

Introduction

Avant propos

Avant de commencer à lire cette introduction, j'invite le lecteur non initié à lire le Chapitre 2. Dans ce chapitre, je positionne scientifiquement et philosophiquement les questions qui ont motivé cette thèse. Dans cette introduction, je présente le sujet et les questions auxquelles cette thèse tente d'apporter des éléments de réponse.

Qu'est ce que la mémoire ? Qu'est ce que se souvenir ? Quelle est la cause de ces phénomènes ?

Il s'agit des 3 premières questions posées par Aristote dans son *Traité sur la mémoire et la réminiscence*. Cette thèse est motivée par ces questions. Elle n'a pas toutefois la prétention d'y répondre. Répondre à ces questions serait un pas de plus envers la réponse à une question centrale de notre existence : *Comment la matière devient conscience ?* (Edelman et Tononi, 2000). Une réponse scientifique à cette question aurait un effet similaire au passage d'une vision géocentrique à une vision héliocentrique. Elle serait un coup de grâce donné par le matérialisme au spiritualisme. Une simple expérience auto-contemplative et subjective permet de poser des questions annexes, déjà soulevées en antiquité ou encore dans l'école empiriste anglaise (*cf.* Chapitre 2) :

1. *Comment s'effectue la recherche d'un souvenir ?*
   Quelles sont les étapes et les mécanismes du processus d'évocation mnésique ?
   Comment s'effectue l'extraction d'un souvenir ?

2. *De quel type est la requête entrante ?*
   Est-elle un fragment incomplet ou un souvenir associé de manière narrative ?

3. *Qu'est ce qui détermine la réussite ou l'échec d'une évocation ?*
   Qu'est ce qui nous permet d'affirmer qu'une image mentale est un souvenir et non pas le fruit de notre imagination ?

4. *Comment sont mémorisés les souvenirs ? Quelle est la nature de la proximité entre souvenirs ?*
   Comment est-elle mise en place ?

5. *Y a-t-il une ancienneté des souvenirs ? Où se trouve la trace de l'ancienneté d'un souvenir ?*
   Est-elle une propriété liée à ce souvenir et à la manière avec laquelle il est stocké ?
   Ou un autre souvenir associé, de type temporel ?
   Comment cette ancienneté conditionne-t-elle son évocation ?

Grâce aux développements des instruments de mesure, le cerveau a pu être observé à différentes échelles. Son rôle, sa cartographie fonctionnelle et ses unités de traitement de l'information cognitive ont pu être décelés. Cette levée du voile a permis de muter et de transférer ces questions sur un terrain scientifique, loin du raisonnement pur et de l'auto-contemplation. Certains mécanismes biochimiques apportent des éléments de réponse à ces questions : la libération de potentiel d'action dans l'axone est avancée comme étant à la base de la communication neuronale et la plasticité synaptique comme étant à la base de l'apprentissage. Cette dernière est la cause de l'émergence de la propriété d'associativité des réseaux de neurones. Elle fut introduite pour la première fois sous la forme d'une loi par Hebb (1949) [1]. Des modèles connexionnistes, dont l'unité fonctionnelle est un neurone formel, ont permis d'apporter des éléments de réponse à quelques-unes des questions citées ci-dessus comme aux questions 2 et 4. En effet, ces modèles sont régis par une loi d'apprentissage. Cette loi calibre les affinités entre les neurones du réseau,

---

1. *"When an axon of cell A is near enough to excite B and repeatedly or persistently takes part in firing it, some growth process or metabolic change takes place in one or both cells such that A's efficiency, as one of the cells firing B, is increased"*, Donald Hebb dans *The Organization of Behavior : A Neuro-Physiological Theory*

de manière à ce que l'information à mémoriser soit un état stationnaire. Une fois cette phase d'apprentissage achevée, évoquer une information mémorisée revient à présenter la bonne entrée. Elle sera une déformation ou une partie de l'information mémorisée : dans ce cas, on parle de mémoire adressable par le contenu (Hopfield, 1982). Dans le cas du perceptron (Rosenblatt, 1958), elle est une information corrélée à l'information mémorisée, on parle alors de classification. En employant les termes de la théorie des systèmes dynamiques, l'information mémorisée est un attracteur point fixe ou cycle limite du système. Cela a même été observé dans l'hippocampe par Wills et al. (2005). Une entrée évocante de cette information est une condition initiale contenue dans le bassin d'attraction du point fixe. C'est de ce point de vue que ces systèmes approchent les questions 1 ; qui sont relatives à la recherche, aux mécanismes et étapes du processus d'évocation. Par contre, ces modèles et leurs dérivés n'apportent pas d'éléments de réponse aux questions 3 et 5 ; qui sont relatives à l'échec et à la réussite du processus d'évocation ainsi qu'à l'ancienneté des souvenirs. Il faudra attendre un changement de perspectives, qui propose une nouvelle unité au traitement cognitif. Il s'agit des oscillations neuronales.

Ce phénomène a longtemps été considéré comme un indicateur du type d'activité cognitive. Sa signature fréquentielle et sa régularité donnent un aperçu de l'activité globale des populations de neurones, d'une aire cérébrale ou encore celle de tout le cerveau. Une activité cérébrale mesurée par EEG indique, par sa fréquence et son historique (les activités précédentes), l'état de conscience dans lequel se trouve le sujet ; on cite à titre d'exemple les rythmes bêta de 13Hz à 30Hz, associés à l'éveil excité (exemple : la concentration) et au sommeil paradoxal (Jouvet, 1992) (partie du sommeil pendant laquelle se produisent les rêves), les rythmes alpha de 8Hz à 12Hz, associés à l'éveil passif[2] (Berger, 1929) (exemple : repos avec fermeture des yeux) et les rythmes delta inférieurs à 4Hz, associés au sommeil profond. C'est en partie grâce aux travaux de Gray et Singer (1989) que des phénomènes associés aux oscillations prennent toute leur importance dans le traitement cognitif de l'information. Via des observations faites sur les aires du traitement visuel du chat, Gray et Singer (1989) mettent en corrélation le degré de synchronisation entre une population de neurones et une propriété du stimulus présenté à l'animal. Ce stimulus, qui consiste en une barre lumineuse, provoque une synchronisation neuronale plus importante, quand son orientation se rapproche plus d'une valeur préférentielle. Cette étude attribue un

---

2. Il s'agit des premiers rythmes observés par Hans Berger, l'inventeur de l'électroencéphalogramme.

rôle plus grand aux oscillations que celui d'un simple indicateur fonctionnel. Les auteurs avancent que la synchronisation est un mécanisme par lequel s'effectue la liaison entre les différentes modalités d'un percept (par exemple : la couleur, la forme, etc.).

Plus généralement, ils supposent que la synchronisation a un rôle dans l'établissement de liens entre assemblées neuronales caractérisées par la fréquence et la phase propre de leurs oscillations. Ces hypothèses sont une proposition de solution pour résoudre le problème de liaison (von der Malsburg, 1981), dans le cadre du traitement visuel. Ce problème, au cœur des neurosciences, pose la question de comment s'effectue l'intégration de l'information cognitive, ou plus fondamentalement comment s'élabore l'unité de la conscience (Roskies, 1999; Treisman, 1999). Dans le cas de la mémoire, la question se pose aussi : Comment différents éléments mnésiques, de modalités différentes, sont combinés pour former un souvenir ? La synchronisation des oscillations neuronales est une piste prometteuse pour apporter des éléments de réponse aux questions identifiées au début de cette introduction. Il convient donc, pour étudier ce mécanisme, de se positionner à l'échelle de populations élémentaires de neurones capables de générer des oscillations. Particulièrement dans le cortex visuel, l'aire corticale visuelle 17 est source de comportements périodiques, on peut citer les travaux de Gray et Singer (1989), dans le bulbe olfactif (Freeman, 1977, 1975), l'exitence d'interactions entre des populations de neurones excitateurs et inhibiteurs engendre des oscillations. On appelle ces structures oscillateurs neuronaux. Ils sont capables d'engendrer, comme beaucoup de rythmes biologiques, des oscillations de type cycle limite et des oscillations faiblement chaotiques (Buzsaki et Draguhn, 2006). Ces structures sont présentes aussi dans l'hippocampe (Buzsaki, 1984; Bartesaghi et al., 2006; Mori et al., 2007). Cet organe exhibe une activité synchrone induite par des inter-neurones GABAergic (Cobb et al., 1995). L'hippocampe est connu pour son rôle dans la mémoire épisodique et la mémoire spatiale (Tulving et Markowitsch, 1998).

Un modèle biophysique souvent utilisé pour modéliser ces structures est celui de Wilson et Cowan (1972). Les auteurs ont utilisé des méthodes issues de la physique statistique pour moyenner un modèle d'activité de deux populations de neurones interconnectés, excitateurs et inhibiteurs. Les résultats montrent des phénomènes d'hystérèse[3] simple et multiple et une activité de type cycle limite. Le modèle de Kuramoto (Strogatz, 2000; Acebron et al.,

---

3. hystérèse : persistance de l'effet, même après la disparition de la cause qui l'a engendré.

2005) est plus abstrait que le modèle de Wilson-Cowan, par le fait qu'il modélise des populations d'oscillateurs couplés. Les oscillateurs sont caractérisés par leurs phase et fréquence et sont considérés comme étant toujours sur un cycle limite. Ce modèle fournit un cadre mathématique favorable à l'étude de la synchronisation (ou de la sympathie comme aurait préféré l'appeler Huygens) d'oscillateurs par inter-couplage.

En raison de sa proximité à notre objet d'étude, nous sommes motivés principalement par l'utilisation du modèle de Wilson-Cowan dans l'étude de l'évocation mnésique. Nous verrons plus loin que ce modèle nous permet d'envisager des perturbations instantanées et d'avoir des verrouillages de phase par couplage entre oscillateurs. Par ailleurs, on étudiera le rôle de la synchronisation d'oscillateurs en tant que mécanisme d'intégration et de segmentation d'information cognitive. Pour restreindre cette étude, je ne vais pas m'intéresser à la synchronisation en tant que phénomène émergent ou en tant que finalité en soi, mais en tant que mécanisme élémentaire dans le traitement de l'information cognitive. C'est pour cette raison que je pars d'oscillations générées de manière endogène (*i.e.,* générées par le système et non pas par un entraînement externe). Je ne vais pas non plus aborder la question de la synchronisation fréquentielle comme mécanisme de traitement de l'information, elle fera l'objet d'une prochaine étude. Cependant, un détour sur les études où la synchronisation est vue comme un phénomène émergent est un préliminaire intéressant.

Synchronisation et désynchronisation d'oscillateurs

En 1665, Huygens, malade au lit sur un bateau, n'avait aucune autre préoccupation que de contempler[4] sa double horloge, un dispositif qu'il avait fabriqué pour résoudre le problème de la détermination de la longitude en mer[5]. En regardant le mouvement des deux pendules, Huygens remarqua la synchronisation de leurs mouvements : quand l'un est à gauche, l'autre est à droite. La synchronisation de leur mouvement est inévitable, quelque soit leurs positions de départ. Après observation, il déduit que d'imperceptibles mouvements échangés par les pendules via leur support commun (la planche) sont la cause de cet effet. Il appela cet effet la sympathie. Plus de 3 siècles plus tard, les exemples où cet effet est observé ne cessent de se multiplier. Dés

---

4. Contempler : Regarder avec attention ou admiration, une attitude en voie de disparition, à la base des grandes découvertes scientifiques.
5. Huygens avait proposé d'utiliser deux horloges au lieu d'une pour limiter les erreurs causées par le tangage et le roulis du bateau. Ceci était supposé lui donner l'heure exacte au port d'attache et par conséquent obtenir la longitude en mer.

qu'il s'agit d'étudier des rythmes, l'étude des conditions de synchronisation est inévitable. La synchronisation a été observée à plusieurs échelles dans des systèmes physiques, vivants et abstraits. L'émergence du rythme cardiaque s'explique par le couplage entre les cellules du nœud sinusal. Les cellules β du pancréas fournissent, par sympathie et de manière coordonnée, l'insuline. Le chant des cigales et les flashs lumineux des lucioles vivant en communauté sur un arbre se synchronisent. Les cycles menstruels de femmes vivant en communauté se synchronisent également. La supraconductivité résulte du mouvement synchrone d'électrons. Une population de métronomes sur une planche se synchronisent par sympathie. Les piétons synchronisent leur marche et peuvent causer des oscillations forcées résonnantes de grande amplitude d'un pont, comme le cas du Millenium Bridge à Londres, lors de son jour d'inauguration. Des meutes de calamars synchronisent leurs flashes pour provoquer un phénomène qui s'apparente à de l'épilepsie chez des bancs de poissons. Les applaudissements des partisans du dictateur Ben Ali étaient aussi une forme de sympathie. Plus sérieusement, je recommande au lecteur deux livres saisissants de vulgarisation scientifique sur la synchronisation et les rythmes : *(i) Sync : The emerging science of spontaneous order* de Strogatz (2003) et *(ii) La vie oscillatoire : Au cœur des rythmes du vivant* de Goldbeter (2010).

La synchronisation est l'expression d'un comportement collectif. Ce mécanisme permet le transfert d'une fonctionnalité d'une échelle à une autre. Par conséquent, une liaison entre des systèmes d'échelles différentes et de nature différente est désormais possible. La synchronisation des pacemakers du nœud sinusal donne naissance aux battements du cœur, dont la régularité et la fréquence régulent la circulation sanguine. Dans ce cas, la synchronisation est vitale, car elle maintient une fonction critique de l'organisme. Dans d'autres situations, elle peut-être dangereuse à tout l'organisme, si elle se prolonge. C'est le cas de l'épilepsie, qui est une forte synchronisation de plusieurs groupements neuronaux. D'ailleurs, une espèce de calamars, chassant en meute des bancs de poissons, est capable de générer des flashes lumineux, les individus synchronisent leur flashes et provoquent un phénomène qui s'apparente à de l'épilepsie chez leurs proies. Ceci permet aux calamars de réussir à se nourrir et de ne pas subir la diversion crée par ces bancs de poissons. Cette stratégies s'avère gagnante pour les bancs de sardines quand elles sont face à une meute de dauphins.

De manière intermédiaire et à dose modérée, la synchronisation est un mécanisme nécessaire à la perception (Gray et Singer, 1989) et à la mémoire (Klimesch, 1996). Dans ce dernier cas, la désynchronisation est un autre mécanisme qui la complémente. De manière générale, ils sont des phénomènes de verrouillage de phase, comme celui observé par Huygens, où, par abus de langage, nous avons utilisé le mot synchronisation, est en réalité une mise en opposition de phase.

Dans des cas pathologiques (par exemple chez les personnes atteintes d'Alzheimer), des comportements stéréotypés ont été observés : ils sont caractérisés par une persévération comportementale (Giovannetti et al., 2007), c'est-à-dire une tendance à répéter systématiquement des phrases ou des actions de la vie courante, à avoir des préoccupations rituelles, etc. Au niveau neuronal, on peut penser que c'est dû à l'absence de mécanisme de désynchronisation de l'activité neuronale. Il existe de nombreuse études qui démontrent en effet l'existence d'un lien entre une caractéristique du comportement, la persévération, et un mécanisme neuronal, la désynchronisation, en particulier chez l'enfant et chez la personne âgée. Ainsi, chez (Thelen et al., 2001), nous pouvons lire : *"In both regimes, there is a strong tendency to reach to A and a persisting memory of that location after the field evolves. The differences are in the relaxation of the field, which is more pronounced in the noncooperative state and the strength of the memory, which is stronger in the cooperative regime"*, remarque dans laquelle les comportements synchronisés sont surtout rencontrés dans les réseaux neuronaux "coopératifs", c'est-à-dire ayant une majorité d'interactions neuronales activatrices. Dans (Puig et Gulledge, 2011), nous pouvons lire aussi *"Serotonin in the prefrontal cortex plays a modulatory role in spatial working memory and is critical for cognitive flexibility, its depletion resulting in perseverative behaviours... Serotonin regulates gamma rhythms through fast-spiking interneurons expressing 5-HT1A and 5-HT2A receptors... Stimulation of cortical 5-HT1A receptors would desynchronize gamma oscillations by reducing the activity and synchronization of 5-HT1A-expressing fast-spiking interneurons"*, remarque dans laquelle la réduction de sérotonine engendre une persévération comportementale, le mécanisme neuronal sous-jacent, qui lui est associé, est la régulation du rythme gamma par la sérotonine à travers des inter neurones exprimant des récepteurs 5-HT1A. La stimulation de ces récepteurs engendre une synchronisation de l'activité des inter neurones, qui sont majoritairement des neurones inhibiteurs, ce qui a comme conséquence la désynchronisation du rythme gamma.

Les mécanismes de synchronisation et de désynchronisation

Comme pour toute étude de phénomène émergent, il est important d'identifier les conditions d'apparition et de disparition d'une synchronisation, afin de cerner les mécanismes qui les génèrent. Ces mécanismes se divisent en deux : des mécanismes endogènes et des mécanismes exogènes. Les mécanismes endogènes concernent le couplage entre les oscillateurs du système et la manière avec laquelle ils évoluent dans le temps. D'un autre côté, les mécanismes exogènes sont les perturbations, le forçage et l'entraînement que peut subir le système d'un facteur externe.

Nous pouvons citer plusieurs exemples de mécanismes endogènes : par exemple, le couplage continu entre des oscillateurs de Kuramoto peut engendrer une synchronisation (Strogatz, 2000), le couplage pulsatile entre des oscillateurs similaires à ceux de Peskin peuvent à leur tour engendrer une synchronisation. Strogatz et Mirollo (1990) s'en sont servi pour expliquer la synchronisation de populations de lucioles. Dans un autre travail, Tonnelier et al. (1999) introduisent une stochasticité dans la fonction de réponse des oscillateurs de Wilson-Cowan. Les simulations numériques montrent que ce système est capable de désynchroniser à la suite d'une perturbation instantanée. Quant aux mécanismes exogènes, il s'agit surtout de perturbations qui agissent sur le système de manière périodique ou plus généralement une suite de perturbations. Dans plusieurs cas, les perturbations engendrent une synchronisation des oscillateurs. Nous verrons dans le Chapitre 4 que cela n'est pas toujours vrai. Afin d'expliquer cela, nous nous servons d'un outil développé par Winfree (1974), appelé *isochron*.

La compréhension de la réponse d'un système face aux perturbations nous permet d'envisager des stratégies de perturbations, pour orchestrer sa réponse. Ceci permet d'avoir un point d'entrée sur le système.

Analyses analytiques et simulations numériques

En raison du nombre élevé des unités du système étudié, l'analyse mathématique des conditions d'apparition des synchronisations est généralement un problème difficile. L'alternative à la prédiction analytique du comportement de ces systèmes consiste à les simuler. C'est en ce sens que ces systèmes s'inscrivent dans la catégorie des systèmes complexes. Néanmoins, dans certains cas, avec certaines hypothèses il est possible de prédire analytiquement la synchronisation d'une population d'oscillateurs. Par exemple, le modèle d'oscillateur à phase de Kuramoto est une généralisation d'un oscillateur admis comme étant sur son cycle limite. Par conséquent, les conditions de synchronisation par le biais du couplage entre oscillateurs peuvent être prédites analytiquement (Acebron et al., 2005). Ce modèle fournit beaucoup de résultats généraux sur les populations d'oscillateurs identiques faiblement couplés. Dès lors, définir une transformation entre ce modèle canonique et un modèle d'oscillateurs permet d'adapter ces résultats (Hoppensteadt et Izhikevich, 1997). Par contre, cette description suppose que les oscillateurs sont toujours au voisinage de leur cycle limite et nous prive de les contrôler en les perturbant loin de leur cycle. Quant aux mécanismes exogènes, la compréhension de leur effet passe par l'étude des courbes isochronales (Winfree, 1974).

Il s'agit de courbes continues (Guckenheimer, 1975) dans l'espace des états qui correspondent à une valeur particulière de la phase d'un oscillateur. Elles ont été introduites par Arthur Winfree, qui consacra sa vie à la modélisation mathématique de systèmes biologiques. Il avait défini tout un ensemble d'outils théoriques pour étudier leur organisation temporelle, ce qu'il appela *le temps biologique*. Ses outils permettent d'identifier et d'utiliser *la géométrie du temps biologique* (comme il préfère l'appeler) ou, de manière moins métaphorique, un aperçu des informations de réorganisation temporelle des systèmes biologiques. Il avait réuni tous ses outils dans un excellent ouvrage appelé *The geometry of biological time* (Winfree, 2001). La résolution de ces courbes est une tâche difficile, mais possible. Sur un système réel, il faut effectuer plusieurs expériences de type *phase reset* : (i) perturber le système vers un point, (ii) attendre que le système se relaxe, (iii) noter le temps d'attente et (iv) finalement associer la phase obtenue au point perturbé. Il faut réitérer cette expérience plusieurs fois, pour avoir un aperçu des courbes isochrones du système réel. Une alternative à cette manipulation est de la faire *in simulacra* où, à partir d'un modèle biophysique du système, on simule ces expériences pour avoir les isochrons du modèle. Une autre manière d'approximer le profil isochronal est de le faire de manière analytique, c'est ce qu'ont fait Jacques Demongeot, Nicolas Glade et Loïc Forest par la décomposition du système en composantes potentielle et hamiltonienne (Demongeot et al., 2007b,a; Glade et al., 2007; Forest et al., 2007) : ces travaux reposent sur l'hypothèse que, lorsque le système est fortement hamiltonien, ses isochrons peuvent être assimilés à la composante potentielle et inversement [6]. Il faut tout de même passer par une intégration numérique de la composante potentielle ou hamiltonienne dominante, selon les cas. D'autres méthodes numériques résolvent les isochrons en remontant le temps à partir des points les caractérisant sur le cycle limite. L'inconvénient, c'est que l'on obtient un ensemble de points éparpillés, ce qui donne un rendu discontinu de la courbe isochronale.

D'un autre côté, le déphasage induit par une perturbation externe peut-être obtenu également par le profil PRC[7] (courbe représentant le déphasage

---

6. Ce n'est effectivement acceptable qu'au voisinage immédiat du cycle limite
7. PRC pour *Phase Response Curve*

en fonction du temps de perturbation) du système. Ce profil est obtenu en juxtaposant des méthodes numériques et analytiques. Par exemple, Brown et al. (2004) présentent une méthode classique, appelée méthode directe, pour calculer la PRC d'un oscillateur à partir des courbes isochronales. La contribution de ces auteurs réside dans l'application et l'adaptation de cette méthode à certains modèles neuronaux comme les modèles de Morris-Lescar, Fitzugh-Nagumo, etc.

Il n'existe pas de méthode universelle pour prédire l'effet de mécanismes endogènes ou exogènes sur la réorganisation d'une population d'oscillateurs. Devant cette situation, nous nous tournons principalement vers les simulations numériques. Nous verrons que dans le cas des isochrons, leur résolution peut-être améliorer en prenant en compte le théorème de Guckenheimer (Guckenheimer, 1975) sur la nature de l'intersection des isochrons avec le cycle limite. Cette intersection est perpendiculaire. Ceci permet de savoir où chercher, initialement, un premier ensemble de points de même phase. Par la suite, nous pouvons soit remonter le temps à partir de ces points ou bien les utiliser pour détecter les prochains endroits de recherche (à l'intérieur et à l'extérieur du cycle limite).

Les objectifs de cette thèse

À terme, l'objectif est de construire un prototype pour mimer le processus d'évocation. Ce prototype sera constitué de populations homogènes d'oscillateurs. Nous nous appuierons sur l'hypothèse suivante : une information mémorisée est associée à un fragment d'un cycle limite commun à une population d'oscillateurs identiques. L'évocation de cette information consiste en la synchronisation de la population autour de ce fragment du cycle limite. Les activités individuelles de chaque oscillateur s'additionnent alors en une activité globale. Cette activité globale est une amplification des activités individuelles. Du fait de son augmentation, elle dépasse un seuil de lecture et permet de cette manière de récupérer l'information mémorisée. Une fois cette phase achevée, un mécanisme complémentaire permet la désynchronisation de la population d'oscillateurs, afin d'éviter la récupération d'autres fragments du cycle limite. L'ensemble de ces étapes constitue ce que nous dénommons *processus d'évocation*. Le défi est de réaliser un prototype théorique jouant le rôle d'une démonstration de faisabilité d'un tel processus. La perspective que nous avons, est l'implémentation technologique de ce prototype. Par conséquent, nous ne revendiquons pas que nous faisons de la modélisation d'un phénomène naturel, mais nous nous reposons sur des éléments de la littérature (voir plus haut) pour fabriquer un système capable de mimer l'idée que nous avons du processus d'évocation.

Notre positionnement scientifique est très analogue à celui des personnes qui s'intéressent à la vie artificielle. Ce champ d'étude ne prétend pas modéliser le vivant dans ses dimensions quantitatives ou même qualitatives. Il propose de s'inspirer des concepts d'organisation et de reproduction des vivants pour investir d'autres concepts tels que : l'origine du vivant, l'évolution des langues ou tout simplement pour créer une vie artificielle. La vie artificielle est un champs scientifique à vocation descriptive. Elle simplifie l'explication, complexe à première vue, de concepts tel que l'*autopoïèse*[8]. Par exemple, le jeu de la vie explique comment à partir de 2 régles simples des organismes complexes entretenues peuvent émerger. J'ai eu la chance de rencontrer le Pr. Louis Bec (un biologiste et un *zoosystémicien*) et d'avoir un aperçu de ses travaux au cours d'un congrès de vie artificielle à Paris en l'été 2011 (ECAL 2011). Les travaux qu'il a réalisés sont particulièrement saisissants. Il a construit des *animats*, des créatures artificielles inspirées, d'autres vivantes (comme des méduses), soumises à des contraintes de viabilité. Un tel travail d'interface entre l'art et la science nous semble motivé par le même dilemme épistémologique que nous nous posons : pour élucider un phénomène méconnu, faut-il attendre d'avoir toutes les preuves expérimentales en main pour construire un modèle descriptif de ce phénomène ? Ou bien faut-il oser l'ingénierie de prototype, afin de proposer une description élégante et économe qu'on pourra confronter aux expériences ?

Revenons maintenant à l'hypothèse que nous avons formulée au début de cette section. Pour construire un tel prototype, nous nous sommes restreints à ce que la requête évocatrice soit une perturbation externe du système et que la phase de désynchronisation soit assurée par un mécanisme endogène. Afin de concevoir un tel prototype, il nous faut définir une procédure d'impression et une procédure de lecture, ainsi qu'une procédure d'encodage qui ferait correspondre un fragment du cycle limite à une information, le tout couronné par l'implémentation d'un mécanisme de désynchronisation. Il y a là différents mécanismes dynamiques à juxtaposer convenablement dans un même système, d'autant plus qu'il faut faire un choix d'oscillateur et qu'en fonction de ce choix, les procédures peuvent changer.

Nous nous sommes donc demandés quel oscillateur choisir et sur la base de quels critères. Une manière d'éviter cette question est de choisir un oscillateur issu des modèles connus en neurosciences. Je pense que cela fausse la

---

8. Capacité d'un système à se reproduire lui-même

route, même si la plupart des motivations viennent de ce domaine. Notre perspective, comme nous l'avons dit précédemment, n'est pas d'offrir un modèle, mais plutôt de construire un système bio-inspiré, dans une perspective technologique, un argument qui nous permet de ne pas nous restreindre à des oscillateurs neuronaux, mais d'élargir la perspective vers d'autres oscillateurs. Il fallait donc trouver des critères, au moins qualitatifs, pour guider notre choix vers un oscillateur particulier. Nous avons opté pour des perturbations instantanées comme entrées du système. Ce choix reposait sur le fait qu'en général, on ne peut pas contrôler directement les valeurs des entités oscillantes de la plupart des systèmes naturels, mais on peut, par un moyen ou un autre, les perturber. Par conséquent, la réponse d'un oscillateur aux perturbations instantanées est une piste prometteuse pour trouver des critères de choix.

Le profil isochronal délivre typiquement cette information (Winfree, 2001). En effet, les courbes isochronales sont des courbes d'indexation temporelle de l'espace d'état, qui généralisent l'indexation naturelle du cycle limite par le temps d'atteinte de ses points, à partir d'une origine située sur le cycle, et cela durant la période T de description du cycle limite. Il y a d'autres possibilités telles que l'analyse de la PRC (voir la Note 7 de bas de page). Cette dernière information donne le déphasage induit, en fonction de l'instant de perturbation. L'inconvénient de la PRC est qu'elle considère une perturbation de même intensité, alors que nous ne voulons pas être restreint sur ce point. De ce fait, nous nous sommes tournés vers le profil isochronal comme piste possible pour élucider des critères d'aide au choix d'un oscillateur. Nous ne les considérons pas comme des critères décisifs, car nous ne voulons pas non plus conditionner le choix du mécanisme endogène de désynchronisation.

En considérant ces profils isochronaux, nous discuterons et développerons des stratégies de contrôle de l'organisation temporelle d'une population d'oscillateur. Ces stratégies serviront à mettre en place l'information d'entrée, qui jouera le rôle de la requête évocatrice. Ces stratégies seront complétées par une procédure de lecture sur la population d'oscillateurs, qui permet de récupérer l'information en cours de traitement pour la visualiser. Vu que nous nous plaçons dans une perspective technologique, la question de la faisabilité technique s'impose. En d'autres termes, il faut se poser la question suivante : *À quel point les perturbations instantanées qui sont particulièrement intenses sont réalisables dans un système réel (non abstrait) ?* Même si nous ne sommes pas encore au stade de la réalisation technologique, nous anticiperons des stratégies équivalentes qui impliquent des perturbations moins intenses.

À l'issu de cette étape, j'identifie des critères qui guideront mon choix sur de l'oscillateur et j'élaborerai des stratégies d'impression et de lecture. L'étape suivante a comme objectif générale la recherche de mécanismes endogènes de réorganisation de l'information par une population d'oscillateurs. Je l'aborde avec l'intention d'identifier des mécanismes de désynchronisation ainsi que l'élaboration d'un procédé de stockage sur un fragment du cycle limite. Ce dernier objectif s'est avéré très difficile à réaliser, en raison du manque d'outils théoriques mis à notre disposition. Devant cette impasse, et vue le contexte scientifique dans lequel je me suis trouvé, j'ai contribué à l'élaboration d'une méthode basée sur les contraintes afin d'explorer la déformation des cycles limites.

Afin d'en savoir un peu plus, je me suis tourné vers les systèmes discrets. Il s'agit des réseaux de type Hopfield (en anglais Hopfield-like). L'autre nom, plus commun, de ces réseaux est les réseaux d'automates Booléens à seuil. Ils sont utilisés dans la modélisation qualitatives des réseaux de régulation génétiques et comme outils d'ingénierie de réseaux de neurones artificiels. Ma première motivation était de trouver une manière de formaliser cette question : *Étant donné un réseau discret qui exhibe un cycle limite et un point fixe, que faut-il modifier dans la structure de ce réseau pour obtenir un nouveau réseau exhibant uniquement un cycle limite, constitué de l'agrégation de l'ancien cycle limite et de l'ancien point fixe ?*. J'avais appelé cette application "fusion d'attracteurs", même si le terme était très controversé par mes collègues. Je me suis situé dans le cadre d'un système discret et non continu, j'espérais, par l'investigation de cette question, stéréotyper une modification sur le réseau, qui fusionne deux attracteurs : un cycle limite et un point fixe en un nouveau cycle limite.

Cette question était surtout motivée par les évidences regroupées dans Stickgold et al. (2001) sur le rôle du rêve dans la consolidation des souvenirs. Dans cet article les auteurs rapportent la réactivation d'éléments de la mémoire épisodique pendant le rêve (ou la construction d'une chimère narrative) pourrait être à l'origine de la consolidation des souvenirs. Plus tard, en élaborant quelques exemples par la méthode que nous avons implémentée, je n'ai pas obtenu d'éléments me permettant d'aller plus loin dans ma perspective initiale. Toutefois une autre alternative existe pour associer un élément mémorisée avec un fragment du cycle limite. Ceci est possible en encodant l'information, associé au fragment du cycle limite, dans un réseau de neurones à point fixe et en conditionnant son évocation par le passage de l'oscillateur par la phase associée. Abstraction faite des motivations initiales, l'élaboration

31

de cette méthode s'est avérée d'un grand intérêt dans la modélisation des réseaux de régulation génétiques. Je présente cette méthode et ses avantages dans la deuxième partie de ce manuscrit.

En résumé, nous partons de ces hypothèses de travail :

i. Le système est constitué de populations d'oscillateurs identiques (à cycle limite et possédant un point répulsif central),

ii. l'entrée du système se fait via des perturbations instantanées sans restriction sur leurs intensités,

iii. la désynchronisation résulte d'un mécanisme endogène,

iv. l'information mémorisée est un fragment du cycle limite,

v. le type d'information mémorisée est spatiale ou séquentielle (un signal temporel ou une chaîne binaire).

Nous apporterons des éléments de réponse aux questions suivantes :
  – Sur quels critères choisir un oscillateur ?
  – Quelle architecture donner au système ?
  – Comment réorganiser une population d'oscillateurs par perturbations instantanées ?
  – Comment définir une entrée au système ?
  – Comment lire le contenu du système ?
  – Quels mécanismes endogènes utiliser pour désynchroniser le système après synchronisation ?
  – Comment définir une information mémorisée par le système et l'associer ou l'encoder dans un fragment de cycle limite ?

Notre perspective est de concevoir un système neuro-inspiré mimant l'évocation mnésique et le traitement de l'information par des populations d'oscillateurs.

Organisation de la thèse

Cette thèse se décompose en 3 parties :

  – La **Partie I** comporte 2 chapitres : cette introduction et le **Chapitre 2**, où nous positionnons épistémologiquement notre travail.

  – La **Partie II** comporte 4 chapitres et a comme objectif général l'étude du traitement de l'information par une population d'oscillateurs.

  – La **Partie III** comporte 4 chapitres. L'objectif général de cette partie est le développement d'une approche par contraintes pour la modélisation des réseaux de régulation et des réseaux de neurones formels. Nous complétons ce travail par une application, qui donne un aperçu des possibilités qu'offre cette approche en terme de prédiction.

- La **Partie IV** comporte le Chapitre 11. Dans ce dernier chapitre, nous avançons les perspectives des parties II et III. Les perspectives principales concernent les applications potentielles du traitement de l'information par une population d'oscillateurs et plus particulièrement la détection de contours dans une image.

De manière plus détaillée, la **Partie II** se décompose comme suit :

- Au **Chapitre 3**, nous présentons la théorie de l'évocation mnésique précédée d'un état de l'art du traitement de l'information par des populations d'oscillateurs.
- Au **Chapitre 4**, nous explorons, à partir de quelques exemples significatifs, les aspects importants de la forme des isochrons. À travers cette exploration, nous développons une notion qu'on désignera par le déphasage maximal engendré par une perturbation instantanée. Cette notion permet de guider notre choix sur l'oscillateur à utiliser.

- Le **Chapitre 5** est une exploration des possibilités d'impression d'une donnée sur une population d'oscillateurs. On en sort avec deux types d'impression adaptés à deux types de données : des données spatiales (type image) et des données séquentielles (type un signal temporel ou une chaîne binaire).

- Au **Chapitre 6**, nous explorons différents mécanismes de réorganisation temporelle de la population d'oscillateurs. Deux mécanismes ont suscité notre intérêt : le premier est inspiré des flashes des populations de lucioles et le second est un mécanisme de couplage continu entre des oscillateurs.

La **Partie III** de cette thèse s'articule autour des réseaux d'automates booléens à seuils. Nous voulions élaborer une méthode qui nous permette de poser des questions d'une manière plus intuitive, sans passer à chaque fois par une phase d'apprentissage. Principalement, ces questions concernent la détermination d'un réseau à partir des comportements observés, par exemple : *Étant donné une architecture donnée de réseaux booléens à seuil, quels sont les paramètres qui nous permettent d'avoir un état donné comme attracteur point fixe du réseau ?* Bien que ce formalisme soit utilisé dans la con-

33

struction des réseaux de neurones formels, le contexte scientifique dans lequel nous nous sommes trouvés utilise ce formalisme pour la modélisation qualitative des réseaux de régulation génétiques. Le substrat est différent, mais les questions s'apparentent, et nous avons donc décider de réunir cet intérêt qu'on avait d'élaborer une méthode pour trouver rapidement des réseaux de neurones particuliers et par la même occasion satisfaire aussi une certaine curiosité pour la biologie cellulaire. Ainsi, cette partie se décompose comme suit :

- Le **Chapitre 7** est une introduction aux réseaux d'automates booléens à seuil et à leur utilisation dans la modélisation des réseaux de régulation biologiques.

- Le **Chapitre 8** est un chapitre dans lequel nous avons exploré, à partir de quelques exemples, des aspects importants des réseaux de régulation et vérifié quelques propriétés mathématiques. L'objectif était de se familiariser avec ces notions et identifier les questions importantes que peut poser un biologiste.

- Le **Chapitre 9** est la description du travail que nous avons fait pour implémenter une nouvelle méthode fondée sur la programmation par contraintes pour aider les modélisateurs, voir les biologistes, à concevoir et intégrer de manière plus intuitive leurs connaissances, intuitions et hypothèses.

- Le **Chapitre 10** est un chapitre dans lequel on explore les perspectives qu'offre la méthode que nous avons développée ainsi que les répercussions qu'offre un changement de paradigme, dans lequel une population de modèles renforce les prédictions que peut offrir un processus de modélisation.

Pour finir, 2 annexes traiteront de la définition mathématiques des isochrons, des méthodes analytiques et numériques pour leur approximation ainsi qu'une description courte des développements logiciels qui ont été nécessaires pour mener à bien cette thèse.

Chapitre 2

Positionnement épistémologique

Dans cet essai, je reviens sur les origines des questions portant sur l'évocation mnésique et sur les évolutions des approches mises en œuvre pour l'étude de ce phénomène. L'objectif de cet essai est de positionner épistémologiquement notre point de vue sur ce phénomène. La première partie concerne les approches qualifiées d'auto-contemplatives. Je regroupe dans celle-ci les moyens d'étude qui utilisent l'introspection pour décrire le phénomène d'évocation mnésique. Puis, dans une deuxième partie, nous verrons comment l'évocation mnésique s'est transformée en un objet d'étude scientifique, grâce aux connaissances plus précises du cerveau, de ses aires et de leurs fonctions. Tout au long de cet essai, nous verrons comment chaque courant de pensée a contribué à la connaissance de ce phénomène. Nous verrons que les limites de chacun de ces courants sont des points de départ d'autres, qui affinent de plus en plus les connaissances sur l'évocation mnésique. Tout à la fin de cet essai, je positionnerai historiquement et scientifiquement les outils que nous avons utilisés pour aborder ces questions.

2.1 L'évocation mnésique dans les approches auto-contemplatives

Afin d'illustrer le phénomène d'évocation mnésique, je propose une situation à valeur d'exemple. Un après-midi ensoleillé, vous prenez le café avec d'anciens camarades de classe. Vous discutez de tout et de rien, de ce que vous faites à présent, de vos parcours individuels après les belles années du lycée passées ensemble, de l'année du baccalauréat et des séries d'exercices de mathématiques que vous aviez préparées pour réussir. Puis, vous vous rappelez les exercices intéressants que proposait l'enseignant d'une autre classe. À ce moment-là de la discussion, l'un de vos camarades demande le nom de cet enseignant. Personne ne s'en souvient ! Un temps de silence s'écoule, pendant que vous et vos camarades essayez de vous remémorer son nom. Puis, quelques-uns abandonnent et discutent d'autre chose. Obstiné, vous continuez à chercher son nom et, comme dans l'expérience de la madeleine de Proust [1], vous faites défiler mentalement les noms d'autres enseignants de mathématiques de votre lycée, les discussions que vous aviez eues avec un ami qui avait suivi les cours de cet enseignant, en espérant que vous vous rappellerez une réplique ou une situation dans laquelle le nom de cet enseignant a été cité. Au bout d'un moment, fatigué, vous abandonnez aussi la quête du nom et puis, quelques instants plus tard, le nom de l'enseignant vous revient et vous interrompez la discussion en criant son nom, à l'étonnement de tous.

Vous venez tout juste de réussir une *évocation mnésique*. L'anecdote peut être différente d'une personne à l'autre, mais elle exprime un défi d'évocation auquel tout le monde a probablement déjà été confronté un jour. Le nom de cet enseignant, mémorisé il y a quelques années, s'est tracé un chemin *anatomique* et *temporel*. Ce chemin est anatomique, puisque l'information mnésique a dû traverser ou s'est constituée dans les différentes aires du cerveau et il est temporel, puisque ce processus met du temps pour aboutir. Dans cette thèse, nous nous intéressons à ce processus d'évocation mnésique. Sa fonction consiste à faire émerger à nouveau un souvenir, même s'il semble oublié, bien qu'il soit pourtant présent quelque part dans le cerveau.

Durant l'Antiquité

L'origine du concept est une personnification mythologique : *Mnémosyne* est la déesse grecque de la mémoire et l'inventrice des mots et du langage.

---

1. En sentant l'odeur d'une madeleine, Proust se remémore toute une cascade de souvenirs, lui rappelant sa mère et des événements de son enfance à Combray

Elle donnait un pouvoir autoritaire aux discours des rois et des poètes qui la possédaient. La maîtrise des mots chez les Grecs passe par une possession de la mémoire et donc du passé. Le passé est une autorité, comme l'écrit l'historien contemporain Jacques Le Goff (Goff, 1988). Par conséquent, posséder le passé, c'est avoir une autorité sur le présent et l'avenir. C'est dans ce cadre, que l'on place l'*art de la mémoire*, décrit dans *La rhétorique à Herennius*[2], qui s'est développé pendant l'Antiquité et le Moyen-Âge.

Il s'agit d'une méthode mnémotechnique qui facilite la mémorisation d'une longue liste de mots ordonnés, le principe est d'associer chaque mot de la liste à un lieu connu. La liste mémorisée forme ce que l'on appelle le *Palais de la mémoire*. Un orateur peut ainsi aisément reproduire un long discours mémorisé en parcourant mentalement les lieux de ce palais. Cette technique tire parti de la propriété associative de la mémoire, pour faciliter l'évocation. Cet aspect associatif des idées a été souligné deux siècles auparavant par Aristote dans le *Traité de la mémoire et de la réminiscence*[3]. Il écrit *"....quand c'est un nom, par exemple, qu'il faut se rappeler, on en trouve un qui lui ressemble, et comment l'on estropie celui qu'on cherchait."*. L'association de souvenirs ne se fait pas forcément entre homéomorphes ; l'anecdote décrite en début de cette introduction en témoigne : inspiré par la madeleine de Proust, le protagoniste a dû se remémorer d'autres souvenirs qui semblaient proches d'un point de vue narratif : il a énuméré mentalement les noms d'autres enseignants de mathématiques du même lycée et les discussions avec un tiers qui a suivi des cours de cet enseignant, en tentant par là de se remémorer une réplique où son nom a été cité. On ne sait pas si cela a déterminé la réussite de l'évocation. Dans le cas des camarades, cela n'a pas abouti, ils ont abandonné volontairement cette recherche. Par conséquent, nous pouvons nous poser ces questions : *Quelle est la nature de cette proximité entre les souvenirs ? Comment est-elle mise en place ?*

La proximité entre les souvenirs permet de faciliter l'évocation, elle permet de contrer l'oubli et de rendre accessible ce qui est difficile à se remémorer.

---

2. *La rhétorique à Herennius* est un manuel de rhétorique du I av. J.-C. dont l'auteur est inconnu.

3. Platon a décrit la théorie de la réminiscence de Socrate dans *Ménon, 80e-86c*. Socrate, en procédant par maïeutique, a amené un esclave qui ne connaissait rien aux mathématiques, à prouver que l'aire d'un carré de côté 2 est 4. De cette manière, il justifia à Ménon que l'âme avait déjà tout appris avant, mais que son état actuel, dans un corps physique, la conditionnait à tout oublier et les connaissances nouvelles qu'elle acquiert sont en réalité des réminiscences d'un état précédent, où elle connaissait tout. Par la suite, Aristote développa cette idée dans son *Traité de la mémoire et de la réminiscence*.

Pour expliquer ce qu'est l'oubli, Aristote a utilisé une analogie : la mémoire ou l'impression serait un cachet qu'on imprime sur la cire avec un anneau et dont l'ardeur de l'âge, analogue au mouvement d'une eau courante appliquée au cachet, fait disparaître l'impression. Pour d'autres personnes, qui sont en quelque sorte 'froides comme le plâtre', la 'cire' est tellement dure qu'elle ne permet pas au cachet d'être imprimé. Par cette image, Aristote a expliqué l'oubli, en supposant dans le premier cas que le temps, comme le mouvement de l'eau, est responsable de la disparition de l'impression. Dans le deuxième cas, il l'a expliqué par un échec d'impression. De manière similaire, dans l'anecdote du début, le souvenir du nom de l'enseignant est difficile à évoquer, certainement du fait que l'apprentissage de ce nom remontait à quelques années et, par-dessus tout, qu'il était rarement utilisé dans les années post-lycée. Contrairement au numéro de la ligne du tramway utilisé, par exemple, que l'on prend quotidiennement pour aller au laboratoire et qu'on mettrait sans doute beaucoup moins de temps à évoquer. À l'image du cachet d'Aristote, ce souvenir est réutilisé plusieurs fois, ce qui le renforce. Cela suppose que le temps que nous mettons pour nous remémorer un souvenir dépend de sa fréquence d'utilisation et que, si ce temps est suffisamment long, l'oubli prendrait le dessus dans l'effort de remémoration. Donc, nous gardons une trace de la fréquence d'évocation d'un souvenir et cette même fréquence conditionne sa persistance. Par conséquent, nous pourrions nous poser ces questions : *où se trouve cette trace ? Est-elle un autre souvenir associé ou une propriété liée au souvenir et à la manière avec laquelle il est mémorisé ?*

Ces questions, comme nous l'avons vu, ont marqué des hommes qui ont vécu au-delà de 4 siècles avant notre ère. Ceci témoigne que des expériences telles que celle décrite au début de cette introduction sont très fréquentes. Nous avons, tout au long des siècles, essayé de trouver des réponses et des explications tirées de l'auto-contemplation. Ceci pose un problème d'un point de vue scientifique. Si l'on abstrait le scénario scientifique à un scénario qui requiert un observateur et un sujet dissociés, ici, il s'agit d'un observateur-sujet ce qui va à l'encontre du principe même d'objectivité. C'est sans doute cette ambivalence entre sujet et observateur qui rend sombres les définitions d'Aristote du ressouvenir et de la réminiscence. La réminiscence semble être cette capacité à assembler des souvenirs différents pour élaborer une idée, un concept, ou disons plus généralement, un scénario mental ; se ressouvenir est un acte qui n'est pas moins dépourvu de cette capacité. Pour reconstruire une scène vécue dans sa totalité, nous faisons appel à plusieurs éléments à la fois, des éléments qui peuvent à leur tour être issus de modalités différentes : visuelles, auditives, olfactives, gustatives et haptiques. Ceci pose un problème de discernement entre ce qui est le raisonnement et ce qui est la mémoire. Jean Barthelemy-Saint-Hilaire écrivit en 1891, en commentaire à sa traduction du *Traité de la mémoire et de la réminiscence* d'Aristote : *"Tout ce paragraphe, qui est fort important, puisque c'est l'essence même de la réminiscence qui y est exposée, est obscur, comme le remarque Michel d'Éphèse."*.

Chez les empiristes anglais

Ce recouvrement entre notions est soulevé dans d'autres théories auto-contemplatives de la mémoire. L'école empirique anglaise distingue *idée* et *mémoire*, qui sont toutes les deux des impressions, par une sorte de vivacité et force qui les accompagnent. Thomas D. Senior, un contemporain, en commentant David Hume dans (Senor, 2009) écrivit *"Memory images are, by definitions, fainter than impressions but more vivacious and forceful than images of imagination."*. Un autre empiriste nous éclaire un peu plus sur le sens des notions de "force et vivacité" qu'a employées David Hume. Il s'agit de Bertrand Russel, qui revendiquait une philosophie analytique, plus scientifique. Pour lui, la réponse à cette question : *"Qu'est ce qui nous permet de dire : "C'est arrivé!" ou non, à propos d'une construction mentale?"*, c'est un sentiment de croyance qui accompagne l'image mentale. Il se manifeste par cette expression 'C'est arrivé!'. Une image mentale non accompagnée de ce sentiment est constituée par l'imagination. Il écrivit dans (Russel, 1921), aux pages 175-176, *"The mere occurence of images, without this feeling of belief constitutes imagination ; it is the element of belief that is distinctive in memory."*.

Une autre manière de poser cette question est de dire : *Qu'est ce qui détermine la réussite ou l'échec d'une évocation ?* Pour aborder cette question, il faudrait positionner le processus d'évocation dans le temps. Par exemple, en revenant sur l'anecdote du début et d'un point de vue factuel, l'évocation a commencé suite à la question d'un camarade et elle a abouti quand le nom de l'enseignant a été prononcé. Contrairement au début du processus, sa fin n'est pas toujours décelable ; au bout d'un moment, le protagoniste a aussi, tout comme ses camarades, abandonné en pensant qu'il n'arrivera pas à évoquer le nom recherché, mais, contrairement à eux, il a eu la réponse quelques instants plus tard. Dans cet exemple, la fin de cette tâche cognitive a eu lieu au bout de quelques minutes, avec la prononciation de la réponse, mais, dans d'autres situations, un effort d'évocation fait le matin peut aboutir l'après-midi. Le système doit bien alors garder quelque part un souvenir de la requête elle-même, pour faire le lien entre l'entrée et la sortie, et savoir que le processus d'évocation a abouti, même quelques heures plus tard. Nous pourrons aussi nous demander, si, deux jours plus tard, nous lui demandons : *"Quel était le nom de l'enseignant ?"*, s'il répondra beaucoup plus rapidement que la première fois, vu qu'il a conservé au moins le souvenir de cet événement. Cet événement, la première évocation, serait lui-même une nouvelle entrée pour le souvenir. Entre le début et la fin, c'est la boîte noire, même si nous sommes sujet de notre propre expérience ; cela est frustrant, et il nous est difficile de décrire ce qui se passe dans notre tête. C'est peut-être une propriété du processus mnésique, d'être discret à la conscience et indépendant de ses fonctions volontaires. Autrement dit, si ce processus était exclusivement conscient, nous serions dans une situation où nous serions obligés de visualiser ou raconter toute une vie ou une suite de perceptions mémorisées et de souvenirs qui ne correspondent pas à la requête. D'ailleurs, cela n'est pas impossible dans certaines circonstances, un effet cascade pouvant avoir lieu, rappelant l'enfance par exemple, tel que l'a fait Proust en trempant une madeleine dans une tasse de thé.

D'autres questions sont conséquentes à la question précédente (rappelons-là : *qu'est ce qui détermine la réussite ou l'échec d'une évocation ?*) et portent sur les étapes du processus d'évocation : *comment s'effectue la recherche d'un souvenir ? De quel type est la requête entrante ? Est-elle un fragment incomplet ou un autre souvenir associé de manière narrative ? Comment s'effectue l'extraction d'un souvenir ?* Apporter des éléments de réponse à ces questions revient à identifier les étapes du processus d'évocation, et qui dit identifier, dit caractériser. Par conséquent, on ne pourra pas espérer répondre à cette question : *quelles sont les différentes étapes du processus d'évocation ?*, sans regarder de plus près les mécanismes impliqués dans le processus d'évocation, les catégoriser et ensuite identifier ces étapes. Tout cela, ne pourra être fait évidemment que si nous que nous pouvons parler de mécanisme d'évocation. Précédemment, nous avons qualifié de frustrant l'impossibilité de regarder ce qui se passe dans notre propre tête. Nous pouvons nous demander ce qui s'est-t-il passé entre le moment où nous avons arrêté de chercher le nom de l'enseignant et que nous nous sommes dit que nous l'avions oublié, et l'instant où son nom est venu du bout de la langue, catalysant ainsi un autre processus cognitif conscient qu'est la prononciation. L'auto-contemplation n'apportera pas de réponse à cette question.

2.2 De l'auto-contemplation à l'objet scientifique

Les questions soulevées précédemment constituent les motivations de cette thèse, et nous avons vu qu'elles ont été longtemps l'objet de débat en philosophie. Les éléments de réponse que peut apporter l'auto-contemplation à ces questions sont limités. Par contre, la science pourra nous fournir une observation plus détaillée et plus objective des mécanismes mis en place dans le processus d'évocation. Comme nous l'avons dit précédemment, le recouvrement entre observateur et sujet ne remplit pas les conditions d'un scénario scientifique. Ce problème est soulevé aussi quand l'objet d'étude est la conscience (Edelman et Tononi, 2000). Dans ce qui suit, nous regardons comment ce concept philosophique s'est vu muter en un objet d'étude scientifique, à l'image de la Figure 2.1.

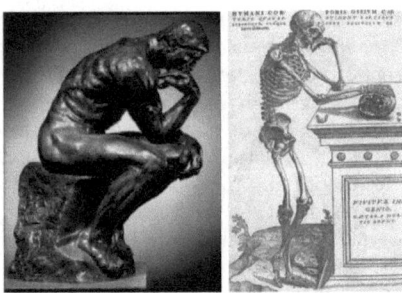

Figure 2.1 – **La mémoire, du concept philosophique à l'objet scientifique. (À gauche)** Le penseur de Rodin (1902), une sculpture représentant un homme qui médite, où la subjectivité qui s'observe. (**À droite**) Une gravure représentant un squelette observant un crâne, d'après La fabrique du corps humain d'André Vésale (1543). L'observateur et le sujet sont dissociés.

Le matérialisme prend les devants

C'est en levant le voile sur le cerveau, son anatomie et les fonctions cognitives associées à chacune de ses aires, que la mémoire est devenue un objet scientifique. Les premières trépanations, pratiquées il y a au moins 12 000 ans, confirment que le cerveau était vu comme un organe vital. L'antiquité a connu deux théories portant sur le rôle du cerveau. Une théorie, avancée par Aristote, considérait le cerveau comme un organe de refroidissement du sang et situait l'intelligence dans le cœur. Une autre théorie considérait le cerveau comme le siège de ce qui gouverne le corps. Cette dernière a été initialement avancée par Alcméon de Crotone, qui est le premier à avoir disséqué l'œil. Sa théorie a été soutenue par Hippocrate et Platon (voir Phédon 96 b et Timée), qui ne le nommera pas. La deuxième théorie s'est vue confirmée au fur et à mesure que l'anatomie a été établie par Galien (médecin gladiateur) et plus tard, au 16ème siècle, par André Vésale, qui a élaboré la première anatomie détaillée du cerveau.

Ces études ont permis de confirmer la connexion qu'il y avait entre le cerveau et le système nerveux périphérique, et elles ont résolu aussi la question portant sur la nature du support de cette connexion. L'influx nerveux, substance mystérieuse, a été d'abord nommé, pneuma psychique, puis *res cogitans* (chose pensante, non-physique) par Descartes, et localisé au niveau du cerveau. La nature de cet influx a été découverte via l'expérience de Luigi Galvani, qui a montré qu'une charge électrique statique appliquée sur le nerf sciatique d'une grenouille morte provoquait la contraction de sa cuisse. Ces développements, quoiqu'ils concernent le système nerveux, ont mis en avant le matérialisme comme alternative à la philosophie de l'esprit, le spiritualisme et l'auto-contemplation en général, dans l'étude de la pensée. Cela peut se traduire par la fameuse maxime de Pierre Jean Georges Cabanis (1802) : *"Le cerveau secrète la pensée, comme le foie secrète la bile."*. La rupture a été initié par Hermann Ebbinghaus (1885), premier à avoir étudié la mémoire sur des bases scientifiques. Elle a été marqué par l'émergence d'un nouveau courant de pensée scientifique en psychologie, appelé le behaviorisme.

Le behaviorisme

Le behaviorisme est venu remplacer le mentalisme, une approche de la psychologie qui repose sur l'introspection. Les racines du behaviorisme remontent à l'expérience du chien de Pavlov, réalisée au cours de l'année 1890. Cette approche ne s'intéresse qu'à ce qui est observable, c'est-à-dire au comportement. Les partisans de sa version radicale ont nié même l'existence de la pensée. Néanmoins, son apport à la compréhension de la mémoire est considérable, Watson et Skinner, considérés respectivement comme le fondateur et le principal développeur du behaviorisme, ont mis l'accent sur les différents types d'apprentissage en exploitant les propriétés associatives de la mémoire. Les apprentissages sont classés en 4 catégories : le renforcement positif, le renforcement négatif, la punition positive et la punition négative. Via ces modes d'apprentissage, il est possible d'associer un comportement à un stimulus, par exemple, si vous commencez par émettre un son de clochettes avant de donner à manger à un chien. Avec un nombre suffisant de répétitions, le chien commencera à saliver, dès qu'il entendra le son des clochettes. L'expérience que nous venons de décrire est l'expérience de Pavlov. Elle démontre que l'évocation d'entrée peut-être choisie par l'expérimentateur, mais nous n'irons pas au-delà des questions posées tout au long de la première partie de cet essai. Cela est cohérent avec la critique posée à l'encontre du behaviorisme, en raison de sa négligence de la cognition. D'ailleurs, ce courant trouve ses limitations dans le cadre qu'il s'est fixé au départ. Il est incapable d'expliquer la créativité. C'est sur ce front que le cognitivisme, nouveau courant de pensée, critique le behaviorisme.

Le cognitivisme

Cette approche, fondée dans les années 50, voit la pensée comme un processus de traitement de l'information. Le rapprochement avec l'informatique et la logique sont sans doute les motivations qui lui ont donné naissance. Cette période a été marquée par le développement de la machine de Turing. Turing prouva que la logique pouvait être implémentée de manière mécanique. Le cognitivisme trouva en cela son essor. La pensée étant désormais vue comme un processus de calcul opérant sur des symboles et la mémoire comme un ruban chargé d'informations auquel un programme accède. Avec von Neumann et les premiers ordinateurs la mémoire devient un contenu adressable. Cette manière de voir les choses a été appelée computationnisme. Nous verrons, dans un second temps, un autre sous-courant du cognitivisme, appelé le connexionnisme.

Le computationnisme

Le computationnisme a donné naissance à la théorie de la grammaire générative et transformationnelle impulsée par Noam Chomsky en 1957 (Chomsky, 1957) et qui l'a mathématisé avec Marcel-Paul Schützenberger en 1963 (Chomsky et Schützenberger, 1963). Plus proche encore de notre sujet, l'approche computationniste a donné naissance à un grand nombre de modèles de mémoire. Les premiers modèles reposent sur de nombreux résultats expérimentaux et observations effectuées sur des patients atteints de troubles mnésiques. Nous citons le modèle de Atkinson et Shiffrin (1968), qui est resté le modèle dominant en psychologie cognitive jusqu'à la fin des années 60. Ce modèle décompose la mémoire selon 3 composantes :

- *Une mémoire sensorielle (MS)* : elle retient une grande quantité d'informations sous forme visuelle pour une durée brève (quelque millisecondes).
- *Une mémoire à court terme (MCT)* : elle contient un nombre limité d'éléments sous forme verbale (7 ± 2 éléments) pour une durée de quelques secondes.
- *Une mémoire à long terme (MLT)* : elle correspond à notre conception intuitive de la mémoire. Les éléments sont stockés de manière sémantique et elle ne connaît généralement pas de limites, ni de durée de stockage.

Selon ce modèle, il est possible d'effectuer deux types d'évocations : une évocation d'éléments dans la MCT et une évocation d'éléments dans la MLT. Quand l'élément à rappeler est dans la MCT (appelée plus tard mémoire de travail), nous confondrons processus d'évocation et processus de répétition. C'est ce que nous faisons par exemple pour retenir un numéro de téléphone juste avant de le composer. Le modèle d'Atkinson et Schiffrin, construit sur la base d'observations de patients atteints de troubles mnésiques, a servi de modèle de base pour lever le voile sur différents types de mémoire à long terme, tels que la mémoire sémantique, la mémoire épisodique (mémoire des événements de la vie), la mémoire procédurale (ex : faire du vélo) et la mémoire déclarative (qui contient les informations sous forme verbale). Nous citons aussi le modèle SPI (Tulving, 1995) de Tulving (1995), qui est une version élaborée du modèle d'Atkinson et Schiffrin.

Le connexionnisme

Toujours dans le cognitivisme, un autre sous-courant du cognitivisme a émergé : il s'agit du connexionnisme. Ce courant voit les processus cognitifs comme des comportements émergeants d'unités simples interconnectées. L'idée n'est pas nouvelle, la cybernétique déjà en vogue dans les années 40 se positionnait comme science des systèmes autorégulés (Triclot, 2008). Il a fallu attendre le modèle formel du neurone de McCulloch et Pitts (1943) et plus tard les travaux de Marr (1971) qui tirait profit de la loi de Hebb [4] pour construire le premier modèle de mémoire associative. L'impact a été

---

4. La loi de Hebb énonce que deux neurones qui s'activent en même temps renforcent le lien qui les relie, de sorte que l'activation de l'un par l'autre dans le futur sera plus facile. Voici le texte qui énonce cette loi : *"When an axon of cell A is near enough to excite B and repeatedly or persistently takes part in firing it, some growth process or metabolic change takes place in one or both cells such that A's efficiency, as one of the cells firing B, is increased"* (The Organization of Behavior, p. 62)

assez grand dans les neurosciences, mais le modèle n'a pas trouvé beaucoup d'échos chez les informaticiens. Ce courant est devenu populaire dans les années 80 grâce aux travaux de John Hopfield qui a introduit les réseaux de neurones (formels) récurrents dans (Hopfield, 1982) en se basant sur les travaux de McCulloch et Pitts (1943). Ce travail a permis aux avancées réalisées dans le domaine de la mémoire de prendre leur indépendance par rapport à leur objet d'étude, c'est-à-dire la mémoire humaine : un domaine de recherche a émergé, on parle de réseaux de neurones artificiels. Ses principales motivations résident dans la volonté d'utiliser les connaissances des mécanismes neuronaux : la plasticité synaptique (le mécanisme biochimique qui explique la loi de Hebb), le caractère non-linéaire de la réponse neuronale et la distributivité du calcul pour résoudre des problèmes de classification en informatique et en robotique.

Les réseaux de neurones artificiels captent la propriété d'associativité de la mémoire humaine et se caractérisent par leur propriété d'indexation par le contenu. En effet, rejoindre un attracteur (un état stable du système) qui représente une information mémorisée, revient à donner une entrée qui permettra d'inférer l'information stockée : dans certains cas, l'entrée ne sera pas loin en termes de distance (par exemple la distance de Hamming, différence de bits entre 2 chaînes binaires) et, dans ce cas, nous parlons de mémoire adressable par le contenu. Le processus d'évocation commence dès la présentation de l'entrée et aboutit quand la valeur de sortie se stabilise. Du point de vue du stockage de l'information, ces systèmes captent l'essentiel des propriétés de la mémoire et de l'apprentissage. Malgré cela, leur description de l'évocation mnésique reste simpliste. L'évocation d'une information mémorisée est une inférence et n'est pas une évocation fondée sur une proximité temporelle. Par conséquent, le temps de recherche d'une information est préalablement borné par la taille du réseau ou le nombre de couches du perceptron utilisé (réseaux de neurones disposés en couches parallèles). De plus, ce simplisme est dû au niveau de description de ces systèmes. On considère que l'unité du traitement cognitif est le neurone.

Dans ce cadre, évocation et inférence deviennent ambivalentes. Par conséquent, des observations, faites par auto-contemplation, ne peuvent s'expliquer : une évocation qui a commencé le matin peut aboutir l'après-midi, comme elle peut aboutir à l'instant même ; dans le perceptron, au contraire, il s'agit du même temps, pour toute information mémorisée. Dans d'autres réseaux de neurones qui ne sont pas structurés en couches, ce temps est borné par la taille du réseau. En gardant une approche connexionniste, nous verrons dans la partie suivante que d'autres unités du traitement neuronal sont capables d'offrir des éléments de réponse plus développés. Le choix de ces unités est immédiat, au vu d'expériences qui ont regardé plutôt la réponse neuronale et pas seulement les réponses comportementales.

2.3 Les unités fonctionnelles du processus d'évocation

Si nous considérons un neurone, les modèles les plus descriptifs, en termes de processus électrochimiques mis en place, sont les modèles biophysiques. Hodgkin et Huxley (1952) en ont proposé un, issu d'expériences faites sur l'axone géant du calamar. Ce modèle décrit le potentiel d'action généré dans l'axone géant du calamar à partir des propriétés dynamiques d'ouverture et de fermeture des canaux ioniques associés au sodium et au potassium. Il a été simplifié plus tard par Fitzugh (1961) et indépendamment par Nagumo et al. (1962). Leur modèle simplifie l'écriture et capte l'essentiel des dynamiques obtenues par le modèle parent. Cependant, à l'image de leur prédécesseur, le modèle intègre-et-tire développé par Lapique (1907), ces modèles adoptent une granularité relativement élevée. Le stimulus d'entrée est un courant électrique. Des réseaux, dont les éléments sont les unités neuronales, servent à expliquer ce qu'est le stockage. Si l'on s'intéresse à l'évocation mnésique, il faut se positionner à un niveau qui permet l'observation de la réponse neuronale après présentation d'un stimulus sémique [5]. C'est à ce niveau que l'on suppose que les mécanismes et les phases du processus d'évocation peuvent être élucidés.

Des expériences qui vont dans ce sens sont celles effectuées par Freeman (1977) sur le bulbe olfactif du lapin. Elles montrent une transition de phase d'une activité chaotique à une activité cyclique des neurones du bulbe olfactif. Cette transition a lieu lorsque l'animal inhale une odeur connue. Plus tard, Gray et Singer (1989) ont mis en évidence l'émergence d'oscillations dans le cortex visuel du chat. Ces oscillations ont lieu lors de la présentation d'une barre lumineuse en mouvement. Elles deviennent nettement synchronisées quand la barre en mouvement adopte la direction préférentielle de l'animal. Il s'agit d'une première corrélation entre une propriété du stimulus (ici, la direction) et une facette de la réponse neuronale (ici, la synchronisation). Ces travaux suggèrent que la synchronisation de populations neuronales est un mécanisme pour établir des relations entre différents groupe-

---

5. *Sémique* (emprunté à la linguistique) : qui concerne les unités minimales de signification, par exemple : le sens d'un mouvement, la couleur, *etc.*

ments cellulaires caractérisés par la phase et la fréquence de leurs oscillations. Du point de vue de l'information cognitive, la synchronisation des populations neuronales est un moyen d'établir des relations entre les différentes modalités d'un percept. Cette hypothèse est connue sous le nom d'hypothèse d'étiquetage (en anglais, *labeling hypothesis*). Elle a été avancée par von der Malsburg (1981). Il les consolidera dans (von der Malsburg et Schneider, 1986), avec un modèle théorique représentant une illustration de l'effet *soirée cocktails*[6]. L'hypothèse d'étiquetage souligne le rôle de l'organisation temporelle des oscillations en termes de verrouillage de phase et de fréquence, comme moyen d'intégration des différentes modalités d'un même percept.

Ces observations concernent un traitement sensoriel et, visiblement, cela n'a pas de lien avec la mémoire. Pourtant, la synchronisation accompagne la reconnaissance d'informations cognitives préalablement "apprises" ou "préférentielles". À ce niveau, nous ne pouvons pas trancher, si l'évocation mnésique est un rappel d'une représentation mentale associée au stimulus d'entrée ou si c'est tout simplement un test de reconnaissance d'un objet perçu. La synchronisation de l'activité neuronale souligne l'importance du temps exact de la décharge neuronale dans l'élaboration et l'intégration de l'information cognitive. Cet aspect de la réponse neuronale pourrait être un mécanisme intervenant dans l'évocation mnésique pour former un souvenir complexe. Adopter un niveau d'observation à l'échelle des assemblées de neurones qui génèrent des oscillations semble plus adéquat pour l'observation des mécanismes du processus d'évocation. Dans le cortex visuel, l'aire corticale visuelle 17 (Gray et Singer, 1989) est source de comportements périodiques, et dans le bulbe olfactif (Freeman, 1977, 1975), l'intéraction entre des populations de neurones excitateurs et inhibiteurs engendre des oscillations. On appelle ces structures *"oscillateurs neuronaux"*. Les oscillateurs neuronaux sont capables d'engendrer, comme beaucoup de systèmes biologiques à rythmes, des oscillations de type cycle limite et des oscillations faiblement chaotiques (Buzsaki et Draguhn, 2006). Ces structures sont présentes aussi dans l'hippocampe (Buzsaki, 1984; Bartesaghi et al., 2006; Mori et al., 2007), cette partie du cerveau est connue pour son rôle dans la mémoire épisodique et la mémoire spatiale (Tulving et Markowitsch, 1998). La synchronisation de l'activité de l'hippocampe peut être induite par les inter-neurones GABAergic (Cobb et al., 1995). Ceci montre que cette structure peut exhiber une activité synchrone.

---

6. L'effet soirée cocktail illustre notre capacité à écouter un interlocuteur dans une soirée cocktail avec un fort bruit ambiant.

On suppose que l'étude de l'évocation mnésique, d'un point de vue connexionniste, où l'unité fonctionnelle élémentaire est un oscillateur neuronal, est une piste prometteuse. Elle nous permettra d'étudier la synchronisation et la désynchronisation de populations d'oscillateurs neuronaux. Ces deux résultantes d'une réorganisation temporelle semblent être au cœur des mécanismes du processus d'évocation. D'un autre côté, étudier le fonctionnement du processus d'évocation, sans tenir compte de l'encodage de l'information et de son stockage à long terme, est une quête impossible. En résumé, quand il s'agit du stockage, l'unité fonctionnelle sera le neurone et quand il s'agit de l'évocation, elle sera l'oscillateur neuronal. C'est dans ces grandes lignes que se résume ce qu'on qualifie de théories électriques de la mémoire et de l'évocation. Pourtant, d'autres points de vue sont apparus, même si actuellement ils se sont éteints ou ont muté.

2.4   Les théories moléculaires de la mémoire

Aujourd'hui, un neurobiologiste hausserait les épaules ou lâcherait un rire timide si on lui parle de la scotophobine. Cette molécule, baptisée le "souvenir de la peur du noir", a secoué les années 60. Sur fond de découverte de la structure de l'ADN et du code génétique, qui laissait entrevoir l'immense diversité moléculaire dans les cellules, Georges Ungar proposa une théorie moléculaire de la mémoire. Selon cette théorie, chaque souvenir serait encodé par une protéine. Le transfert de mémoire dans un tube à essai serait ainsi possible. Ainsi, injecter un extrait de cerveaux de rats, auxquels on a fait apprendre la peur nocturne, à une souris lui apprendrait la peur du noir. De nos jours, même la culture populaire dira que c'est de la science fiction, grâce au savoir cumulé sur la mémoire. Il n'empêche que cette découverte, controversée du point de vue des méthodes expérimentales, a eu un grand écho dans les années 1960 jusqu'à son extinction dans les années 1980, quand une équipe de recherche a conclu que la scotophobine réduit la réactivité émotionnelle, ce qui explique le raccourcissement du temps passé dans le noir.

Malgré l'échec initial de la mémoire moléculaire liée à la scotophobine, E. Kandel a obtenu le prix Nobel de physiologie et médecine en 2000 pour ses travaux en biologie moléculaire sur la mémoire à long terme (Kandel, 1976; Huang et al., 2004; Kandel, 2007), qui mettent en évidence le rôle des récepteurs post-synaptiques D1 sur la dépression synaptique à long terme (DLT, ou LTD en anglais). De même, en neurophysiologie sensorielle, dans la lignée des observations originelles de K. von Frisch sur l'olfaction et la vision des abeilles (von Frisch, 1965), les chercheurs ont montré récemment le rôle des phéromones dans la faculté des abeilles à intégrer, dans leur gyrus fusiforme, des caractéristiques géométriques des objets mémorisés de leur environnement, en vue de leur catégorisation, puis de leur reconnaissance rapide (Deisig et al., 2012). Enfin, le rôle des micro-ARNs a été mis en évidence dans des travaux récents (Smalheiser et al., 2011, 2012) sur des comportements mnésiques olfactifs chez la souris et sur des comportements dépressifs chez l'homme.

2.5 Résumé

Au début de cet essai, nous avons vu dans quelle mesure l'auto-contemplation est une source permettant de soulever des questions sur l'évocation mnésique. Cependant, elle ne permet pas d'apporter des éléments de réponse rationnels. Un scénario minimal, dans lequel l'observateur et le sujet sont dissociés, est requis pour une étude scientifique. Nous avons vu que l'approche connexionniste est la plus adéquate pour aborder ces questions. Il est cependant important de préciser quelles sont les unités fonctionnelles que nous utiliserons. Ce choix dépend du sujet d'intérêt : si nous nous intéressons au stockage, nous parlerons de réseaux de neurones et si nous nous intéressons à l'évocation, nous parlerons de réseaux d'oscillateurs neuronaux. Les oscillateurs permettent d'étudier des mécanismes clés de l'évocation mnésique : la synchronisation et la désynchronisation neuronale. Nous invitons, à présent, le lecteur à lire l'introduction de cette thèse, pour avoir un aperçu plus ancré de son contenu et de la méthodologie scientifique que nous adoptons.

Deuxième partie

Traitement de l'information par réorganisation temporelle de populations d'oscillateurs

Chapitre 3

Théorie de la mémoire dynamique et de l'évocation mnésique

Cette partie est un extrait des travaux de Pr. Jacques Demongeot, présentés notamment dans Ben Amor et al. (2010b,a) et fondés sur ses travaux précédents avec Nérot (1996) et Tonnelier et al. (1999). Il s'agit d'une modélisation, par réseaux d'oscillateurs couplés, du phénomène d'évocation mnésique.

3.1 Contexte scientifique du traitement de l'information par des réseaux d'oscillateurs

Dans ce qui suit, nous présentons l'état de l'art du traitement de l'information à base d'oscillateurs. Cette littérature est assez difficile à cerner. En effet, le positionnement scientifique des travaux n'est pas toujours similaire. Ainsi, nous avons rencontré 3 types de systèmes de traitement de l'information à base d'oscillateurs : (i) des modèles biophysiques de parties du cortex cérébral, modélisant des processus cognitifs, (ii) des systèmes mathématiques à visée technologique, et (iii) des implémentations technologiques.

Nous nous sommes mis dans une perspective technologique qui, rappelons-le, est la construction d'un système capable de mimer l'idée que l'on a de l'évocation mnésique. De ce fait, nous nous sommes tournés principalement vers la littérature qui concerne les systèmes de type 2, c'est-à-dire les systèmes à visée technologique. Avant d'aborder cela, nous citons à titre d'information deux exemples de modèles biophysiques.

Parmi les modèles biophysiques, considérons le modèle du bulbe olfactif présenté par Hendin et al. (1998) pour la mémorisation et la segmentation d'odeurs complexes. Ce système se fonde sur un modèle des neurones présents dans le bulbe olfactif appelés aussi cellules mitrales. Le $2^{\text{ème}}$ exemple consiste en un modèle de processus cognitif. Il s'agit du modèle de von der Malsburg et Buhmann (1992) du processus de segmentation sensorielle. Ce modèle repose sur un système de couches d'oscillateurs, positionnées de manière tridimensionnelle, l'une à la suite de l'autre.

Les systèmes du $2^{\text{ème}}$ type concernent des applications différentes, ayant comme optique le traitement d'image et la mémoire associative. Parmi les premiers travaux, nous pouvons citer les travaux de Baldi et Meir (1990). Ils font suite à l'hypothèse formulée par Gray et Singer (1989), dans laquelle la synchronisation de populations d'oscillateurs est avancée comme solution au problème de liaison von der Malsburg (1981) dans le cas visuel. Cette première application concerne la discrimination de textures par des populations d'oscillateurs. Baldi et Meir (1990) utilisent des oscillateurs assez semblables, dans la forme, aux oscillateurs de Kuramoto qui sont décrits explicitement par leurs phases. Ils utilisent des convolutions, avec des filtres de Gabor[1] pour effectuer cette tâche. Il s'agit de la première application de ce type, même si le système qu'ils proposent n'est pas exclusivement construit à l'aide d'oscillateurs et qu'il repose sur une description directe de la phase. Le but était de tester cette possibilité. Depuis, d'autres systèmes ont vu le jour et concernent une palette très large d'applications. Bosch et al. (1998) proposent d'utiliser une population d'oscillateurs de Wilson-Cowan pour faire de la discrimination d'objets, apparentée au processus d'attention. Leur système est constitué de 3 couches : l'une de ces 3 couches est appelée la couche d'attention sélective et consiste en un masque binaire qui code pour la région d'intérêt. Une deuxième couche comporte des oscillateurs. Ceux qui sont superposés à la région d'intérêt de la couche d'attention augmentent leur amplitude, par un mécanisme de couplage entre les deux couches. Ceci a comme conséquence la restitution de l'information à laquelle ils sont associés, via un seuillage effectué par une $3^{\text{ème}}$ couche. Un autre système appelé LE-GION, paru dans Terman et Wang (1995) et Chen et Wang (2002), est utilisé pour la segmentation d'image. Ce système réussit à juxtaposer la synchroni-

---

1. Un filtre utilisé dans le domaine du traitement d'images pour la détection de contours. Il s'agit d'un produit d'une gaussienne et d'une sinusoïde, défini sur un espace bidimensionnel.

sation et la désynchronisation, via l'utilisation d'un inhibiteur global. Dans les mêmes perspectives d'application, Kuzmina et al. (2004) proposent un système basé sur des oscillateurs comportant des connexions auto-organisées pour la segmentation d'images à base de synchronisation. Belatreche et al. (2010) utilisent un modèle d'oscillateurs de Wilson-Cowan pour la segmentation d'images en couleur. Plus récemment, Ursino et al. (2009) suggèrent un système fondé sur des oscillateurs de Wilson-Cowan pour détecter des primitives géométriques (carré, cercles, etc.) et les reconstruire si elles sont détériorées. Comme dans (Belatreche et al., 2010), ils utilisent un inhibiteur global pour juxtaposer la synchronisation et la désynchronisation. Yu et Slotine (2009) utilisent une version modifiée de l'oscillateur neuronal de Fitzugh-Nagumo pour construire un système capable de grouper des objets visuels, ainsi que pour faire de la segmentation d'image. Cependant, ils ne proposent pas de mécanisme pour désynchroniser le système, une fois l'opération effectuée.

Des systèmes à base d'oscillateurs ont été proposés comme systèmes de mémoire associative. Parmi les plus connus, citons le système à oscillateurs *canoniques* proposé par Hoppensteadt et Izhikevich (2001a). Ce système repose sur une description d'un oscillateur en termes de phase. Il est présenté comme canonique puisque les auteurs ont développé une méthode qui leur permettent de passer d'un oscillateur de Wilson-Cowan, Moris-Lescar ou autre à un oscillateur canonique. Ainsi, à l'image d'un réseau de neurones artificiels, ce système possède une règle d'apprentissage, semblable à celle de Hebb, à laquelle on peut trouver un équivalent dans le cadre des oscillateurs de Wilson-Cowan ou Moris-Lescar. L'inconvénient de ce système est qu'il n'est pas doté d'un mécanisme de désynchronisation permettant un retour à l'état de repos du système, à la suite de la restitution de l'information. Borisyuk et al. (2001) proposent un système à base d'oscillateurs pour détecter la nouveauté. Ils utilisent un encodage en fréquence pour stocker l'information. L'entrée est codée en fréquence ; l'adaptation de la fréquence naturelle du réseau à la fréquence d'entrée est utilisée comme un mécanisme de stockage de l'information. Leur système répond de manière synchrone aux entrées familières, c'est-à-dire déjà stockées dans le système. Ceci permet de détecter les nouveaux stimulus.

Quant aux implémentations, proposées dans le cadre des systèmes du 3ème type, elles sont principalement construites avec des composants électroniques. Tel est le cas de Hoppensteadt et Izhikevich (2001b), qui utilisent des MEMS pour implémenter leur mémoire associative à base d'oscillateurs ou de Kowalski et al. (2011), qui utilisent des puces CMOS pour implémenter leur système de détection d'objets sur une image. Une implémentation non conventionnelle est aussi proposée par Adamatzky et al. (2002), qui utilisent un système fondé sur une réaction chimique oscillante, la réaction de Belousov–Zhabotinsky, qui est un oscillateur chimique, pour définir un système de détection de contours.

Dans pratiquement la plupart de ces travaux, l'essentiel du problème consiste à juxtaposer convenablement synchronisation et désynchronisation au sein du même système. Certains travaux n'implémentent pas de désynchronisation et d'autres rajoutent un inhibiteur global à la population d'oscillateurs, pour effectuer une désynchronisation. Cette dernière alternative, même si elle repose sur des observations sur la circuiterie neuronale, dépossède les réseaux d'oscillateurs de leur autonomie, si l'on se contente de l'introduction d'un élément non oscillant. C'est pour cela que l'enjeu que l'on s'est fixé dans cette thèse est de juxtaposer convenablement synchronisation et désynchronisation, en n'utilisant que des oscillateurs.

3.2 Analyse phénoménologique de l'évocation mnésique

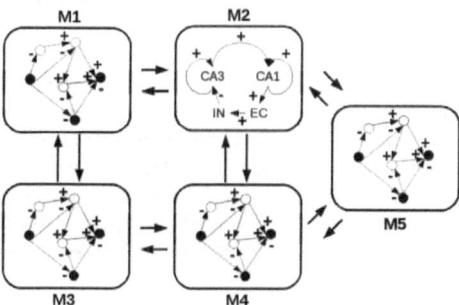

FIGURE 3.1 – **Structure modulaire** : Dans cette structure $M1$ est arbitraire et $M2$ représente un sous-réseau dans l'hippocampe

Considérons un réseau de neurones constitué par plusieurs sous-systèmes qu'on appelera modules. Ces modules peuvent être faiblement ou fortement interconnectés (Elena et al., 2008; Demongeot et al., 2009; Ben Amor et al., 2010a). Dans la Figure 3.1, M1 est un module de neurones connectés de manière arbitraire et M2 est une simplification d'un réseau mono-couche de l'hippocampe. Ce réseau est constitué de neurones de la zone Cyto-Architecturale 1 (CA1), de neurones pyramidaux de la zone Cyto-Architecturale 3 (CA3), de neurones Entorhino-Corticaux (EC) et d'inter-neurones (IN), tous interconnectés. La simplification de M2 réduit ces entités à un sous-réseau de taille 2, de type régulon négatif. Cette structure est caractérisée par un circuit négatif (une excitation et une inhibition en retour) et deux boucles positives d'auto-régulation. La réduction aux régulons négatifs s'est faite en tenant compte des observations suivantes sur les connexions : les neurones CA3 envoient des axones avec des connexions excitatrices à d'autres neurones CA3. Ceci est interprété dans la Figure 3.1 par une auto-régulation et par un couplage faible avec l'unité suivante. Ils envoient aussi d'autres connexions excitatrices vers les neurones CA1. Les neurones CA1, à leur tour, envoient des connexions excitatrices vers les neurones EC à travers les neurones du Subiculum (SB). Finalement, les neurones EC envoient des connexions inhibitrices vers les neurones CA3 à travers les inter-neurones (IN) du Gyrus denté (DG). Le lecteur pourra se référer aux articles suivants (Buzsaki, 1984; Gluck, 1996; Hefft et Jonas, 2005; Bartesaghi et al., 2006; Mori et al., 2007). À présent, nous allons considérer que M2 est séquentiellement répété, formant une chaîne de modules (voir la Figure 3.2). Chaque module est faiblement connecté au suivant au niveau des neurones CA3 (représentés par les X_i dans la Figure 3.2).

Cette chaîne de régulons peut-être simulée en utilisant le modèle d'oscillateur simplifié de Wilson et Cowan (1972). Il a été introduit comme modèle d'interaction entre des populations de neurones excitateurs et inhibiteurs. Pour certaines valeurs des paramètres ($ab > 1$), ce système est un oscillateur (Tonnelier, 2001), où a est un paramètre similaire à un potentiel de membrane et, b un paramètre similaire à un poids synaptique. La chaîne complète (voir la Figure 3.2) des n oscillateurs est représentée par le système suivant :

$$
\begin{cases}
\frac{dX_1}{dt} = \frac{-X_1}{a} + \tanh bX_1 - \tanh bY_1 \\
\frac{dY_1}{dt} = \frac{-Y_1}{a} + \tanh bX_1 + \tanh bY_1 \\
\forall i \in [2, n] \\
\frac{dX_i}{dt} = \frac{-X_i}{a} + \tanh bX_i - \tanh bY_i + kX_{i-1} \\
\frac{dY_i}{dt} = \frac{-Y_i}{a} + \tanh bX_i + \tanh bY_i
\end{cases} \tag{3.1}
$$

57

Ce système se rapproche d'un réseau de neurones de type Hopfield, à savoir un réseau d'automates booléens à seuil, quand b est positif et grand, et a est négatif et grand (Tonnelier et al., 1999). Comme indiqué sur la figure 4.6, les isochrons du Wilson-Cowan s'écartent de plus en plus en s'éloignant du cycle limite. Quand une chaîne d'oscillateurs de Wilson-Cowan non couplés

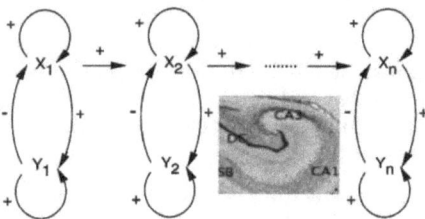

FIGURE 3.2 – **Chaîne de régulons négatifs couplés** : schéma d'une structure modulaire séquentielle constituée d'une chaîne de régulons négatifs, où X_1 (resp. X_2) représente l'activité des neurones CA3 (resp. CA1). La photographie représente l'anatomie de l'hippocampe, avec ses différentes parties et groupements neuronaux (CA3, CA1, DG et SB).

($k = 0$) est stimulée par une perturbation instantanée S qui ramène tous les états des oscillateurs au voisinage d'un isochron de phase ϕ, tous ces oscillateurs se relaxent autour de cette phase, comme indiqué sur la Figure 4.3, avec une valeur de déphasage maximal qui peut-être déterminée via sa mesure, obtenue par exemple sur la Figure 4.6 en bas. Cette synchronisation permet l'addition des activités individuelles (les X_i) ce qui a pour effet d'augmenter le signal reçu par un appareil de mesure ou par une autre population de neurones.

À titre d'exemple, en admettant que le signal délivré est $A(t) = \sum_{i=1}^{n} X_i$, la synchronisation de la population aura comme effet l'augmentation de l'amplitude de ce signal, qui sera équivalent à $nX_i(t)$. Ceci pourra causer la détection d'un signal par un instrument de mesure (IRMf, Pet-scanner) ou le franchissement d'une barrière de potentiel dans une autre population de neurones, permettant ainsi la transmission d'un autre signal corrélé à un autre niveau. De manière analogue, quand les oscillateurs sont désynchronisés avant la présentation de la perturbation stimulante S, leur activité globale est maintenue à un niveau bas, ne permettant pas le franchissement d'une barrière de potentiel. Si un couplage existe entre les régulons au niveau des X_i

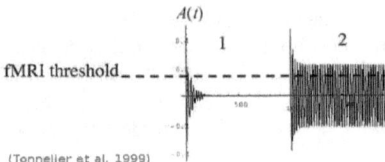

FIGURE 3.3 – **Réponse post-stimulation** : en **(1)** est représentée la réponse d'une chaîne couplée faiblement au niveau de CA3, en **(2)** est représentée la réponse d'une chaîne non-couplée (cas de persévération).

représentant les neurones $CA3$, une désynchronisation suit la synchronisation engendrée par la stimulation (Figure 3.3 (1)), évitant ainsi la persévération du système, comme dans le cas d'absence de couplage (voir la Figure 3.3 (2)). La désynchronisation est plus rapide quand le paramètre de couplage

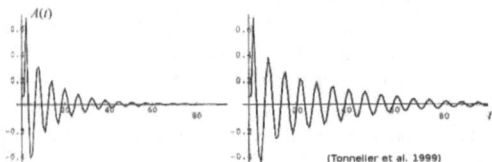

FIGURE 3.4 – **Réponse post-stimulation et intensité de couplage** : Une perturbation est appliquée à la chaîne, dans le cas d'un couplage fort (figure à gauche) et dans le cas d'un couplage faible (figure à droite). La désynchronisation est plus rapide quand le couplage est plus intense. NB : le couplage est appliqué entre les X_i représentant les neurones CA3.

est plus intense. La Figure 3.4 illustre ceci : à gauche, l'activité de la chaîne s'évanouit (désynchronisation des régulons de la chaîne) plus rapidement que dans le cas d'un couplage faible (partie droite de la Figure 3.4).

Ainsi, la synchronisation des régulons de la chaîne évoque le cycle limite commun (Csicsvari et al., 1999) aux X_i, ce qui peut-être considéré comme le résultat phénoménologique d'un processus de rappel d'un pattern stocké (par exemple dans le module $M1$) dans le réseau (Demongeot et al., 2000; Samsonovich et Ascoli, 2005), provoquant ainsi son évocation. Si la succession des états à évoquer fait partie de cet attracteur, alors une désynchronisation rapide est nécessaire : ceci peut être assuré par un couplage faible (voir la Figure 3.3). La richesse des souvenirs viendrait du nombre et de la complexité des attracteurs des X_i. Si leur nombre augmente (par exemple de 1 à 2), ainsi que leur complexité (par exemple en partant d'un unique attracteur point fixe, puis, en passant par une bifurcation de Hopf, en allant vers un attracteur cycle limite avec un point répulsif au centre, et enfin vers un comportement chaotique à travers des bifurcations de type doublement de période), alors on pourra stocker localement et évoquer des patterns temporaux compliqués codant des entités cognitives complexes ou des stratégies servant à la détection d'objet mobiles dans une scène complexe (Hayashi et al., 2007). Ces paysages de bifurcation peuvent être obtenus simplement par la simulation d'un réseau de Hopfield de taille 16, entièrement connecté, et intégré dans un processus d'apprentissage (Nérot, 1996), comme montré sur la Figure 3.5.

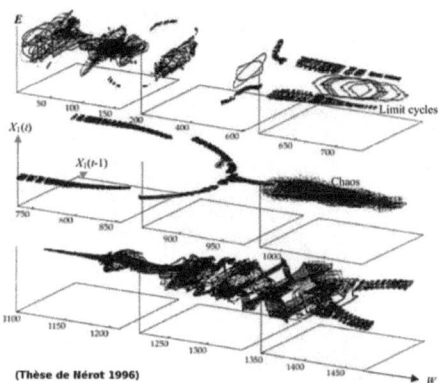

FIGURE 3.5 – **Bifurcations des attracteurs de la dynamique** $(X_1(t-1), X_1(t))$ **pour 16 neurones interconnectés dans un réseau de neurone de type Hopfield,** quand une fonction W de ses poids synaptiques w_{ij} varie durant une phase d'apprentissage, montrant des alternances entre un comportement chaotique et un comportement périodique.

Les travaux correspondant à ce chapitre ont été publiés dans :

- **(Ben Amor et al., 2010a) Mnesic Evocation : An isochron-based analysis**, Hedi Ben Amor, Nicolas Glade, Jacques Demongeot, Advanced Information Networking and Applications Workshops

(WAINA), 2010 IEEE 24th International Conference on, Piscataway, 745-750 (2010)

Chapitre 4

Outils d'analyse de la synchronisation

Sommaire

Dans ce chapitre, nous expliquons ce que sont les isochrons et nous introduisons une mesure appelée *Déphasage Maximal*. Le profil isochronal de quelques systèmes, que nous avons classés selon leur dimension et leurs symétries, sont analysés. Nous finissons ce chapitre avec des remarques sur l'*effet Guckenheimer*.

4.1   Profil isochronal

4.1.1   Description

Un oscillateur est un système dynamique qui tend généralement vers une activité périodique. La zone d'activité périodique de l'oscillateur peut être étiquetée par des nombres. Il est ainsi possible d'associer une phase à l'état d'un oscillateur. Par exemple, à un instant donné, dire que la phase du pendule d'une horloge est égale à 0 revient à dire que le pendule est sur la position la plus proche du sol. Cette métrique nous permet d'associer une phase à chaque point situé sur la trajectoire du pendule lorsqu'il est relaxé.

Mais qu'en est-il des autres points ? Les points qui ne sont pas sur la trajectoire périodique du pendule, c'est-à-dire ceux qui sont situés en dehors de cette trajectoire, là où on l'amènerait initialement pour le relâcher avec une poussée initiale. Il est possible d'associer une phase à ces points, si on élargit la notion de phase à celle de phase latente.

Imaginons maintenant qu'on a un stroboscope qui émet un flash de manière périodique. Le temps qu'on passe en obscurité est égal à la période d'une oscillation du pendule lorsqu'il est relaxé. Si le pendule est relaxé, c'est-à-dire sur sa trajectoire périodique et, si nos seuls instants possibles d'observation sont ceux qui correspondent aux flashes, le pendule nous paraîtra immobile. Même s'il n'est pas relaxé initialement, il finira tôt ou tard par le devenir et revenir à sa trajectoire périodique, et par conséquent, au bout d'un moment, il va nous paraître immobile. Cela veut dire que nous pouvons associer une phase à sa position initiale qui est égale à la phase du point sur lequel le pendule paraît immobile au bout d'un certain nombre de flashes. Cette généralisation de la phase s'appelle la phase latente, car elle prend en considération le fait qu'un pendule finira par se relaxer. Cet exemple est assez simple ; je l'ai utilisé pour expliquer la notion de phase latente. En réalité l'état du pendule est caractérisé non pas uniquement pas sa position, mais également par sa vitesse. C'est pour cela qu'il faut considérer la même manipulation, mais cette fois dans un espace abstrait, dans lequel on représente à la fois la vitesse et la position du pendule.

Comme on vient de le voir, la notion de phase peut-être étendue à la notion de phase latente. De cette manière, on peut associer une phase à tous les états de l'oscillateur. Bien évidement, on parle des états qui sont considérés comme conditions initiales pour avoir une activité périodique. Ainsi, pour avoir un aperçu de la distribution des phases dans l'espace des états, on peut décider de regarder certaines valeurs de la phase. Généralement, on choisit des valeurs équidistantes de la phase. Ceci peut-être obtenu en fractionnant la période de l'oscillateur par le nombre de valeurs qu'on veut regarder. Par exemple, si ce nombre est $n \in \mathbb{N}^*$ alors on regardera les phases $\tau \frac{k}{n}$, avec $0 \leq k < n$ et τ la période d'une oscillation. De cette manière, l'aperçu qu'on regarde est fidèle à la distribution des phases sur l'espace des états. Chaque ensemble ainsi obtenu forme ce qu'appelle Winfree (1974), un *isochron* (voir la Figure 4.1)[1]. L'ensemble de ces isochrons, représentant la distribution des valeurs particulières (obtenues tel que décrit précédemment), forment un

---

1. *A. T. Winfree* posa la notion d'isochron dans le cadre de l'étude de la réponse d'oscillateurs biologiques face à des perturbations.

profil isochronal. Une question naturelle qui vient à l'esprit est : "Est-ce que l'ensemble de ces points est décrit par une courbe continue ?". C'est exactement cette question que s'est posée *Winfree* ; en réalité, il a bien remarqué que ces courbes étaient continues en faisant ses expériences, mais il lui manquait une preuve mathématique. Une année plus tard, Guckenheimer (1975) apporta la réponse : les isochrons existent et sont continus dans le cas où l'espace des états est une variété lisse [2] (traduction : smooth manifold) et le flot est une fonction lisse [3] (en anglais : smooth map). Sans s'aventurer dans la géométrie différentielle, nous dirons que c'est le cas des systèmes qu'on va étudier. Ce sont des systèmes dynamiques, décrits par des équations différentielles, à espace d'état $E \subset \mathbb{R}^n$ et à fonction flot indéfiniment dérivable.

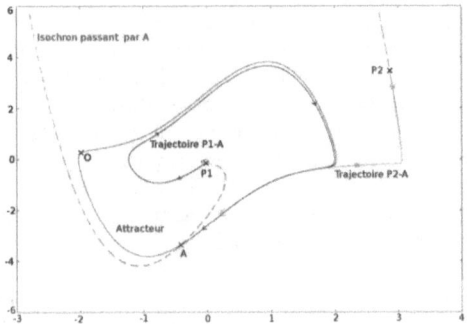

FIGURE 4.1 – **Exemple d'un isochron de l'oscillateur de Van Der Pol.** Les trajectoires (P1-A et P2-A) sont obtenues à partir de deux points (P1 et P2) situés des deux côtés d'un isochron (en long tirets) de phase ϕ_A. La valeur de la phase est déterminée en utilisant un point de référence arbitraire sur l'attracteur (courbe fermée en continu). La période est détectée quand la trajectoire passe une deuxième fois par un même point, en considérant un seuil de distance de tolérance.

---

2. Une variété est un espace topologique localement homéomorphe à un espace Euclidien.

3. Une fonction est dite lisse quand elle est de classe C^∞, c'est-à-dire indéfiniment différentiable.

4.1.2 Résolution des isochrons

La résolution des isochrons est un problème principalement numérique : cela est dû au fait que les isochrons sont définis à la limite et que par conséquent la résolution analytique des isochrons est liée aux problèmes de résolutions des solutions homogènes d'un système dynamique défini par des équations différentielles.

Pour résoudre les isochrons d'un système dynamique, nous avons conçu deux algorithmes : un algorithme simple et un algorithme plus évolué nommé *"pinceaux intelligents"*. Contrairement aux algorithmes qui remontent le temps, les algorithmes que j'ai développés déroulent le temps dans le sens classique de son écoulement. Par conséquent, j'obtiens une meilleure résolution des isochrons (une courbe quasi continue), contrairement aux algorithmes de marche arrière, où le rendu de la fibre obtenue est quasi continu à l'approche de l'attracteur et est très discontinu loin de l'attracteur. Ces deux algorithmes reposent sur une exploration aléatoire de l'espace des états à des variations près. Par exemple, l'algorithme simple consiste à initier une série de threads (processus informatiques), de les laisser explorer l'espace et classer au fur et à mesure les points trouvés selon leur phase. Chaque thread, ici, explore tout l'espace des états. Cette méthode parallèle peut maintenant être implémentée sur des solutions de calcul massivement parallèles, comme le calcul GPU. L'autre algorithme appelé "pinceaux intelligents", initie des threads appelés pinceaux. Deux pinceaux sont chargés de résoudre un isochron. Un pinceau est initié au voisinage extérieur du cycle limite, au niveau du point d'intersection avec l'isochron, tandis que l'autre est associé à son voisinage intérieur. Chaque pinceau cherche localement un nombre de points appartenant à l'isochron et, au pas d'après, la zone de recherche est déplacée selon la direction des points trouvés. Cet algorithme à 2 threads par isochron n'est pas adéquat pour rechercher des isochrons dans un système tridimensionnel. Ceci est dû au fait que les isochrons d'un système oscillatoire tridimensionnel sont des surfaces. Pour ces systèmes, j'ai utilisé l'algorithme simple, mais l'algorithme des pinceaux intelligents peut être modifié de façon à attribuer une population de threads par isochron. Par exemple sur la surface isochronale des isochrons d'un système 3D, on pourrait utiliser un front de croissance fourni par un nombre important de threads.

La recherche des isochrons repose ainsi sur un tirage aléatoire sur une partie ou sur l'ensemble de l'espace des états. La probabilité de trouver un point ayant une phase particulière devient très vite assez faible, si nous recherchons une valeur exacte de la phase latente. C'est pour cette raison que j'ai considéré un paramètre de précision dans les deux algorithmes. Ce paramètre me permet de spécifier des intervalles de recherche de phase latente centrés sur des valeurs particulières, plutôt que de chercher une valeur exacte. La Figure 4.2 illustre ce paramètre.

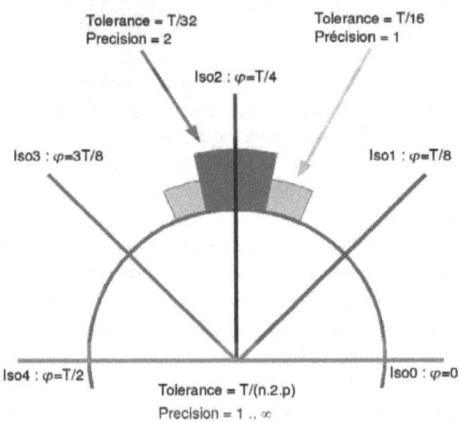

FIGURE 4.2 – **Description graphique de la mesure de la précision.** Supposons que nous recherchons 8 isochrons équiphasés d'un cycle limite de période T. La plus grande valeur acceptable du paramètre de tolérance est de $T/16$, c'est-à-dire l'intervalle de phase entre 2 isochrons est au moins divisé en 2. Dans ce cas particulier, tout point du bassin d'attraction du cycle limite appartient à un isochron. Le paramètre de précision est utilisé pour définir la tolérance comme suit : Tolérance $= T/(Precision * 2 * N_{isochrons})$. Cela veux dire que pour une $Precision = 1$ (resp. $Precision \gg 1$), la résolution est grossière (resp. fine).

La résolution des isochrons est sensible au paramètre de précision dans les zones de l'espace des phases où le flot devient faible. Dans ces zones, les isochrons sont resserrés, ce qui rend leur résolution difficile. C'est ce qu'a écrit Winfree (2001) : *"In practice, the isochron struture is poorly resolved near the isochrons' convergence... That implies unusual difficulty in measuring phase with adequate precision near the region of convergence. It also means that the system is particulary susceptible to the random perturbations that chronically afflict any real experiment, espcially biological experiments. "*. C'est ce que l'on observe par exemple sur la Figure 4.8 : dans la partie basse du profil isochronal, il y a une zone où les isochrons sont resserrés, à tel point qu'il devient difficile de les résoudre.

4.1.3 Discussion

Le profil isochronal nous permet d'avoir une idée sur les zones qui permettent une synchronisation de la population d'oscillateurs. Si on a comme objectif la synchronisation de la population indépendamment de la phase, la stratégie qu'on pourrait adopter est celle qui ramène tous les oscillateurs aux zones de l'espace des états où les isochrons sont les plus écartés. J'ai développé un algorithme pour calculer ce que j'ai appelé le profil de déphasage maximal. Cet algorithme évalue, pour chaque perturbation instantanée le déphasage maximal qu'elle engendre sur la population, tel qu'illustré sur la Figure 4.3. Si on voulait synchroniser les oscillateurs autour d'une phase particulière, il faut les amener exactement sur un point de l'isochron caractérisé par cette phase.

Pour faire cela, il faut une perturbation adaptée à chaque oscillateur, pour lui faire rejoindre un point particulier de l'isochron. Ceci suppose que l'on puisse connaître l'état initial de chaque oscillateur de la population. Par conséquent, contrôler l'organisation temporelle d'une population par une perturbation instantanée perd tout son sens, si la perturbation n'est pas identique pour toutes les phases avant perturbation. Une autre manière de faire est d'exploiter la propriété de convergence des isochrons, tirée de l'observation suivante : si on applique une perturbation à une population d'oscillateurs de manière périodique, au bout d'un certain nombre d'itérations, la phase moyenne de la population converge vers l'isochron passant par un point du cycle limite situé entre les isochrons contenant le cycle après perturbation. Cependant, je pense qu'il faudrait que la zone où l'on amène la population soit une zone favorisant une synchronisation, c'est-à-dire une zone de l'espace des états délimité par une frontière correspondant à la forme du cycle limite et chaque isochron n'intersecte cette frontière que deux fois au plus (en entrant et en sortant), alors une telle stratégie est possible. Une illustration de ce type de convergence est proposé sur la Figure 4.4.

Dans la partie suivante, j'explique comment s'effectue le calcul du déphasage maximal que pourrait engendrer une perturbation instantanée appliquée sur une population d'oscillateurs.

4.2 Déphasage maximal

4.2.1 Description

Le profil isochronal nous permet de comprendre la réponse d'un oscillateur à une perturbation instantanée. Mais qu'en est-il de la réponse d'une population d'oscillateurs identiques ? Pour répondre à cette question, mettons-nous dans une situation où tous nos oscillateurs sont relaxés et sont tous sur le cycle limite. Il est possible de représenter tous leurs états sur un même plan, tel qu'illustré sur la Figure 4.3 (a), où chaque point sur le cycle limite représente l'état d'un oscillateur. Une perturbation instantanée est appliquée à la population (*cf.* Figure 4.3 (b)) : dans l'espace des états cela se traduit par une translation de tous les états selon un vecteur représentant la perturbation. À l'endroit où les oscillateurs sont amenés (sur la Figure 4.3 (b), au voisinage du point p), l'écartement spatial entre les isochrons nous renseigne sur le type de réorganisation engendrée par cette perturbation (voir les isochrons qui cernent la population perturbée sur la Figure 4.3(b)). Si dans cette zone les isochrons sont suffisamment écartés, zone où la vitesse est rapide, l'un par rapport à l'autre, alors les oscillateurs se réorganisent temporellement de manière à favoriser une réponse synchrone et, inversement, si les isochrons sont resserrés, zone où la vitesse est lente, il s'agit alors d'une zone qui favorise la désynchronisation. Sur la Figure 4.3 (c), les oscillateurs se resserrent après un temps de relaxation suffisamment long, multiple entier de la période d'oscillation. Le temps qu'il faut pour parcourir l'arc de cercle contenant tous les états est appelé déphasage maximal. Il est exprimé en radian et est dans $[0, 2\pi[$. Cette mesure est associée à la zone où ont été amenés les oscillateurs (le point p sur la Figure 4.3).

4.2.2 Algorithme de calcul du déphasage maximal

Le déphasage maximal pour un point $p = (p_{x_1}, p_{x_2}, ..., p_{x_d})$ dans l'espace des états $\mathbb{R}^d$ est calculé comme suit :

initialement, nous nous mettons dans des conditions telles que nous avons n points $(P_i)_{i \in [1,n]}$ de l'espace des états, distribués uniformément sur le cycle limite : ces points représentent les états des oscillateurs de notre population désynchronisée, c'est-à-dire étalée uniformément sur le cycle limite. À partir de ces points, nous calculons de nouveaux points $(P'_i)_{i \in [1,n]}$ résultant de la translation p, nous avons donc : $P'_{i,x_j} = P_{i,x_j} + p_{x_j} \quad j \in [1, d]$. Puis, dans l'ordre :

- La phase ψ_i est calculée pour chaque P'_i
- Un nouveau vecteur $(Q_i)_{i \in [1,n]}$ est construit. Il représente le vecteur

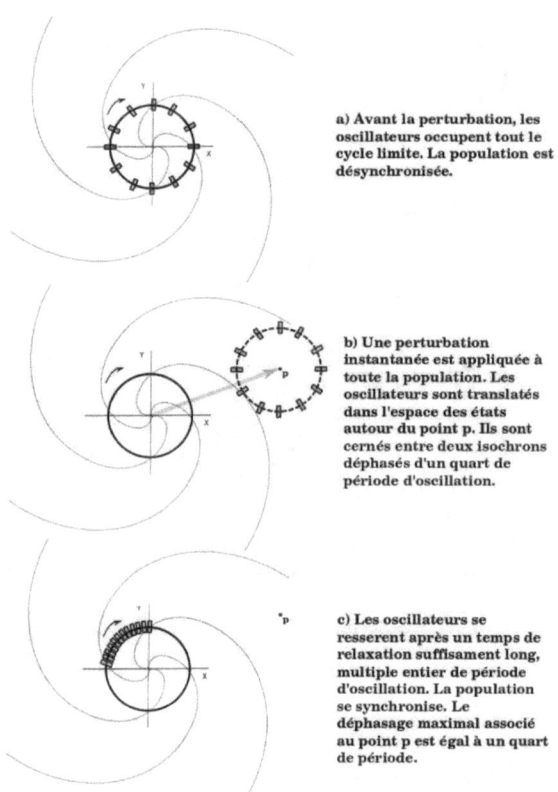

a) Avant la perturbation, les oscillateurs occupent tout le cycle limite. La population est désynchronisée.

b) Une perturbation instantanée est appliquée à toute la population. Les oscillateurs sont translatés dans l'espace des états autour du point p. Ils sont cernés entre deux isochrons déphasés d'un quart de période d'oscillation.

c) Les oscillateurs se resserent après un temps de relaxation suffisament long, multiple entier de période d'oscillation. La population se synchronise. Le déphasage maximal associé au point p est égal à un quart de période.

FIGURE 4.3 – **Illustration du déphasage maximal.** Sur les 3 schémas, nous représentons dans l'espace d'états (XOY) un cycle limite représenté par le cercle en trait continu, le sens de description des oscillateurs étant représenté par la petite flèche en arc, 4 isochrons en spirales pointillées, déphasés de $\frac{\pi}{2}$ l'un par rapport à l'autre, si la période est de 2π, les états des oscillateurs en rectangles. Par simplification, nous confondons un oscillateur et son état sur cette Figure.

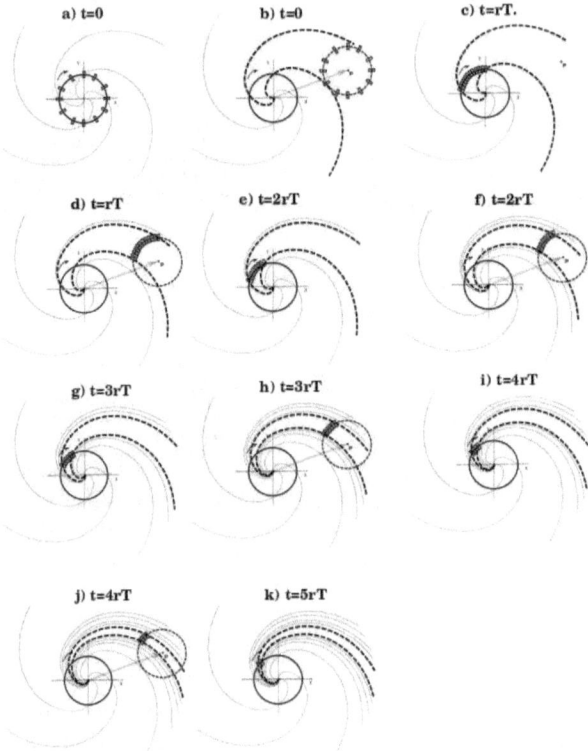

FIGURE 4.4 – **Illustration de l'effet d'une perturbation périodique.**
Sur tous les schémas, on représente, dans un espace d'états (XOY), un cycle limite par le cercle en trait continu, le sens de description des oscillateurs étant représenté par la petite flèche en arc, **(a)** 4 isochrons en spirales pointillées déphasés de $\frac{\pi}{2}$ l'un par rapport à l'autre et les états des oscillateurs en rectangles. Deux rectangles sont colorés en vert et en rouge, il s'agit des oscillateurs situés sur les deux isochrons qui cernent la population après la perturbation. Par simplification, nous confondons un oscillateur et son état sur cette figure. T est la période d'une révolution autour du cycle limite, r dénote le nombre de périodes à partir duquel un oscillateur perturbé est considéré comme relaxé. Dans ce cas de figure, une perturbation périodique a pour effet de resserrer la population autour d'une phase particulière. La phase finale converge vers la phase du point p. L'endroit où sont amenés les oscillateurs périodiquement se restreint de plus en plus au point d'un seul isochron, désigné par p.

$(P'_i)_{i \in [1,n]}$ réordonné selon les valeurs croissantes de ψ_i. Les phases associées aux points du vecteur $(Q_i)_{i \in [1,n]}$ seront représentées par $(\phi_i)_{i \in [1,n]}$.

- Le vecteur $((\Delta\phi_{i,i+1})_{i \in [1,n-1]}, \Delta\phi_{n,0})$ est calculé, avec $\Delta\phi_{i,i+1} = \phi_{i+1} - \phi_i$ pour $i \in [1, n-1]$ et $\Delta\phi_{n,0} = 2\pi - (\phi_n - \phi_0)$.
- Finalement, le déphasage maximal associé à p est :
  $\Delta\phi_{Max} = 2\pi - Max((\Delta\phi_{i,i+1})_{i \in [1,n-1]}, \Delta\phi_{n,0})$.

Le profil de déphasage maximal est obtenu en répétant ces étapes pour chaque valeur (moyennant un pas spatial) d'amplitude de perturbation entre $]0, R_{max}]$. Revenons maintenant à notre sujet et regardons le profil isochronal et le profil du déphasage maximal de quelques oscillateurs, l'intérêt étant de comprendre l'implication de l'étude des fibrations isochrones dans la compréhension de l'organisation temporelle d'une population d'oscillateurs, à l'issue d'une perturbation instantanée. Dans ce qui suit, j'expose quelques systèmes dynamiques et leurs profils isochronaux. Le choix des systèmes repose principalement sur le type de symétrie qu'ont leurs isochrons et la dimension de leur espace d'états.

4.2.3 Système bidimensionnel

Les systèmes bidimensionnels sont des systèmes à 2 variables. Le calcul de leurs isochrons est relativement peu coûteux. Cependant, les valeurs du paramètre de précision permettant d'obtenir une résolution acceptable des isochrons sont différentes d'un système à un autre selon leur symétrie (du point de vue de la forme de leurs attracteurs) et du flot de manière générale.

Systèmes symétriques et anti-symétriques

Dans ce qui suit, j'expose le cas de deux systèmes symétriques. Le premier est un oscillateur anharmonique. Le deuxième est une version simple du modèle de Wilson et Cowan d'oscillateur neuronal.

Oscillateur anharmonique

L'oscillateur anharmonique (Demongeot et al., 2007b) est un cas particulier de $\lambda\omega-$système (Murray, 1993) et un cas typique de systèmes symétriques. Les équations de ce système sont les suivantes :

$$\begin{cases} \frac{dx}{dt} = y + x(1 - x^2 - y^2) \\ \frac{dy}{dt} = -x + y(1 - x^2 - y^2) \end{cases} \tag{4.1}$$

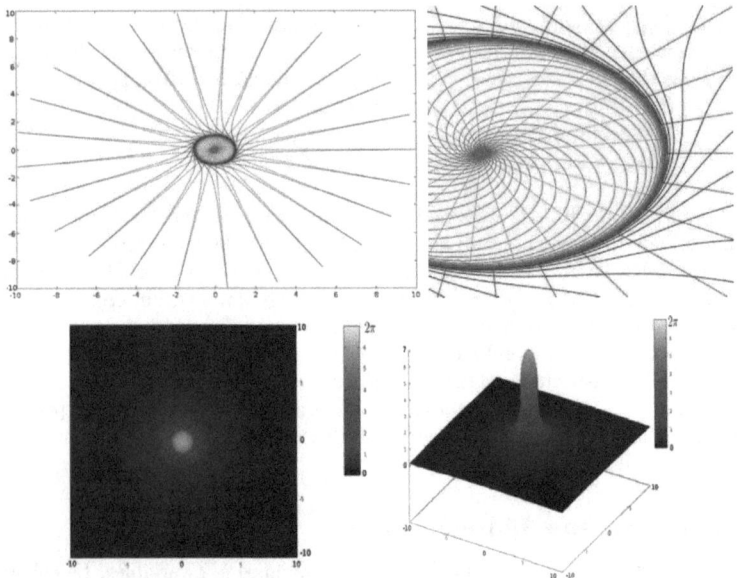

FIGURE 4.5 – **Isochrons et déphasage maximal du pendule anhar-monique.** **(En haut à gauche)** Dans l'espace des phases (xoy) sont représentés : isochrons, trajectoires et cycle limite du pendule anharmonique. Le cycle limite est le cercle unitaire, 25 isochrons sont disposés de manière radiaire, 25 trajectoires externes sont issues de chaque isochron et 25 trajectoires internes à l'attracteur sont issues de l'extrémité de chaque isochron au voisinage du répulseur : le point $(0,0)$. Note : Les isochrons calculés à l'intérieur du cycle limite sont volontairement déphasés par rapport aux externes pour mieux les distinguer. **(En haut à droite)** Il s'agit d'un agrandissement de la figure située en haut à gauche au voisinage de l'attracteur. **(En bas à gauche)** Ici sont représentés le déphasage maximal engendré suite à une perturbation instantanée, en x et en y, les composantes de la perturbation instantanée et, en code couleur (entre 0 et 2π), le déphasage maximal engendré par la perturbation. **(En bas à droite)** Il s'agit des mêmes entités que sur la figure en bas à gauche, avec la représentation du déphasage maximal selon l'axe z et un code couleur (entre 0 et 2π). Le profil de déphasage maximal indique qu'une population de pendules anharmoniques se synchronise suite à une perturbation instantanée, et cela quelque soit la direction de la perturbation, la synchronisation est proportionnelle à l'intensité de la perturbation.

Les isochrons d'un oscillateur anharmonique sont radiaires. Ils s'écartent l'un par rapport à l'autre au fur et à mesure que l'on s'éloigne du cycle limite (voir Figure 4.5 en haut). Immédiatement, on a une information qualitative sur l'effet d'une perturbation instantanée sur une population d'oscillateurs anharmoniques initialement tous étalés sur $[0, 2\pi[$. Pourvu que la perturbation instantanée soit assez importante, quelque soit sa direction, elle aura comme effet une synchronisation de la population. Une mesure plus précise du degré de synchronisation engendré par une perturbation instantanée est illustrée sur le profil du déphasage maximal (voir la Figure 4.5 en bas). Les zones sombres correspondent aux endroits où la synchronisation tend vers une valeur nulle. Inversement, les zones claires engendrent une synchronisation faible. Ce système est purement abstrait, il n'est pas le modèle d'un système physique, mais repose sur une imitation du mouvement d'un pendule. Pour cette raison, le profil de déphasage maximal que j'expose n'est qu'un résumé de simulations déjà faites et n'est en aucun cas une prédiction. Cette analyse sera une prédiction, si le système d'équations différentielles représente le modèle d'un système physique ou biophysique.

Oscillateur de Wilson-Cowan

Cet oscillateur est un autre exemple de système symétrique. Il est un modèle descriptif d'un comportement biophysique d'interactions entre une population de neurones inhibiteurs et de neurones excitateurs, ce qui donne aux analyses qui vont suivre un caractère prédictif, jusque dans une certaine mesure, du comportement du système réel. Il a été élaboré via des méthodes issues de la physique statistique par Wilson et Cowan (1972). Nous prenons une version simplifiée, à 2 paramètres, de ce modèle. Les deux variables de ce modèle sont la variable x qui représente l'activité des neurones excitateurs et la variable y qui représente celle des neurones inhibiteurs. Les interactions entre les deux populations de neurones sont décrites par des fonctions sigmoïdes (non linéaires) et paramétrées par λ. Ce paramètre contrôle la raideur de la sigmoïde décrivant les interactions et décrit le type de réponse des synapses à un signal d'entrée ; quand $\lambda \to +\infty$ les synapses tendent vers une réponse non linéaire à deux comportements qui dépendent de la valeur du signal d'entrée, c'est-à-dire s'il est supérieur ou inférieur à la barrière de potentiel (ici 0), ou bien une réponse qui est une fonction affine du signal d'entrée dans le cas où λ est petit ($\ll 1$). Le paramètre τ se réfère au potentiel membranaire de la cellule nerveuse.

$$\begin{cases} \frac{\mathrm{d}x}{\mathrm{d}t} = \frac{-x}{\tau} + \tanh(\lambda x) - \tanh(\lambda y) \\ \frac{\mathrm{d}y}{\mathrm{d}t} = \frac{-y}{\tau} + \tanh(\lambda x) + \tanh(\lambda y) \end{cases} \qquad (4.2)$$

Le système présente une bifurcation de Hopf lors du changement de l'inégalité $\lambda\tau \leq 1$ à $\lambda\tau > 1$ (Tonnelier et al., 1999). La bifurcation de Hopf traduit un changement de dynamique amenant le système d'une dynamique comportant uniquement un point fixe attracteur à l'origine à une dynamique comportant un répulseur à l'origine entouré d'un attracteur cycle limite, ce qui correspond à la naissance d'un oscillateur. Nous prenons des valeurs des paramètres ($\tau = 1$ et $\lambda = 1.1$) proches du lieu de la bifurcation sur l'espace des paramètres ($\lambda\tau \approx 1$), pour avoir un aperçu du profil isochronal de l'oscillateur (voir Figure 4.6 en haut).

Comme dans le cas précédent, le déphasage maximal de l'oscillateur de Wilson-Cowan (voir Figure 4.6 en bas) est inversement proportionnel à l'intensité de la perturbation instantanée. Ceci veut dire qu'une population d'oscillateurs de Wilson-Cowan se synchronise suite à une perturbation instantanée. Pourtant, les isochrons de cet oscillateur sont différents de ceux du pendule anharmonique. Ils sont en spirale, mais gardent la même caractéristique : au fur et à mesure qu'on s'éloigne de l'attracteur, ces spirales s'écartent les unes des autres. Je ne sais pas si cela implique une différence significative au niveau de la réorganisation temporelle d'une population de Wilson-Cowan comparée à celle d'une population d'oscillateurs anharmoniques. Il est intéressant de signaler qu'un couplage entre deux oscillateurs de Wilson-Cowan entraîne un verrouillage de phase qui converge vers une valeur constante et non nulle. Contrairement au cas de deux oscillateurs anharmoniques, où un couplage engendre un verrouillage de phase de valeur nulle (synchronisation parfaite). Le lecteur pourra se référer à la section 6.2. Il serait intéressant de voir s'il y a un lien entre le déphasage engendré par couplage de deux oscillateurs et la géométrie des isochrons. Pour répondre à cette question, je pense qu'il y a deux pistes possibles : commencer par faire une transformation analytique des effets du couplage cumulés sur une période et les transformer en une seule perturbation instantanée périodique, ou bien faire une étude par simulation numérique en agissant directement sur la forme des isochrons via les paramètres de l'oscillateur et calculer le déphasage obtenu par couplage.

Oscillateur de van der Pol

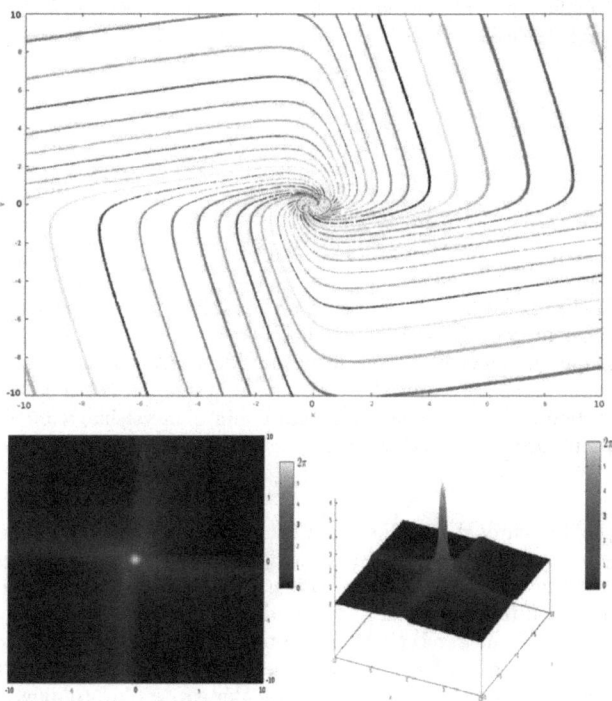

FIGURE 4.6 – **Isochrons et déphasage maximal de l'oscillateur de Wilson-Cowan.** **(En haut)** Dans l'espace des phases (xoy) sont représentés : 30 isochrons et le cycle limite d'un oscillateur de Wilson-Cowan ($\tau = 1$ et $\lambda = 1.1$). La période d'oscillation est égale à 2π au voisinage de la bifurcation de Hopf. Le cycle limite est le cercle unitaire et, 30 isochrons sont en forme de spirales. **(En bas à gauche)** Ici sont représentés le déphasage maximal engendré suite à une perturbation instantanée, en x et en y, les composantes de la perturbation instantanée et, en code couleur (entre 0 et 2π), le déphasage maximal engendré par la perturbation. **(En bas à droite)** Il s'agit des mêmes entités que la figure en bas à gauche, avec la représentation du déphasage maximal selon l'axe z et un code couleur (entre 0 et 2π). Le profil de déphasage maximal indique qu'une population d'oscillateurs de Wilson-Cowan se synchronise suite à une perturbation instantanée, et cela quelque soit la direction de la perturbation, la synchronisation est proportionnelle à l'intensité de la perturbation. Elle est de meilleure qualité quand elle est loin des frontières des 4 cadrans. 76

Cet oscillateur a été introduit par van der Pol et van der Mark (1928) comme un modèle électrique du rythme cardiaque. Il est régi par les équations suivantes :

$$\begin{cases} \frac{dx}{dt} = y \\ \frac{dy}{dt} = -\omega_0^2 x + \omega_0 \, \mu \, y(1 - x^2) \end{cases} \qquad (4.3)$$

Le paramètre μ (resp. ω_0) représente un paramètre de non linéarité (resp. la fréquence propre). Lorsque $\mu = 0$, l'oscillateur devient un oscillateur harmonique pur. Je cherchais à avoir un exemple de système anti-symétrique (en tenant compte du cycle limite). C'est pour cela que j'ai choisi ces valeurs : une pulsation unitaire et une non linéarité loin d'un voisinage immédiat de l'oscillateur harmonique. Les valeurs considérées sont les suivantes : $\mu = 2$ et $\omega_0 = 1$.

Le profil isochronal obtenu sur la Figure 4.7 indique que les isochrons du système tendent à se resserrer le long de l'axe x et à s'écarter le long de l'axe y. Le profil de déphasage maximal (Figure 4.7) indique des zones de faible synchronisation (couleur jaune) et de petites zones sombres (forte synchronisation). Pour synchroniser une population de ces oscillateurs, il faudrait appliquer une perturbation instantanée le long de l'axe y. Si le modèle est un système électrique, la coordonnée x est l'intensité d'un courant et y est sa variation. Il faudrait augmenter la variation du courant sans toucher à sa quantité. C'est à ce niveau que l'application est contrainte par la technique.

Systèmes non-symétriques

Système de la balance enzymatique de la PhosphoFructoKinase (PFK)

Un système dynamique modélisant le comportement de l'enzyme PFK (Phosphofructokinase) a été proposé par Demongeot (1981) et par Ricci (1996). Ce modèle décrit la balance entre la consommation du substrat Fructose-6-phosphate (F6P) et la production d'Adenosine Diphosphate (ADP). Ce système est décrit par les équations suivantes :

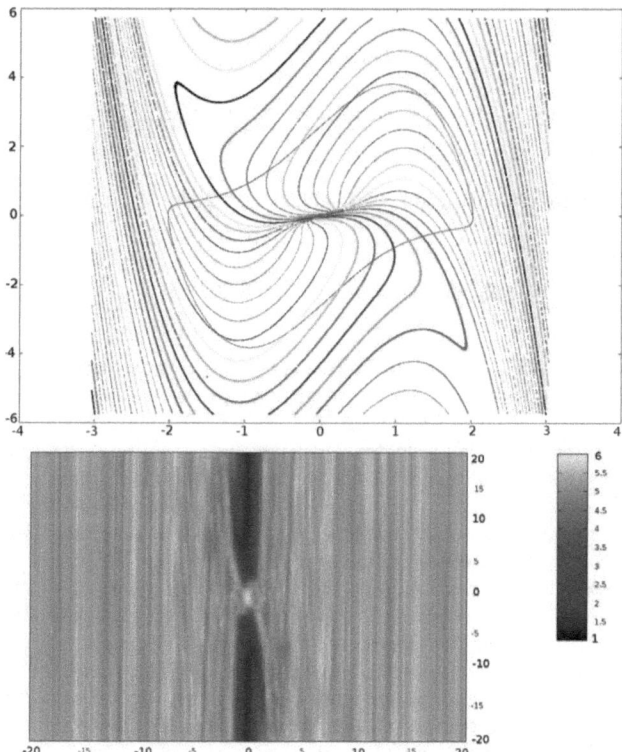

FIGURE 4.7 – **Isochrons et déphasage maximal de l'oscillateur de van der Pol. (En haut)** Dans l'espace des phases (xoy) sont représentés : le cycle limite (la courbe fermée) et 30 isochrons (les courbes en couleur) de l'oscillateur de van der Pol. **(En bas)** Le déphasage maximal engendré suite à une perturbation instantanée. En x et en y, les composantes de la perturbation instantanée. En code couleur (entre 0 et 2π), le déphasage maximal engendré par la perturbation. Le profil de déphasage maximal indique qu'une population d'oscillateurs de van der Pol réagit différemment face à une perturbation instantanée. Si la perturbation est est verticale (le long de l'axe des y), la population d'oscillateurs se synchronise sinon, si elle adopte n'importe quelle autre direction, la population d'oscillateurs tend à se désynchroniser.

$$
\begin{cases}
\frac{dx}{dt} = A - L(x,y) \\
\frac{dy}{dt} = R(L - Ny) \\
L(x,y) = \frac{x(1+x)^{n-1}(1+Dy)^n L_0 C(1+Cx)^{n-1}}{(1+x)^n(1+Dy)^n + L_0(1+Cx)^n} \\
R = 10^P
\end{cases}
\tag{4.4}
$$

Un cycle limite est obtenu pour les valeurs suivantes :

$$
\begin{cases}
L_0 = 3 \quad n = 3 \quad\quad C = 0.002 \quad D = 1 \\
A = 0.1 \quad N = 0.01 \quad P = 3
\end{cases}
\tag{4.5}
$$

Le système possède un cycle limite non symétrique et il existe une zone de l'attracteur où les isochrons sont extrêmement resserrés, ce qui les rend difficiles à résoudre. Winfree (2001) a écrit : *"In practice, the isochron structure is poorly resolved near the isochrons' convergence... That implies unusual difficulty in measuring phase with adequate precision near the region of convergence. It also means that the system is particulary susceptible to the random perturbations that chronically afflict any real experiment, especially biological experiments"*. C'est précisément cela qu'on observe dans la Figure 4.8. Nous avons testé plusieurs valeurs du paramètre de précision entre 1 et 1000. Les deux extrêmes que nous avons calculés sont montrés, en haut pour une faible précision (1) et en bas pour une grande précision (1000). Nous avons calculé 30 isochrons qui apparaissent très resserrés dans certaines zones de l'espace des états (à gauche). Par ailleurs, en bas de la figure apparaissent des zones où les isochrons se recouvrent et sont faiblement résolus, même avec une très grande valeur du paramètre de précision.

Sur cette fenêtre de l'espace des états, les isochrons de la PFK sont globalement resserrés. Afin d'avoir un aperçu plus clair, j'ai choisi d'exécuter l'analyse du déphasage maximal sur une fenêtre plus large (voir la Figure 4.9). Malgré des imprécisions numériques, j'obtiens des bandes de forte synchronisation (zones sombres) suivies de bandes de synchronisation moyenne (zones rouges). Cela s'explique par le fait que les isochrons de la PFK alternent entre resserrement et écartement. Il y a cependant des zones blanches. Elles correspondent à des endroits où la phase n'a pas pu être déterminée, en raison d'un temps de relaxation trop important.

Les entités de ce système correspondent à des concentrations normalisées. La partie de l'espace des états qui correspond à des valeurs négatives de x et

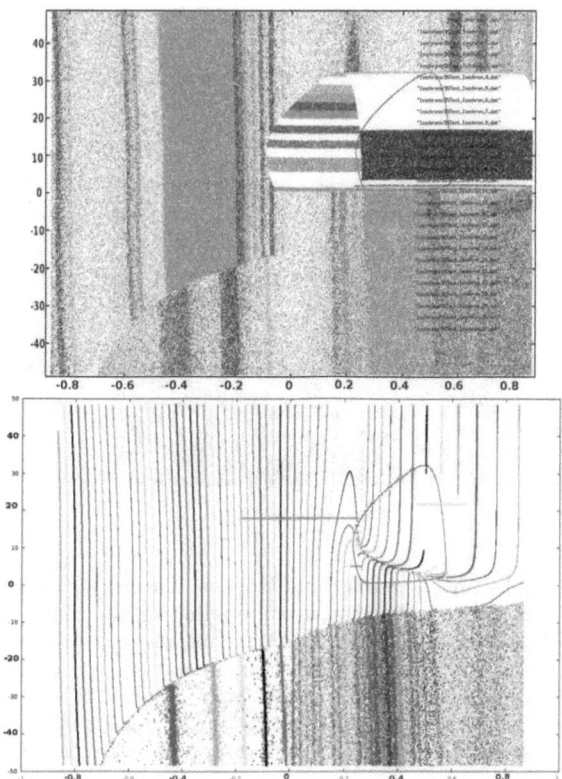

FIGURE 4.8 – **Isochrons de l'oscillateur de la PFK.** (**Sur les deux figures**) Dans l'espace des phases (xoy) sont représentés les isochrons (les courbes en couleur) et le cycle limite (la courbe fermée) de la PFK obtenus pour un paramètre de précision égal à 1 (**En haut**) et 1000 (**En bas**).

FIGURE 4.9 – **Déphasage maximal de l'oscillateur de la PFK.** Le déphasage maximal engendré par une perturbation instantanée est représenté par un code couleur (entre 0 et 2π). Dans certaines zones, il est difficile d'avoir une résolution de qualité, en raison du resserrement des isochrons et d'un temps de relaxation élevé (zones en blanc). Ce profil indique qu'il n'y a pas de relation linéaire entre les composantes, la direction et l'intensité, de la perturbation instantanée et la réponse de l'oscillateur de la PFK.

y n'a pas de sens physique. En tenant compte de ce point, la perturbation la moins coûteuse à l'oeil semble être celle qui ramène la concentration de F6P à 1 et la concentration d'ADP à 50.

Système glycolytique de la levure

Bier et al. (2000) proposent le système suivant, pour résumer la dynamique glycolytique dans la levure :

$$\begin{cases} \frac{dG}{dt} = V_{in} - k_1 GT \\ \frac{dT}{dt} = 2k_1 GT - k_p \frac{T}{K_m + T} \end{cases} \tag{4.6}$$

G (resp. T) représente le glucose (resp. ATP). V_{in} est le flux d'entrée constant de glucose, k_1 est l'activité de phosphofructokinase. L'ATP est dégradé selon une cinétique de Michaelis-Menten, qui correspond au terme $-k_p \frac{T}{K_m + T}$. Les paramètres utilisés par Bier et al. (2000) sont :

$$V_{in} = 0.36 \quad k_1 = 0.02 \quad k_p = 6.0 \quad K_m = 13 \tag{4.7}$$

Un apport important de glucose pourrait causer la synchronisation de l'activité glycolytique d'une population de levure, vu que les isochrons s'écartent en dehors du cycle limite. Cette observation dépend de la direction et de la faisabilité d'une telle perturbation. On pourrait se demander si les systèmes naturels sont toujours non symétriques. Nous ne pouvons pas nous prononcer là-dessus, néanmoins, si c'est le cas, cela veut dire que leur organisation temporelle, synchronisation ou désynchronisation, est contrôlable par un mécanisme exogène au système.

4.2.4 Système tridimensionnel

Un système 3D dérivé de l'oscillateur anharmonique

Nous avons vu que notre algorithme de résolution des isochrons satisfait nos attentes. Nous avons une courbe continue dans le cas de quelques systèmes bidimensionnels symétriques. Nous décidons de le tester avec un système de dimension plus élevées. À notre connaissance, cela n'a pas été fait avant. Ceci étant dit, nous rappelons que notre algorithme ne possède pas de condition d'arrêt automatique, il est principalement interrompu par

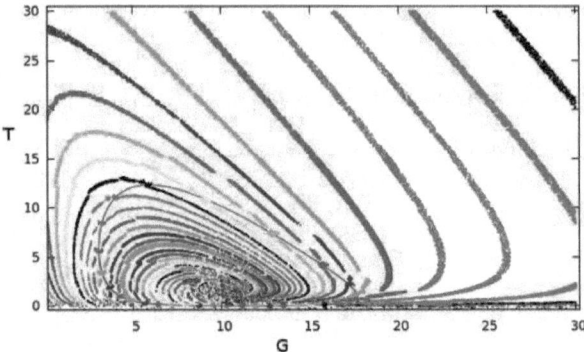

FIGURE 4.10 – **Isochrons du système glycolytique de la levure.** 30
isochrons (les courbes en couleur) du système glycolytique de la levure. L'attracteur cycle limite est la courbe continue au milieu.

nous, utilisateurs, quand nous estimons, de manière subjective, que la densité
de points est suffisante pour être présentable, c'est-à-dire que l'ensemble de
points représentant un isochron est suffisamment continue.

L'ennui est qu'en passant à un système de dimension 3, les isochrons sont
des surfaces et, par conséquent, d'autres facteurs entrent en considération
pour nous, observateurs, afin d'évaluer le fonctionnement de notre algorithme
qualitativement. Ces facteurs sont l'absence de structuration de points en surface, car ils sont recherchés de manière aléatoire, et donc d'ombrage possible
pour faire un rendu, d'une surface 3D, compréhensible par l'œil. Il est alors
difficile d'évaluer la forme de la surface sans connaître ce à quoi on s'attend.
Nous décidons alors de construire un système tridimensionnel pour lequel on
connaît la forme attendue des isochrons. Nous prenons un système simple, le
pendule anharmonique et nous lui rajoutons une 3ème composante fictive qui
a cette forme : $\frac{dz}{dt} = -z$. Il s'agit d'une simple relaxation linéaire selon z qui
se stabilise pour les $z = 0$. Nous nous attendons donc à avoir des surfaces
isochronales, de type demi-plans qui convergent vers $z = 0$.

83

$$\begin{cases} \frac{dx}{dt} = y + x(1 - x^2 - y^2) \\ \frac{dy}{dt} = -x + y(1 - x^2 - y^2) \\ \frac{dz}{dt} = -z \end{cases} \tag{4.8}$$

Les isochrons (voir Figure 4.11) de ce système sont des demi-plans qui convergent vers l'axe z. Dans ce cas, les surfaces isochronales sont identifiables. Néanmoins, on voit déjà que cela pourrait poser un problème de visualisation si ces surfaces étaient courbes. Nous verrons dans le prochain exemple quel genre de solution peut-être envisagé.

Système de Lorenz à attracteur périodique

L'attracteur étrange de Lorenz a été une étape fondamentale dans l'introduction de la théorie du chaos. Ce système est défini par les équations différentielles suivantes :

$$\begin{cases} \frac{dx}{dt} = \sigma(y - x) \\ \frac{dy}{dt} = \rho x - y - xz \\ \frac{dz}{dt} = xy - \beta z \end{cases} \tag{4.9}$$

Nous avons calculé les isochrons d'une version de ce système qui exhibe un cycle limite de période $T = 0.37$ et qui comporte une seule boucle. Les paramètres de cet oscillateur sont les suivants : $\sigma = 10$, $\rho = 350$ et $\beta = \frac{8}{3}$. Sur la Figure 4.12 sont représentés son cycle limite et une coupe d'un isochron.

Le temps de rendu des surfaces isochronales est assez lent. On compte jusqu'à une semaine de calcul avec des fichiers de plus de 400 Mo chacun pour 30 isochrons. Ces surfaces (voir Figure 4.13 en haut) sont difficiles à appréhender en raison de l'absence de facettes pour produire des ombrages, car il s'agit d'un ensemble de points non ordonnés. Cependant, grâce à C. Lobos, notre collègue chilien, nous avons pu reconstruire une surface par technique de maillage (voir Figure 4.13 en bas). Le résultat n'est pas très prometteur.

En raison de la difficulté d'afficher l'ensemble des isochrons du système, nous avons procédé au calcul du déphasage maximal engendré par une perturbation le long du plan $z = 0$ (voir la Figure 4.14). La synchronisation

84

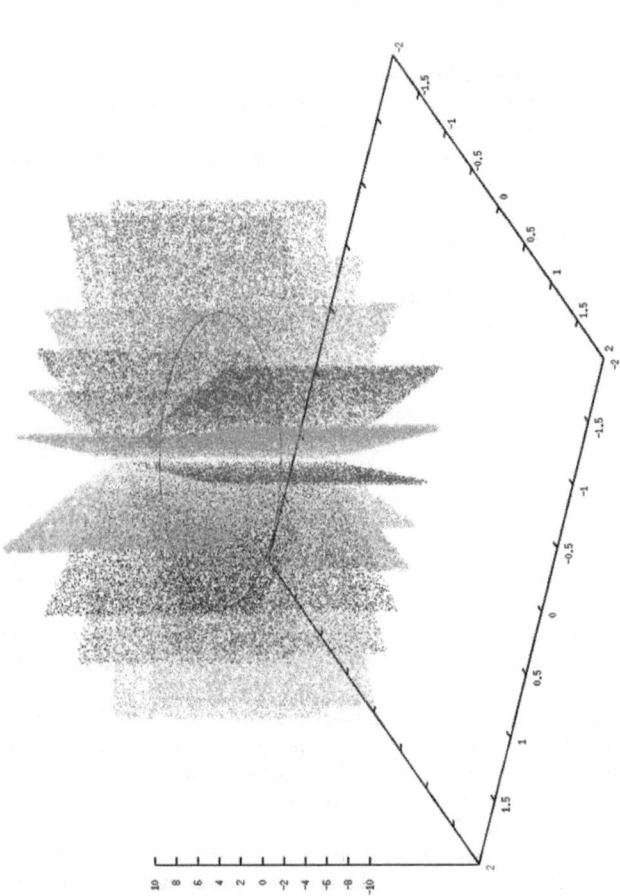

FIGURE 4.11 – **Isochrons d'un oscillateur 3D.** 16 isochrons d'un oscillateur anharmonique auquel on a rajouté une 3ème dimension représentant une relaxation linéaire selon z. Les isochrons sont en forme de demi-plans qui convergent vers $z = 0$.

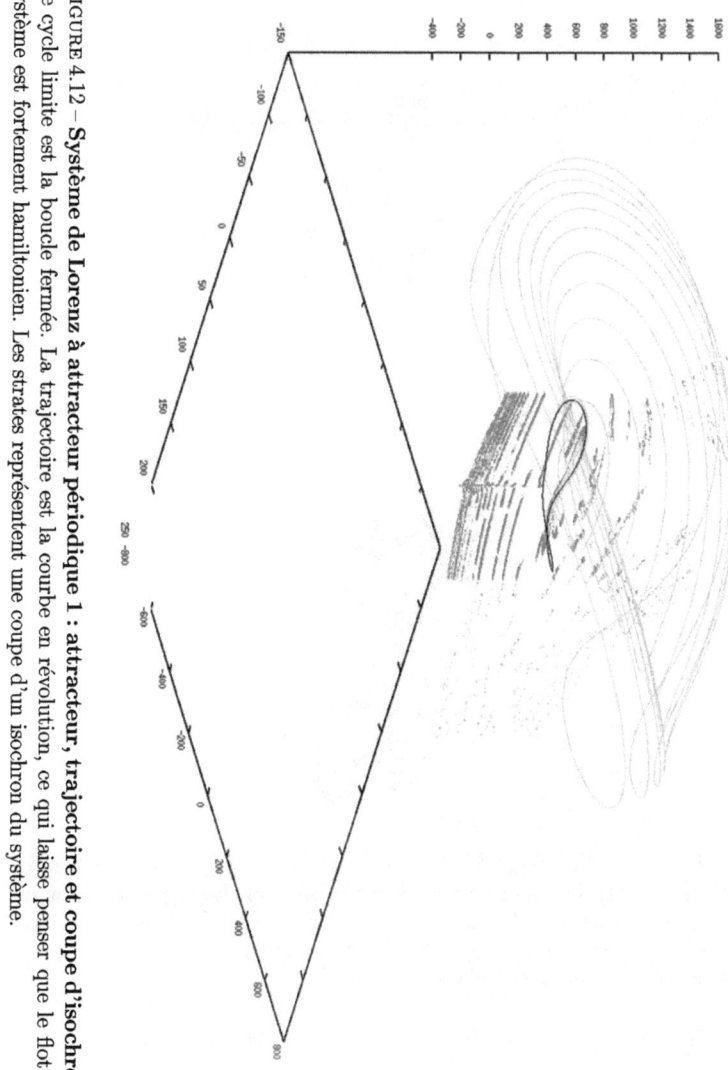

FIGURE 4.12 – **Système de Lorenz à attracteur périodique 1 : attracteur, trajectoire et coupe d'isochron.** Le cycle limite est la boucle fermée. La trajectoire est la courbe en révolution, ce qui laisse penser que le flot du système est fortement hamiltonien. Les strates représentent une coupe d'un isochron du système.

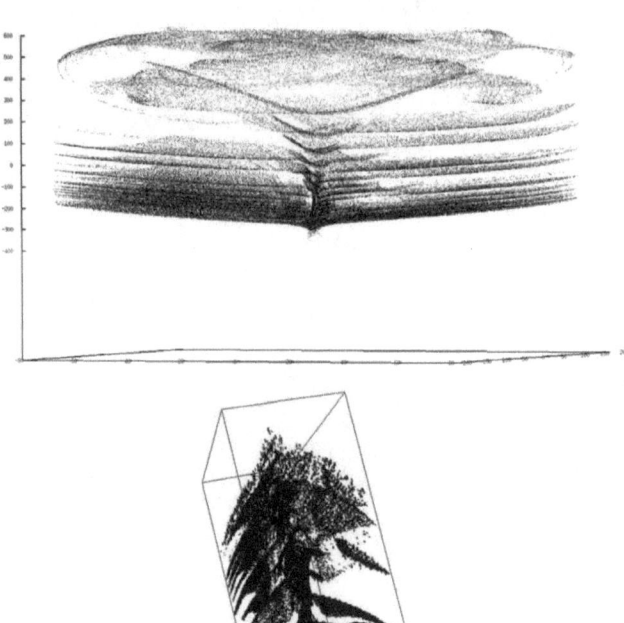

FIGURE 4.13 – **Système de Lorenz à attracteur périodique 2 : un isochron du système et sa reconstruction.** **(en haut)** Un isochron du système est représenté. Il s'agit d'une surface sous forme d'un vortex. Afin de faciliter sa visualisation **(en bas)**, une reconstruction 3D utilisant des techniques de maillage est affichée.

engendrée par une perturbation est moyenne, voire faible. Je ne peux pas m'empêcher d'imaginer le déphasage maximal calculé le long de tout un cube emboîtant l'attracteur. Le rendu graphique devrait être plus facile à mettre en place que celui des isochrons pour ce système. Cela pourrait ressembler à une roche où s'écoulent des zones de synchronisation faibles et fortes. Cela pourrait être intéressant de voir si le volume associé à chaque degré de synchronisation est continu ou fragmenté.

FIGURE 4.14 – **Déphasage maximal le long du plan** $z = 0$. Ce profil de déphasage indique que, le long du plan $z = 0$, cet oscillateur a une réponse désynchronisante aux perturbations instantanées.

4.3   Intersection entre isochrons et cycle limite : effet Guckenheimer

Dans le voisinage immédiat de l'attracteur, la partie hamiltonienne du flot devient dominante et les trajectoires se resserrent de plus en plus. Par conséquent les isochrons tendent vers la partie potentielle du flot (Demongeot et al., 2007b,a; Glade et al., 2007). En d'autres termes, ils intersectent l'attracteur transversalement (non tangentiellement), comme décrit par Guckenheimer (1975). Néanmoins, nous nous sommes demandés comment des isochrons qui apparaissent à première vue nettement transversaux par rapport à la tangente locale de la trajectoire asymptotique peuvent traverser l'attracteur, comme dans le cas des isochrons de l'oscillateur de van der Pol, sur la Figure 4.7, ou ceux de la PFK, sur la Figure 4.8.

Nous avons donc effectué plusieurs simulations pour résoudre numériquement, avec une précision très élevée ($précision \geq 10^7$), deux isochrons du système de van der Pol (voir la Figure 4.7) dans un emplacement très proche du cycle limite. Nous ne nous attendions pas à ce que nous allions observer, ce que nous avons par conséquence appelé l'effet Guckenheimer : les isochrons, au voisinage immédiat du cycle limite, construisent une sorte de pont en croissant (voir la Figure 4.15 en haut au centre) qui rompt localement avec la monotonie de leur courbe pour traverser l'attracteur de manière transversale. Nous avons regardé cela aussi dans le cas du système de Lorenz (voir la Figure 4.15 en bas) et le comportement de l'isochron (dans le cas 3D, une surface) est similaire au cas précédent. Cela vérifie les propositions de Demongeot et al. (2007b),Demongeot et al. (2007a) et, Glade et al. (2007) et Demongeot et Françoise (2006).

Cet effet est bien entendu lié à la précision numérique. Il est une conséquence de la manière avec laquelle nous considérons qu'un point est sur l'attracteur cycle limite. En effet, nous considérons qu'un point a est confondu à un point c_i du cycle limite si $d(a, c_i) \leq Min(d(c_{i-1}, c_i), d(c_i, c_{i+1}))$. Quand la norme du flot est identique partout sur le cycle limite, la largeur apparente des isochrons reste la même sur tous les points de phase. D'un autre côté, quand cette valeur varie sur le cycle limite, il y aura, alors, des fragments de cycle limite où le flot est plus rapide que dans d'autres fragments et donc les points c_j seront plus écartés dans ces endroits là. Par conséquent, les isochrons passant par ces points auront une largeur apparente plus importante que d'autres. Ces considérations ne sont pas à exclure, dans le cas de la détermination des isochrons d'un système réel par voie expérimentale. Par contre, dans un cadre strictement mathématique, il n y a aucune raison de voir une telle déformation des isochrons au voisinage du cycle limite. En effet, nous pouvons voir cela sur le système de van der Pol, en utilisant une approximation des isochrons avancée par Demongeot et Françoise (2006). Cette approximation a cette forme : $\theta - \mu(r^2(\frac{cos^4(\theta)}{4} - 1) + \frac{1}{2}sin^2(\theta)) = c$, où θ, r et c sont respectivement l'angle, le rayon (en coordonnées polaires) et une constante. Si nous appliquons cette approximation, nous ne constatons aucune déformation notable sur la forme des isochrons au voisinage du cycle limite du van der Pol.

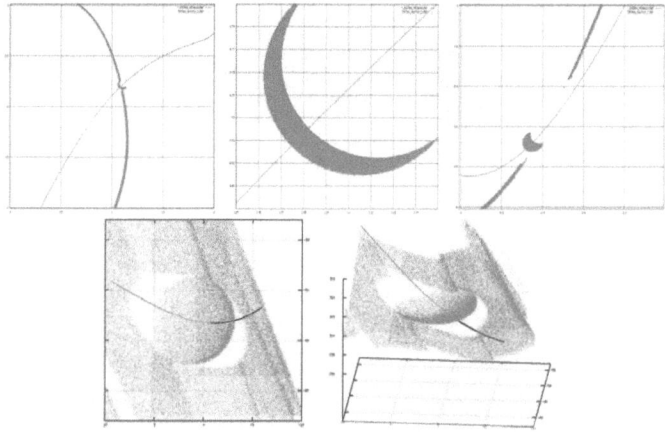

FIGURE 4.15 – **Un pont sur l'attracteur cycle limite** (**En haut**) : Deux isochrons (**à gauche** et **à droite**) de l'oscillateur de van der Pol (voir la Figure 4.7) sont calculés avec une grande précision. La figure au **centre** est un agrandissement de la structure en croissant lunaire observé sur l'image **à gauche**. Les isochrons paraissent **à droite** discontinus. Ceci est dû uniquement à des limitations de la résolution numérique. La même raison explique leur épaisseur. (**En bas**) : Le même effet est observé dans un système tridimensionnel, le système de Lorenz. La figure de **gauche** est une vue de dessus de celle de la figure de **droite**.

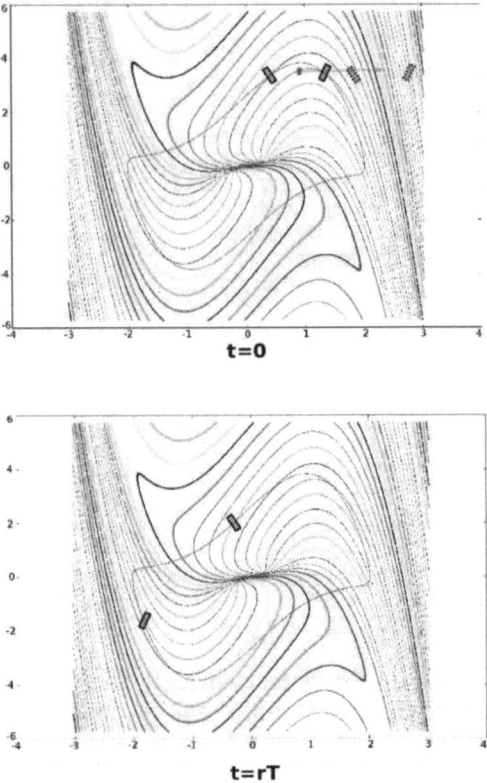

t=0

t=rT

FIGURE 4.16 – **Illustration d'une désynchronisation par perturbation commune.** Sur les deux figures on représente un attracteur cycle limite d'un système de van der Pol ($\mu = 2$) et ses isochrons. Sur la Figure **en haut** deux oscillateurs déphasés de $T/30$ (forte synchronisation) sont perturbés vers une zone où les isochrons du système sont resserrés, si on les compare à leurs espacements quand ils intersectent le cycle limite. Les deux oscillateurs se retrouvent sur d'autres isochrons plus espacés. Dans la Figure **en bas**, les oscillateurs, en relaxant (après un nombre r de période T suffisamment grand pour considérer que les oscillateurs sont relaxés), se retrouvent espacés sur le cycle limite de plus de $T/3$ (12 isochrons sur 30 représentés).

4.4 Conclusion

Nous avons vu que la connaissance du profil isochronal permettrait *a priori* de contrôler l'organisation temporelle d'une population d'oscillateurs non couplés via des perturbations instantanées. D'un côté, nous pouvons contrôler le resserrement des phases d'une population d'oscillateurs par la connaissance du profil de déphasage maximal. Les zones où les isochrons s'écartent sont des zones qui favorisent la synchronisation d'une population. D'un autre côté, il est possible de mettre une population d'oscillateurs sur une phase particulière. La stratégie la moins coûteuse est de les envoyer périodiquement vers le voisinage de la phase qu'on veut atteindre, tel qu'illustré sur la Figure 4.4.

Quant à la désynchronisation d'une population d'oscillateurs par une perturbation instantanée, nous dirons que les zones où les isochrons se resserrent, comme dans la zone au centre du cycle limite pour l'oscillateur anharmonique (voir la Figure 4.5) et l'oscillateur de Wilson-Cowan (voir la Figure 4.6) sont des zones susceptibles de provoquer une désynchronisation de la population. Néanmoins, ces zones ne sont pas atteignables par une perturbation instantanée commune à une population, sans tenir compte de l'état des oscillateurs. Pour d'autres systèmes, ces zones où les isochrons se resserrent le plus entre eux existent en dehors de la zone délimitée par le cycle limite. C'est le cas des zones situées le long de l'axe des abscisses de l'oscillateur de van der Pol (voir la Figure 4.7).

Il s'agit également des frontières du bassin d'attraction, lorsqu'elles existent (phénomène déjà démontré par Guckenheimer (1975)). Pour analyser leurs réponses, il faudrait utiliser un couple de deux oscillateurs très synchronisés, ayant approximativement le même état à chaque instant, sur le cycle limite et par une perturbation ramener les deux oscillateurs vers ces zones. Le resserrement des isochrons ferait en sorte que les deux oscillateurs adoptent des phases différentes (voir la Figure 4.16). Cela nous rappelle une propriété analogue qui caractérise les attracteurs chaotiques, dans lesquels, en partant de deux conditions initiales très proches, deux trajectoires divergent. Cependant, une telle technique de désynchronisation dépend de la position spatiale des deux oscillateurs sur le cycle limite et de leur déphasage initial avant la perturbation. Cela semble compliqué à mettre en oeuvre par un mécanisme exogène, c'est-à-dire une perturbation instantanée, mais nous verrons plus loin qu'il est possible d'assurer la désynchronisation d'un système par un mécanisme endogène. En effet, il est possible d'implémenter un couplage entre les oscillateurs pour assurer la désynchronisation d'un système. Tout au long de ce chapitre, à travers quelques systèmes classés par dimension et par symétrie, nous avons eu une idée de la difficulé rencontrée pour résoudre les isochrons, qui augmente quand le système est asymétrique ou de dimension élevée. Par ailleurs, l'observation des isochrons de quelques systèmes nous a permis de visualiser leurs intersections avec le cycle limite. Elle se fait de manière transversale, tel qu'énoncé par Guckenheimer (1975).

Ces travaux ont été publiés dans :
- **Ben Amor et al. (2010b) The isochronal fibration : Characterization and implication in biology.** Hedi Ben Amor, Nicolas Glade, Claudio Lobos, Jacques Demongeot, Acta Biotheoretica (2010) 58, 121142.

Chapitre 5

Impression & lecture

Avant propos

 Ce chapitre est la synthèse de plusieurs types d'impression et de lecture que j'ai explorés et développés. Initialement, mon hypothèse était qu'il est possible de stocker de l'information sans toucher à la structure (couplage et paramètres des oscillateurs). Je partais du fait que les isochrons pouvaient me permettre d'orchestrer la dynamique d'une population d'oscillateurs de manière à stocker plusieurs informations. En prenant du recul, je me suis rendu compte que ce que je faisais en réalité c'était stocker l'information sous forme d'un programme ou d'une stratégie de perturbations sur la population, et qu'en réalité je ne pouvais stocker qu'une seule information dans la dynamique du réseau. Toutefois, cela m'a permis d'explorer plusieurs méthodes d'acquisition et de lecture de l'information. Ces manières de coder peuvent jouer le rôle d'une mémoire à court terme, comme la mémoire rétinienne responsable du phénomène de rémanence.

Sommaire

Nous avons vu comment la connaissance du profil isochronal nous permet de procéder au contrôle de l'organisation temporelle d'une population d'oscil-

lateurs par l'intermédiaire de perturbations instantanées (voir la Figure 4.3).
Si la perturbation est intense et irréalisable sur le système modélisé alors
nous pouvons envisager, dans certains cas, des perturbations périodiques
comme illustré sur la Figure 4.4. Dans le cadre d'une étude sur le traitement de l'information par une population d'oscillateurs, nous suggérons que
ce procédé est un outil d'acquisition de l'information, à l'image d'un sol
tapissé de ressorts identiques sur lesquels on pose la main, on compresse
ceux qui sont sous notre main et on la retire très vite. Ils se compressent puis
se décompressent en même temps, vu qu'ils ont subi la même perturbation
et qu'ils sont identiques. Cette image illustre le procédé qu'on propose pour
imprimer une information spatiale sur une population d'oscillateurs.

Dans ce chapitre, je recense les différentes manières de coder que j'ai
explorées au long de cette thèse. À chaque type d'impression, j'associe une
procédure de lecture qui permet de restituer le contenu imprimé. L'objectif
étant de dresser un aperçu des différentes manières de coder possibles et de
discuter des possibilités qu'elles offrent. Cette exploration est faite dans le
cadre d'une population d'oscillateurs non couplés. Le premier procédé consiste en l'impression d'une information spatiale de type image et le deuxième
est l'impression d'une information séquentielle (qui a un ordre de lecture),
typiquement une chaîne binaire.

5.1 Impression & lecture d'une information spatiale par la direction de la perturbation

Un cas typique d'information spatiale est une image. Les positions des
pixels correspondent aux positions des oscillateurs sur la grille. Ceci est semblable au cas du système visuel. En effet, le champ visuel est divisé en deux
parties. La partie gauche (resp. droite) provient majoritairement des capteurs de l'œil gauche (resp. droit) et une plus petite partie vient de l'œil
droit (resp. gauche). La partie gauche (resp. droite) est projetée et traitée
dans le cortex visuel primaire de l'hémisphère droit (resp. gauche). Cette
correspondance entre zone de traitement et zone d'acquisition est appelée la
rétinotopie corticale.

96

5.1.1 Mémorisation de motifs binaires

J'ai développé, cette application dans le but de trouver une preuve de concept de l'intuition suivante : *"Il est possible de faire mémoriser par une grille d'oscillateurs non couplés plusieurs informations (images)"*. Afin d'arriver à cela, je me suis fixé comme objectif de mémoriser 3 images binaires (uniquement des pixels noirs et des pixels blancs) représentant respectivement un H, un C et un 8 par une grille d'oscillateurs anharmoniques (voir les Figures 5.1 et 4.5). Les isochrons de ce type d'oscillateur sont radiaires. De ce fait, rejoindre un isochron revient à choisir un angle de perturbation sur l'espace des états. Les oscillateurs superposés à l'image vont être perturbés selon 3 directions : $\frac{0\pi}{4}$ pour coder l'image d'un H, $\frac{1\pi}{4}$ pour coder l'image d'un C et $\frac{2\pi}{4}$ pour coder l'image d'un 8. L'intensité de la perturbation est la même pour chaque image et est égale à 10. Toutefois, afin d'éviter les scintillements que pourraient générer des oscillateurs ayant des phases aléatoires, du fait qu'ils ne vont pas être réorganisés temporellement, je procède initialement à la synchronisation de toute la population via une perturbation instantanée. Après un temps de relaxation t_r, la procédure d'acquisition des images s'entame telle qu'elle a été décrite précédemment. La Figure 5.2 ci-dessous illustre cette procédure. Les oscillateurs superposés à plusieurs motifs sont perturbés plus

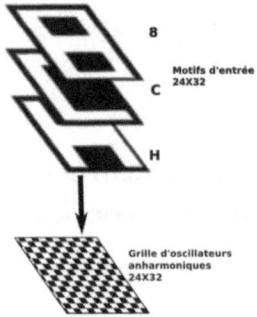

FIGURE 5.1 – **Impression de 3 motifs binaires sur une grille d'oscillateurs anharmoniques I.** 3 motifs binaires représentant un H, un C et un 8 sont présentés à une grille d'oscillateurs anharmoniques. Les oscillateurs superposés aux zones blanches sont perturbés tel qu'illustré sur la Figure 5.2.

d'une fois. Il en résulte une réorganisation en groupement (voir la légende de la Figure 5.2). La procédure de lecture doit prendre en compte ce partitionnement. Cela implique de garder quelque part une suite d'instants de lecture pour chaque motifs. Par exemple, pour lire l'intégralité de la 1ère information mémorisée, un H, il faudrait effectuer une lecture aux instants paramétrés par un entier $n : t_{11} = t_a + t_r + nT, t_{12} = t_a + t_r + nT + T/8, t_{13} = t_a + t_r + nT + T/4$ qui correspondent aux groupements respectifs contenant les élément de H : $H - C - 8$, $H \cap C - 8$, et H. De la même manière, pour lire la 2ème (resp. la 3ème) information, C (resp. 8), il faudrait rajouter un $T/8$ (resp. $T/4$) aux instant précédents.

Ce cas est simple, vu la forme des isochrons du pendule anharmonique. Pour d'autres oscillateurs, tel que l'oscillateur de Wilson-Cowan, cela est plus laborieux d'identifier ces instants de lecture, vu la forme spirale de ces isochrons. Vu le caractère radiaire des isochrons du pendule anharmonique, certains des groupements constitués à l'issue des perturbations instantanées se recouvrent. Ceci laisse à penser que la mise en place d'une procédure de lecture, dans ce cas, est une quête vouée à l'échec. Sans vouloir élaborer cette procédure et à titre illustratif, l'évolution de la grille a été testée avec un lecteur à seuil. À un instant donné, un pixel blanc sur l'image lue correspond à un oscillateur dont l'état est proche de $(1, 0)$. Les erreurs d'intégration numérique et les conditions initiales des oscillateurs nous font voir deux groupements qui ne devraient pas être séparés : il s'agit du groupement formant le H. L'évolution de ces groupements est illustrée sur la Figure 5.3. En adoptant cette manière de coder, nous ne pouvons prétendre stocker plusieurs informations. La superposition des deux motifs en crée un 3ème qui correspond au recoupement des deux informations initiales.

Dans la prochaine application, je garderai la même procédure d'acquisition, mais je changerai de perspectives. Cette fois, j'explore l'acquisition d'une seule information via la même procédure, en utilisant un oscillateur l'oscillateur de Wilson-Cowan. Ce type de mémoire, dans son fonctionnement, ressemble à une mémoire par rémanence.

5.1.2   Impression d'une image à niveaux de gris

L'image est superposée aux oscillateurs, et à chaque couleur va correspondre un isochron à rejoindre par une perturbation instantanée ou une suite de perturbations périodiques. Le type d'oscillateur utilisé ici est l'oscillateur anharmonique, car ses isochrons sont radiaires (voir la Figure 4.5) et, par conséquent, on a une correspondance directe entre la phase de l'isochron et la direction de la perturbation. Une illustration de ce type d'impression est donnée sur la Figure 5.4. L'évolution des oscillateurs est donnée dans la Fig-

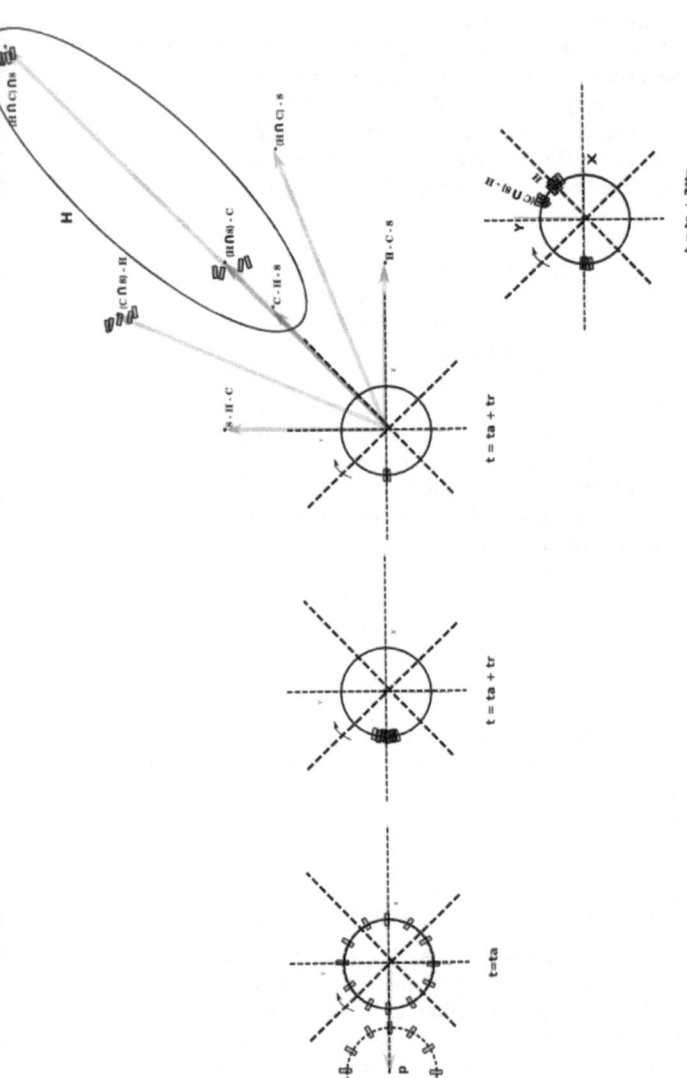

FIGURE 5.2 – **Impression de 3 motifs binaires sur une grille d'oscillateurs anharmoniques II.** À $t = t_a$, une grille d'oscillateurs anharmoniques est synchronisée. Après relaxation, l'impression des motifs a lieu en même temps. L'ordre de présentation des images correspond à la direction de la perturbation. Les oscillateurs superposés à plusieurs motifs sont translatés selon la résultante de l'addition des perturbations élémentaires. 7 groupements sont possibles : (i) Les oscillateurs propres au H (resp. C, 8), notés par $H - C - 8$ (resp. $C - 8 - H$ et $8 - C - H$), (ii) les oscillateurs communs uniquement aux H et C (resp. C et 8 et H et 8) notés par $H \cap C - 8$ (resp. $C \cap 8 - H$ et $H \cap 8 - C$) et (iii) le dernier groupement correspond aux oscillateurs superposés aux 3 motifs, noté $H \cap C \cap 8$. Les isochrons du pendule anharmonique sont radiaires, ce qui explique le recouvrement de 3 groupements $C - H - 8$, $H \cap 8 - C$ et $H \cap C \cap 8$. Après un temps de relaxation, nous ne pouvons distinguer que 5 groupements. Dans ce cas de figure, certains ensembles sont vides et, en réalité, seuls 3 groupements d'oscillateurs existent (voir la Figure 5.3).

99

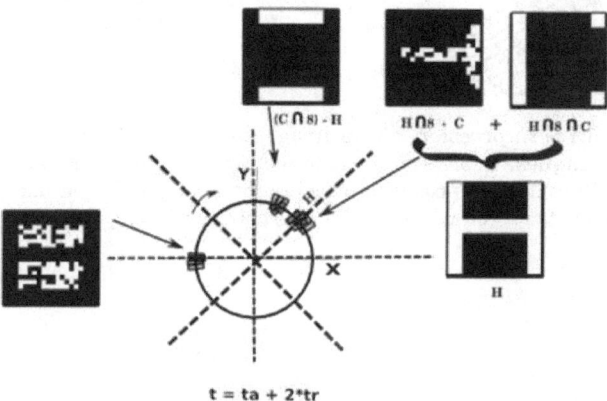

$$t = ta + 2*tr$$

FIGURE 5.3 – **Aperçu des images restituées par les groupements d'oscillateurs.** Les images associées aux différents groupements sont obtenues au moment de leur passage au voisinage du point $(1, 0)$. Deux images obtenues et non attendues sont affichées (celles qui sont liées par une accolade). La forme radiaire des isochrons nous laisse penser que ces deux groupements aurait dû subir un recouvrement pour ne former qu'un seule groupement : un H. Je suggère que cela est dû aux erreurs d'intégration numérique et à la position initiale des oscillateurs avant la perturbation.

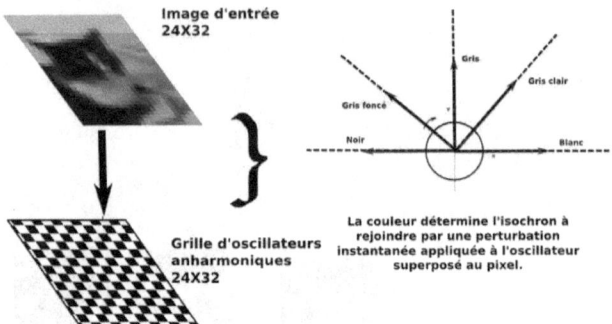

FIGURE 5.4 – **Impression d'une image sur une grille d'oscillateurs anharmoniques.** Impression d'une image sur une grille d'oscillateurs non couplés. La couleur du pixel détermine l'isochron à rejoindre par une perturbation instantanée (ou une suite de perturbations périodiques).

ure 5.4. La lecture est faite selon l'axe des x discrétisé de manière uniforme (256 valeurs), chaque valeur correspondant à un niveau de gris. L'évolution des oscillateurs fournit à chaque instant une image de couleurs différentes, qui correspondent à une rotation des couleurs originelles. Pour récupérer l'image présentée initialement, il faudrait rajouter un oscillateur et le perturber, à l'instant d'impression sur une phase particulière, par exemple l'isochron qui passe par le maximum des x. L'instant de son passage par cette valeur maximale sera l'instant de lecture de l'information imprimée. Ce mode d'impression nécessite la mise en place d'une correspondance entre une direction de perturbation et une couleur. Cela suppose que les capteurs de l'image d'entrée ont une dynamique propre qui leur permet de répondre selon une direction et une autre selon la couleur du pixel reçu. Pratiquement, il est possible d'exploiter plutôt l'intensité de la perturbation pour contrôler la phase d'un oscillateur et distribuer temporellement les éléments de l'image selon leurs couleurs. Ceci serait technologiquement moins coûteux et biologiquement plus plausible.

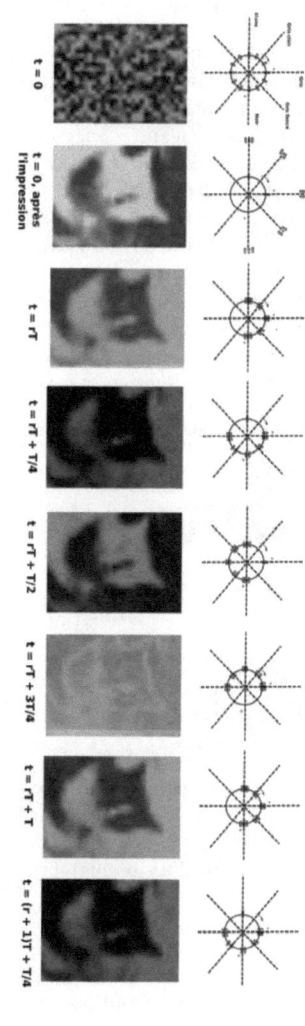

FIGURE 5.5 – **Évolution d'une grille d'oscillateurs après l'impression d'une image.** À $t = 0$, on dispose d'une grille d'oscillateurs anharmoniques. L'impression est faite tel qu'illustré sur la Figure 5.4. Après relaxation, les oscillateurs gardent la configuration temporelle engendrée par l'impression et l'image se maintient sur la grille.La lecture est faite selon l'axe des x discrétisé de manière uniforme (256 valeurs), chaque valeur correspondant à un niveau de gris. L'évolution des oscillateurs fournit à chaque instant une image de couleurs différentes qui correspondent à une rotation des couleurs originelles.

102

5.2 Impression & lecture d'une information spatiale par l'intensité de la perturbation

Dans cette section, on utilisera plutôt l'intensité de la perturbation pour mettre un oscillateur sur une phase particulière. Il faut d'abord un choix de la direction de la perturbation dans l'espace des phases. Nous choisirons l'intersection avec l'axe des abscisses, ou celui de l'activité maximale des neurones excitateurs, comme étant le lieu de l'occurrence de la perturbation. Ce type de perturbation est possible selon un axe passant par le centre du cycle limite et intersectant les isochrons représentatifs des couleurs à coder. Dans le cas précédent, c'est-à-dire sur un oscillateur anharmonique, cela n'est pas possible en raison de l'allure radiaire de ces isochrons (voir la Figure 4.5). Sur un oscillateur présentant des isochrons en spirale, tel que l'oscillateur de Wilson-Cowan, cela est possible (voir la Figure 4.6). Ces spirales tôt ou tard finissent par intersecter l'axe des x. Sur la Figure 5.6 ci-dessous, une illustration de ce type de stratégie est proposée. En raison de la distance variable

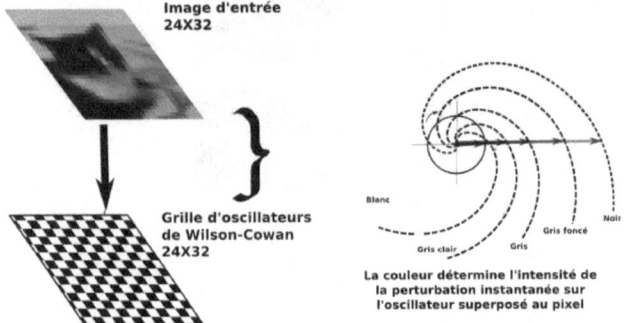

FIGURE 5.6 – **Impression d'une image sur une grille d'oscillateurs de Wilson-Cowan.** Impression d'une image sur une grille d'oscillateurs non couplés. La couleur du pixel détermine l'intensité de la perturbation qui fait rejoindre le cycle limite d'un oscillateur sur un isochron codant pour cette couleur.

entre les isochrons et le cycle limite le long de l'axe des abscisses, le déphasage maximal engendré est assez grand pour les isochrons qui intersectent cet axe au voisinage immédiat de l'attracteur et beaucoup plus faible aux endroits les plus éloignés. Par conséquent, afin d'uniformiser la taille des groupements d'oscillateurs, il faudrait envisager des perturbations répétitives (voir la Figure 4.4) pour les endroits les plus proches (par exemple l'isochron qui code la couleur blanche sur la Figure 5.6). Une telle procédure complémentaire serait l'équivalent de ce qu'on appelle en Neuroscience le *rate coding*, où à chaque couleur, correspond un nombre de répétition des perturbations, afin d'arriver à des groupements uniformes sur le cycle limite (en terme de taille du "slot" temporel occupé).

5.3 Impression & lecture d'une information séquentielle par la taille des groupements synchrones

Ce type d'impression suppose que l'information a un ordre de lecture : à chaque position d'un élément de l'information va correspondre une phase à rejoindre. Selon la valeur de cet élément, un nombre d'oscillateurs est choisi. Ces oscillateurs vont être synchronisés autour de cette phase. La lecture se fait selon l'intensité de l'activité de tir mesurée sur la population d'oscillateurs. L'événement de tir est choisi comme l'instant de passage de la variable x par son maximum. En contrôlant le nombre d'oscillateurs à synchroniser, on contrôle l'intensité de l'activité de tir. L'information lue dépend du seuil qu'atteint cette activité. Dans ce qui suit, j'explore ce type d'impression via une application qui consiste à coder une chaîne binaire par une population d'oscillateurs. Pour coder un 1 (resp. 0), on synchronise $2m$ (resp. m) oscillateurs. Le résultat souhaité est illustré sur la Figure 5.7. Afin d'organiser ces oscillateurs en engramme, ou groupement d'oscillateurs ayant une taille donnée, nous pouvons utiliser une perturbation instantanée qui nous ramène à un isochron donné selon la position de la lettre lue dans la chaîne de caractère. Sinon, nous pouvons utiliser une perturbation instantanée selon un seul axe (l'axe des abscisses par exemple). Pour constituer le prochain groupement, on laisse écouler un temps qu'on appellera un "slot" temporel. En revanche, mettre en place une telle impression requiert toute une procédure de calibration des paramètres. Dans ce qui suit, une illustration de cette procédure est donnée en utilisant un oscillateur de Wilson-Cowan :

$$\begin{cases} \frac{dx}{dt} = \frac{-x}{\tau} + \tanh(\lambda x) - \tanh(\lambda y) \\ \frac{dy}{dt} = \frac{-y}{\tau} + \tanh(\lambda x) + \tanh(\lambda y) \end{cases} \tag{5.1}$$

Avec les paramètres suivants (proches d'une bifurcation de Hopf) : $\tau = 0.6$ et $\lambda = 2$, la simulation numérique donne un cycle limite de période $T = 3.81$.

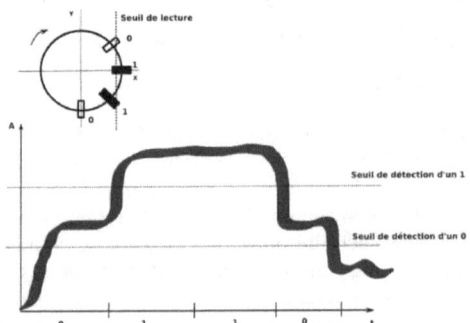

FIGURE 5.7 – **Illustration de la lecture d'une chaîne binaire par l'intensité de la synchronisation.** En haut, une représentation de la population sur l'espace des états à un instant t. Les carrés noirs (resp. blancs), correspondent au nombre $2m$ (resp. m) d'oscillateurs synchronisés codant un 1 (resp. 0). En bas, une illustration de l'évolution de l'activité de tir de la population. L'activité de tir est la somme de toutes les composantes d'abscisses supérieures à un seuil de lecture proche de la valeur maximale des abscisses sur le cycle limite.

L'intégration numérique est de type Runge Kutta d'ordre 4. Le pas de temps utilisé est $\Delta t = 0.01$.

La première chose à faire est de choisir une intensité de perturbation P. Ce choix de la perturbation peut-être conditionné par les contraintes du système modélisé (le système réel). En l'absence de cette connaissance, nous nous contenterons de choisir une perturbation $P = (10, 10)$ qu'on considère assez grande pour synchroniser la population d'oscillateurs. Cette perturbation est choisie de manière empirique, en regardant le profil de déphasage maximal de l'oscillateur de Wilson-Cowan pour ces valeurs des paramètres : il devrait être assez semblable à celui de la Figure 4.6 [1], vu que nous nous situons aussi au voisinage d'une bifurcation de Hopf et que, loin du cycle limite, le flot est rapide. Néanmoins, on pourrait faire en sorte que ce choix soit plus réfléchi, en le conditionnant par un temps de relaxation maximale $T_r \leq T$. En d'autres termes, on suppose qu'une population d'oscillateurs perturbés par P mettrait un temps $t \leq T_r$ pour relaxer (rejoindre le cycle limite). Une telle correspondance peut-être obtenue en recherchant de manière numérique une zone de l'espace des états selon l'axe des abscisses où le temps de relaxation $T_r = T$. Ceci peut-être obtenu en regardant le classement des points de l'espace, non pas selon leur phase latente (comme pour le cas des isochrons), mais plutôt selon le temps de relaxation qu'ils mettraient pour rejoindre l'attracteur cycle limite. Ce profil est obtenu en colorant les régions où le temps de relaxation est inférieur à un nombre entier de période T (voir la Figure 5.8).

Le déphasage maximal engendré par la perturbation $P = (10, 10)$ est calculé de la même manière, décrite dans la Section 4.2. La valeur du déphasage maximal est de 0.0659652 en radian (si on normalise la période du cycle limite à 2π). Ceci correspond à un déphasage maximal de 0.04 en unité de temps de notre système de période de temps $T = 3.81$ (voir plus haut). En d'autres termes, une sous-population d'oscillateurs occuperait au plus un créneau de temps égale à 0.04 (4 pas d'intégration, $\Delta T = 0.01$). Ceci veut dire que la longueur d'un slot temporel qui contient un groupement d'oscillateurs devrait être deux fois plus grande que le déphasage maximal, pour un seuil de lecture ajusté sur une fenêtre de même taille que le déphasage maximal (voir la Figure 5.9). La taille d'un slot temporel est donc 0.08, la raison est simple, si on considère que nous allons mettre en place un événement tir, c'est-à-dire une valeur de l'activité du groupement au-dessus du seuil à partir duquel l'activité est lue. Pour que la lecture se passe sans recouvrement entre

---

1. Cette figure a été obtenue pour des valeurs différentes $\tau = 1$ et $\lambda = 1.1$

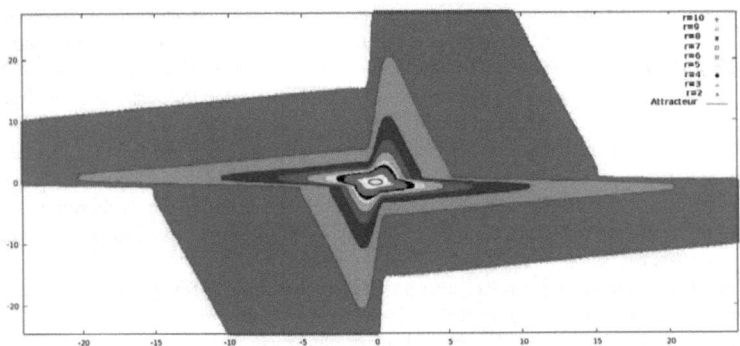

FIGURE 5.8 – **Distribution du nombre de périodes nécessaires à une relaxation d'un oscillateur de Wilson-Cowan.** Au centre, le cycle limite de l'oscillateur de Wilson-Cowan. Les conditions initiales (ou dans notre contexte les points perturbés) ont été classés selon le nombre de périodes qui doivent s'écouler pour considérer qu'un oscillateur qui part de ces points se relaxe sur (rejoint) son cycle limite. En partant du centre, la zone blanche correspond à une période jusqu'à la région en rouge où un oscillateur mettrait 10 périodes pour se relaxer sur son cycle limite.

107

les groupements oscillants, il faut que les groupements soient espacés d'un créneau vide. Ceci nous permet de discerner l'activité retournée par chaque engramme. La Figure 5.9 ci-dessous l'illustre. Le nombre de slots temporels

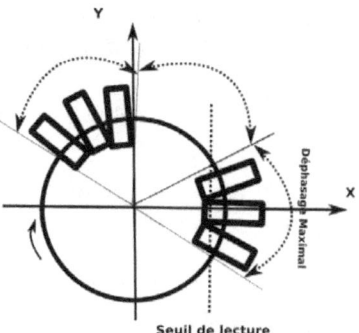

FIGURE 5.9 – **Slot temporel nécessaire pour que les groupements d'oscillateurs ne se recouvrent pas pendant la lecture.** Les deux groupements sont séparés par deux fois la valeur du déphasage. Ceci veut dire qu'un bit d'information est codé dans 2 fois la valeur du déphase maximal engendré par la perturbation réorganisatrice. Le cercle représente les phases sur $[0, T[$ et non pas le cycle limite.

disponibles est égal à la période divisée par la taille d'un slot. Ceci nous donne environ 47 slots. En conclusion, pour une perturbation $P = (10, 10)$, nous pouvons réorganiser 47 sous-populations d'oscillateurs de Wilson-Cowan codant chacune un bit d'information. Ce qu'il reste à déterminer, c'est la valeur du seuil de lecture exprimé en coordonnées spatiales et non pas temporelles. Pour un cycle limite ovale, cela est difficile mais heureusement dans ce cas, nous avons une taille de slot très petite par rapport à la période totale T. Nous pouvons donc adapter notre seuil de manière expérimentale, en cherchant sa valeur au voisinage de $X_{max} = 0.47$ (l'abscisse maximale d'un point appartenant au cycle limite).

La taille minimale pour coder un tel mot dépend du choix du nombre d'oscillateurs qu'on utilise pour coder un 1, car la pire des situations est de coder le mot binaire $\{1\}^{47}$. Ceci correspond à l'utilisation de $2 * m * 47$ oscillateurs. La valeur $m = 5$ est suffisante pour nous permettre de distinguer un groupement organisé par la perturbation, d'un groupement d'oscillateurs proches initialement. En résumé, nous avons besoin de 470 oscillateurs pour coder un mot de 47 bits! Cette valeur est effectivement très grande, mais pourrait chuter si la perturbation est plus importante, afin d'avoir un plus faible déphasage maximal. Le choix des oscillateurs à perturber pour coder un bit est fait d'une manière équivalente à un tirage dans une urne sans remise. Sur la Figure 5.10, est affiché l'évolution d'une séquence codant 1 0

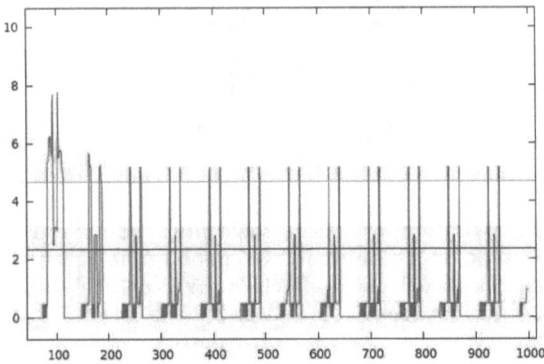

FIGURE 5.10 – **Lecture d'un mot binaire 1 0 1 code par des oscilla-teurs de Wilson-Cowan.** Initialement, les oscillateurs sont perturbés, ce qui explique qu'au premier passage l'activité dépasse le seuil de lecture; au bout du deuxième passage, l'activité des oscillateurs se stabilise en-dessous du seuil de lecture.

1. Le résultat d'une simulation de lecture de mots binaires de 3 bits sur une population d'oscillateurs de Wilson-Cowan est montré sur La Figure 5.11. Ce type d'impression passe par une procédure de calibration lourde et qui fait appel à un calibrage à plusieurs niveaux. Avec l'oscillateur de Wilson-Cowan et même pour une perturbation assez grande le nombre de bits qu'on peut codés est faible par rapport au nombre d'oscillateurs utilisés. On n'ira pas plus loin avec cet impression quoiqu'il peut s'avérer justifié si nous voulons faire une acquisition d'une information étalée sur le temps (par exemple, un son ou une musique) à l'aide d'une population d'oscillateurs.

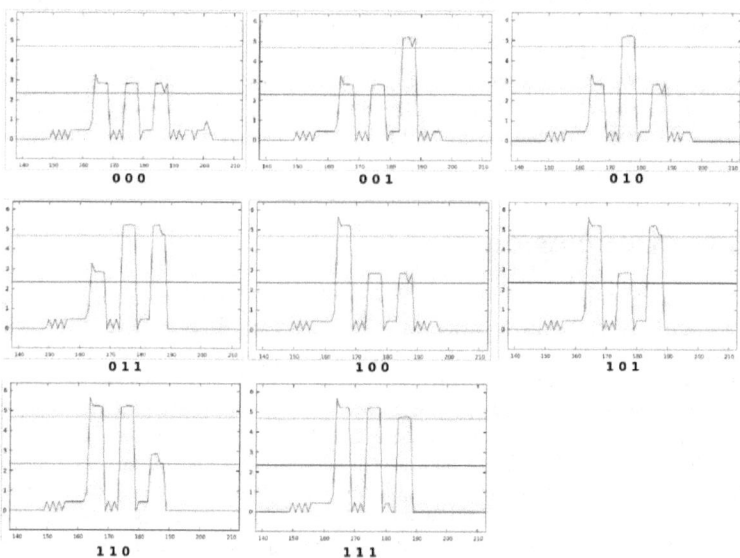

FIGURE 5.11 – **Lecture de mots binaires de 3 bits sur une population d'oscillateurs.** 8 exemples de lecture de mots binaires de 3 bits sur une population d'oscillateurs. La lecture se fait en seuillant le niveau d'activité.

110

5.4 Impression de type "Dynalet"

Dans Demongeot et al. (2007a), on décompose par exemple l'oscillateur de van der Pol en partie hamiltonienne et partie potentielle. La partie hamiltonienne, déjà décrite dans Demongeot et Françoise (2006) est approximée par une équation dépendant d'un paramètre ε. Si nous décomposons (à la manière de Fourrier, utilisant le pendule simple, ou, à celle des ondelettes utilisant le pendule exponentiellement amorti) le signal à coder sur la famille paramétrée des solutions de cette équation, nous pouvons engrammer l'information dans des groupements harmoniquement sous-harmoniques d'oscillateurs, dont le nombre dépend de la précision avec laquelle ont été faites i) l'approximation polynomiale du cycle limite et ii) l'approximation du signal. Une telle décomposition que nous appelons "dynalet", fait l'objet d'un travail en cours.

5.5 Conclusion

Dans ce chapitre, j'ai appliqué 3 procédures d'impression. La première est l'impression par la direction de la perturbation. Dans une première application, j'ai tenté d'enregistrer 3 motifs uniquement par la dynamique du réseau. Une direction de perturbation est associée à chaque motif. Quand il y a un recouvrement entre 2 motifs, les parties communes sont perturbées selon une nouvelle direction. Ceci rend la lecture plus délicate. Une alternative pour résoudre ce problème serait d'écrire ces motifs un par un, en laissant un temps de relaxation suffisant entre deux écritures. Néanmoins, cette solution a l'inconvénient suivant : quand un nouveau motif semblable à un ancien se présente, les oscillateurs communs se synchronisent selon la phase du nouveau. Une opération de suppression a donc lieu. L'ancien motif subit une érosion au profit du nouveau. Au vu de cette situation, un changement de perspective s'impose. On ne va plus chercher à faire mémoriser les informations par la dynamique. On va plutôt utiliser cette procédure comme moyen de mémoriser une seule information.

Dans un système de traitement d'information, cette couche sera la couche d'entrée. La deuxième procédure est développée dans cette perspective. L'application qu'on envisage est l'impression d'une image sur une grille d'oscillateurs anharmoniques. Cette fois-ci, les couleurs ont déterminé la direction de la perturbation. Une autre variante serait d'utiliser plutôt l'intensité de la perturbation pour atteindre les isochrons correspondants. Cette variante est plus plausible, si on considère que les afférences d'entrée se projettent sur un seul groupement de neurones, uniquement les neurones excitateurs. Enfin, la troisième procédure suggère l'utilisation de la taille des groupements d'oscillateurs pour l'impression d'une information séquentielle (par exemple un mot ou un son).

À présent, nous nous posons la question de la réorganisation temporelle propre au système. Pour cela, nous allons investir différents mécanismes de couplage afin de voir ce qu'offre chacun d'eux. On proposera aussi une application particulière difficilement généralisable, car elle tient compte des paramètres du système. Il s'agit du contrôle de la forme des isochrons d'un oscillateur de Wilson-Cowan.

Chapitre 6

Réorganisation de l'information

Au chapitre 5, j'ai exploré des procédures d'impression et de lecture de l'information. Ces procédures ont été catégorisées selon le type d'information d'entrée : une information spatiale (par exemple une image) et une information séquentielle (par exemple un mot binaire ou la séquence temporelle d'un signal). À présent, nous nous intéressons à l'identification d'une procédure de stockage. Cela requiert une modification de la structure de ces réseaux d'oscillateurs, par une modification qui dépend de l'information d'entrée ou bien par l'introduction d'un couplage, pour construire par exemple un filtre. D'une manière générale, nous voyons le traitement de l'information comme une réorganisation temporelle de populations d'oscillateurs. Quand cette réorganisation se rapproche d'une réorganisation engendrée par une impression précédente, on dira qu'il s'agit d'un phénomène d'évocation, sinon si cette réorganisation évolue vers une autre configuration, on dira qu'il s'agit d'un traitement de l'information.

Ce chapitre sera organisé selon notre manière de contrôler la réorganisation temporelle engendrée par l'évolution du système. Il existe différents degrés de liberté par lesquels un opérateur peut agir sur un réseau d'oscillateurs couplés. Cela peut-être via le couplage entre oscillateurs qui peut-être par pulsation ou continu, ou par la paramétrisation de la forme des isochrons, ou bien par une altération de la fonction de transfert, par exemple par l'introduction d'un bruit aléatoire (Tonnelier et al., 1999). Je n'ai pas exploré cette dernière possibilité, par contrainte de temps.

6.1 Via un couplage par pulsations

Ce type de couplage s'inspire du couplage entre les individus d'une population de fireflies (lucioles). Philippe Laurent remarqua cette espèce en 1897 au cours d'un voyage au sud de l'Asie. La femelle de cette espèce, baptisée *Photuris lucicrescens*, émet un flash lumineux pour attirer les mâles. Ce flash résulte d'un processus chimique qui implique la luciférine et l'oxygène, bien connue sous le nom de bioluminescence. Bien que ce comportement puisse avoir lieu de manière isolée, les femelles se réunissent dans un arbre pour émettre, favorisant ainsi leurs chances d'avoir un partenaire et par-là la survie de l'espèce. Certainement, on pourra penser que cela attisera aussi les prédateurs, mais le comportement est bien là, ce qui laisse à penser que c'est une stratégie gagnante. Encore plus étonnante est l'émergence d'une synchronisation de ces émissions, où les comportements individuels sont mis à contribution pour l'émergence d'un comportement collectif. Ainsi, le mâle n'a plus besoin de chercher un point lumineux pour trouver une partenaire. Il peut désormais chercher un phare pour lui indiquer sa direction.

Le problème qui s'est posé pendant les 100 ans qui suivirent cette observation fut l'identification de la cause de ce phénomène. Par exemple, Hudson (1918) affirmait qu'il devait exister un maestro pour que la synchronisation émerge. Ce n'est que 82 ans plus tard que Strogatz et Mirollo (1990) démontrent que la synchronisation est inévitable, dans certaines conditions, et est causée par un couplage par pulsation entre les individus. Le système qu'ils ont utilisé est une généralisation du modèle du pacemaker de Peskin (1975). Cette généralisation se traduit par $x_i = f(\phi_i)$, $\frac{d\phi_i}{dt} = \frac{1}{T}$, avec x_i l'activité d'un oscillateur i, f une fonction continue concave strictement croissante ($f' > 0, f'' < 0$) sur $[0,1]$, avec $f(0) = 0$ et $f(1) = 1$. ϕ_i est la phase de l'oscillateur i sur $[0,1]$, avec $\phi_i = 0$ (resp. $\phi_i = 1$) pour $x_i = 0$ (resp. $x_i = 1$). T est la période de l'oscillateur. Quand x_i atteint 1, on dit que l'oscillateur tire et x_i est immédiatement remis à 0 et le cycle recommence. Un oscillateur x_j couplé à x_i voit sa valeur transformée par $x_j = min(1, \epsilon + f(\phi_j))$. Autrement dit, l'oscillateur x_i, quand il tire, aide l'oscillateur x_j à remonter la pente de f de ϵ ou à atteindre son maximum.

Nous utilisons des couplages analogues, afin de voir tout d'abord le comportement d'une grille d'oscillateurs couplés. Dans une deuxième application, ce type de couplage sera utilisé pour mémoriser une barre lumineuse sur une grille d'oscillateurs.

6.1.1 Évolution d'une grille d'oscillateurs couplés par pulsation

Nous utilisons le même type de couplage, à partir d'un événement tir, sur chaque oscillateur d'une grille. Les oscillateurs sont couplés initialement selon un voisinage de Moore ou de von Neumann (voir la Figure 6.1). L'oscillateur

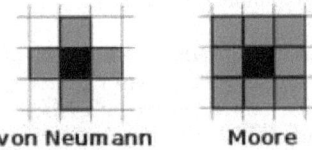

von Neumann   Moore

FIGURE 6.1 – **Les types de pavage.** Sur une grille, un oscillateur est couplé selon un voisinage de taille 4 (von Neumann) ou de taille 8 (Moore).

utilisé ici est l'oscillateur de Wilson-Cowan. Cet oscillateur, comme vu précédemment, est un régulon formé par une population neuronale excitatrice et une autre inhibitrice. Chaque oscillateur peut alors être couplé à un autre via 4 possibilités : $+ \rightarrow +$, $+ \rightarrow -$, $- \rightarrow +$ et $- \rightarrow -$, avec $+$ (resp. $-$) représentant les neurones excitateurs (resp. inhibiteurs), voir la Figure 6.2.

Le couplage qu'on utilise est un couplage de type $+ \rightarrow +$: on l'introduit par le terme somme qu'on rajoute aux équations d'un oscillateur de Wilson-Cowan (voir Équation 4.2). Un oscillateur i est couplé à son voisinage selon l'Équation 6.1.

$$
\begin{cases}
\frac{\mathrm{d}x_i}{\mathrm{d}t} = \frac{-x_i}{\tau} + \tanh(\lambda x_i) - \tanh(\lambda y_i) + \sum_{j \in V(i)} c(x_i - x_j)H(x_j) \\
\frac{\mathrm{d}y_i}{\mathrm{d}t} = \frac{-y_i}{\tau} + \tanh(\lambda x_i) + \tanh(\lambda y_i)
\end{cases}
\tag{6.1}
$$

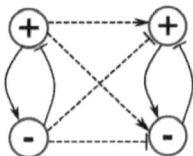

FIGURE 6.2 – **Différents couplages entre deux oscillateurs de Wilson-Cowan.** Il y a 4 possibilités de couplage d'un oscillateur à un autre : $+ \to +$, $+ \to -$, $- \to +$ et $- \to -$ (flèches en pointillés), avec $+$ (resp. $-$) représentant les neurones excitateurs (resp. inhibiteurs). Le couplage respecte le principe de Dale, où un neurone exerce le même effet sur les neurones auxquels il est connecté.

Les paramètres utilisés sont : $\lambda = 1.1$, $\tau = 1$. Avec ces paramètres, le cycle limite est le cercle unitaire de rayon 1. $H(x)$ est la fonction Heaviside : elle retourne à 1 (resp. 0) si $x \geq= 1$ (resp. $x < 1$). Le pas d'intégration est de $\Delta t = 0.01$. Le couplage s'interprète par un tir d'intensité $c(x_j - x_i)$ à l'instant où x_j passe par 1. Une valeur obtenue à la main est $c = 0.1$: un oscillateur reste au voisinage de son cycle limite, même s'il cumule tous les tirs de son voisinage. Il ne subit qu'une réorganisation en phase.

Pour les deux types de pavage (voir la Figure 6.1), on déroule une simulation sur une grille de taille $20 * 20$ prise avec des conditions initiales où tous ses oscillateurs sont synchronisés par une perturbation instantanée d'intensité 10, sauf l'oscillateur central qui est mis en désynchronisation par rapport à la population. On mesure deux signaux délivrés par la grille : $X(t) = \sum_{i=0}^{n} x_i(t)$ et $Y(t) = \sum_{i=0}^{n} y_i(t)$. L'évolution de la grille est visualisée dans le cas d'un voisinage de Moore (Figure 6.3) et dans le cas d'un voisinage de von Neumann (Figure 6.4). La propagation de la désynchronisation est nettement plus rapide dans le cas d'un couplage de Moore. Ceci est dû principalement au fait qu'il y a 8 directions de propagation. Les mêmes simulations ont été faites en partant cette fois de deux points situés de part et d'autre de la grille. Deux motifs sont visibles à la fin, même si la grille est désynchronisée. Deux carrés séparés par un front d'onde dans le cas d'un voisinage de Moore (voir la Figure 6.5) et deux losanges dans le cas d'un voisinage de von Neumann (voir la Figure 6.6).

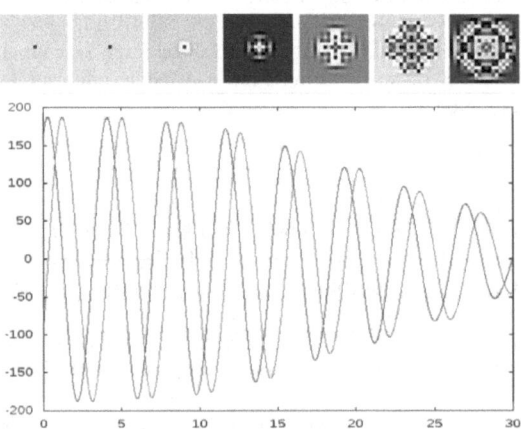

FIGURE 6.3 – **Évolution d'une grille d'oscillateurs de Wilson Cowan couplés selon un voisinage de Moore. (En haut)** La réorganisation temporelle engendrée au centre influence les oscillateurs de proche en proche. La couleur des pixels est blanche pour un oscillateur qui tire ($x = 1$) et noire quand $x = -1$. Des motifs symétriques sont observés. **(En bas)** Les signaux globaux (X et Y) montrent la désynchronisation progressive de la grille.

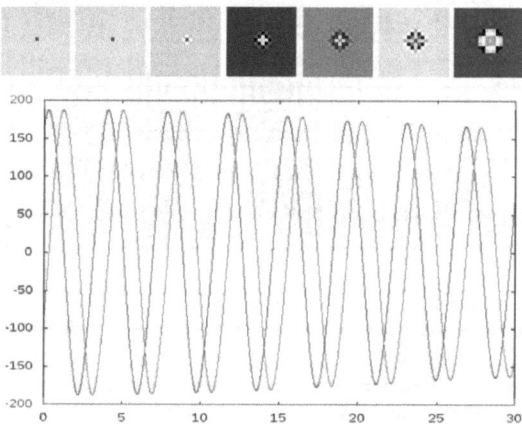

FIGURE 6.4 – **Évolution d'une grille d'oscillateurs de Wilson Cowan couplés selon un voisinage de von Neumann. (En haut)** La réorganisation temporelle engendrée au centre influence les oscillateurs de proche en proche. La couleur des pixels est blanche pour un oscillateur qui tire $(x = 1)$ et noire quand $x = -1$. Des motifs symétriques sont observés. **(En bas)** Les signaux globaux (X et Y) montrent la désynchronisation progressive de la grille. La désynchronisation est nettement moins rapide que dans le cas d'un voisinage de Moore.

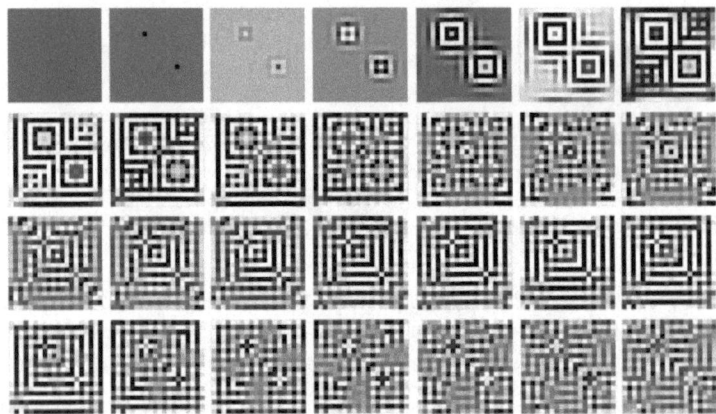

FIGURE 6.5 – **Front d'onde sur une grille d'oscillateurs de Wilson Cowan couplés selon un voisinage de Moore.** La réorganisation temporelle engendrée au centre influence les oscillateurs de proche en proche. La couleur des pixels est blanche pour un oscillateur qui tire ($x = 1$) et noire quand $x = -1$. Deux carrés, séparés par un front d'onde, sont observés sur la grille.

La réorganisation spatio-temporelle des oscillateurs dépend du voisinage et de leurs conditions initiales. Dans tous les cas, la grille évolue vers une désynchronisation de l'activité globale. Il est toutefois difficile de contrôler l'évolution de la configuration temporelle des oscillateurs. Ce couplage est désynchronisant dans le cas d'un oscillateur de Wilson-Cowan, vu que ces isochrons sont en spirale, tel qu'illustré sur la Figure 5.6. Ceci veut dire qu'en cas de déplacement selon l'axe des x le couplage fait en sorte que les oscillateurs qui reçoivent la perturbation empruntent une autre phase que celle des oscillateurs qui les ont perturbé. Ceci explique la désynchronisation observée sur les captures vidéo. Ce type de couplage pourrait être utilisé au sein d'une couche d'oscillateurs, pour assurer sa désynchronisation une fois que l'information a été traitée. On pourrait l'utiliser au niveau d'une grille située à l'entrée, jouant le rôle d'une couche d'acquisition d'un système de traitement d'information. On peut imaginer qu'une image imprimée dessus se dissipe au bout d'un certain temps, après que d'autres couches situées

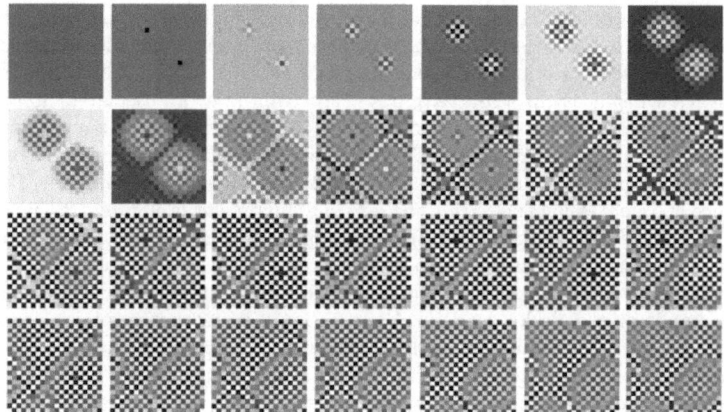

FIGURE 6.6 – **Front d'onde sur une grille d'oscillateurs de Wilson Cowan couplés selon un voisinage de von Neumann.** La réorganisation temporelle engendrée au centre influence les oscillateurs de proche en proche. La couleur des pixels est blanche pour un oscillateur qui tire $(x = 1)$ et noire quand $x = -1$. Deux losanges séparés par un front d'onde sont observés sur la grille.

en aval prennent le relais. À présent, je me suis posé la question si c'était possible de mémoriser un motif par apprentissage du couplage local entre oscillateurs dont les isochrons sont radiaires.

6.1.2 Mémorisation d'un motif par une grille d'oscillateurs couplés

Dans cette partie, on considère une grille d'oscillateurs anharmoniques, initialement non couplés puis couplés, dans l'esprit de Bosch et al. (1998). Les isochrons de ces oscillateurs sont radiaires, voir la Figure 4.5. Un couplage par pulsations selon la variable x entre deux de ces oscillateurs tend à les ramener vers une synchronisation, à l'inverse de l'oscillateur de Wilson-Cowan, pour lequel un déplacement selon l'axe des x fait emprunter à l'oscillateur forcé un autre isochron que celui de l'oscillateur qui a engendré la perturbation. Nous pouvons alors envisager un apprentissage du couplage (torique, c'est-à-dire sans bords) pour mémoriser un motif qui se présente au système. Le procédé d'impression sur cette grille est celui illustré sur la Figure 5.2. Dans cette application, on imagine un premier type d'impression, une impression de forte intensité, qui provoque la modification des termes de couplage dans le sens du renforcement d'un couplage entre deux oscillateurs synchronisés par application de la loi de Hebb. D'autres impressions sont possibles, sans pour autant que cela ne renforce le couplage entre deux oscillateurs, par exemple au moment d'invoquer un motif imprimé. On peut imaginer que cela se passe sur deux phases : (i) une phase où toute impression est suivie d'un apprentissage et (ii) une autre pendant laquelle aucun apprentissage n'est plus possible. L'interprétation de tout ceci est réalisé en modifiant l'Équation 4.1 en :

$$
\begin{cases}
\frac{dx_i}{dt} = y_i + x_i(1 - x_i^2 - y_i^2) + \sum_{j \in V(i)} w_{++,ij}(x_i - x_j)H(x_j) \\
\quad - \sum_{j \in V(i)} w_{+-,ij}(x_i - y_j)H(y_j) \\
\frac{dy_i}{dt} = -x_i + y_i(1 - x_i^2 - y_i^2) + \sum_{j \in V(i)} w_{-+,ij}(y_i - x_j)H(x_j) \\
\quad - \sum_{j \in V(i)} w_{--,ij}(y_i - y_j)H(y_j)
\end{cases}
\tag{6.2}
$$

Après l'impression d'une entrée sous la forme d'un I, une procédure d'apprentissage est lancée (à partir de l'astérisque en gras * sur les Figures 6.7, 6.8

121

et 6.9), et les variables w_{ij} sont mises à jour selon les équations 6.3 suivantes :

$$\begin{cases} w_{++,ij} = H(x_i)H(x_j)\frac{c_{Max}}{|V(i)|} \\ w_{+-,ij} = H(x_i)H(y_j)\frac{c_{Max}}{|V(i)|} \\ w_{-+,ij} = H(y_i)H(x_j)\frac{c_{Max}}{|V(i)|} \\ w_{--,ij} = H(y_i)H(y_j)\frac{c_{Max}}{|V(i)|} \end{cases} \qquad (6.3)$$

où c_{Max} est l'intensité maximale de tir que peut recevoir un oscillateur de son voisinage et $|V(i)|$ désigne la taille du voisinage, 8 (resp. 4) dans le cas d'un pavage de Moore (resp. von Neumann). L'objectif de cet apprentissage est de rappeler à chaque oscillateur son organisation temporelle par rapport à son voisinage au moment de la présentation de la stimulation. À la suite de cet apprentissage, la grille est désynchronisée (à partir du **D** en gras sur les Figures 6.7, 6.8 et 6.9) et un fragment du I est réimprimé, mais cette fois sans apprentissage et les oscillateurs se relaxent en poursuivant leur évolution, l'objectif étant de voir la rapidité de la reconstitution de l'information initiale.

Afin de voir les groupements synchrones, c'est-à-dire les oscillateurs proches en phase, un filtre de lecture est positionné sur la grille, de telle manière que, si l'activité d'un oscillateur additionnée à celle de ses 8 proches voisins est inférieure à un seuil ($0.77 * 8$, proche de 8 le cas d'une synchronisation parfaite), le pixel qui le représente est alors affiché en blanc pendant une période, sinon il est affiché en noir. Pour des valeurs de c_{Max} égales à 0.001, 0.01 et 0.1, des réorganisations différentes sont obtenues : une évocation ondulatoire du I sur la Figure 6.7, une évocation progressive sur la Figure 6.8 et une reconstitution quasi-instantanée sur la Figure 6.9.

6.2 Via un couplage continu

Dans Tonnelier et al. (1999) et Tonnelier (2001), est présentée une analyse analytique de l'effet d'un couplage continu entre deux oscillateurs de Wilson-Cowan. Une étude analytique similaire a déjà été menée par Ermentrout et Kopell (1994). Une autre a été faite par Borisyuk et al. (1995) dans le cas d'un couplage symétrique. Ces études sont effectuées dans le cadre d'oscillateurs couplés de fréquence identique et pris au voisinage d'une bifurcation de Hopf (point de passage dans l'espace des paramètres d'un point fixe à un répulseur entouré d'un cycle limite attracteur). Dans ce contexte, il est possible de définir une différence de phase naturelle (Hoppensteadt et Izhikevich, 1997)

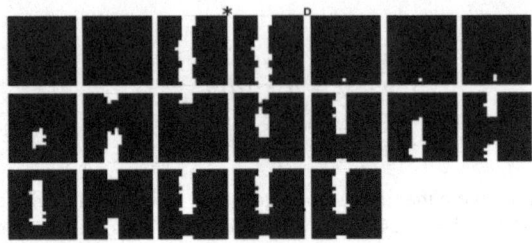

FIGURE 6.7 – **Évocation ondulatoire d'un I sur une grille d'oscilla-teurs anharmoniques couplés.** Un I est imprimé sur la grille. À partir de l'astérisque *, un apprentissage est effectué. Puis, la grille est désynchronisée à partir de **D**. La population évolue vers la reconstruction du I mais, faute d'un couplage faible, la vague de synchronisation ne se rattrape pas et l'évocation présente un aspect ondulatoire.

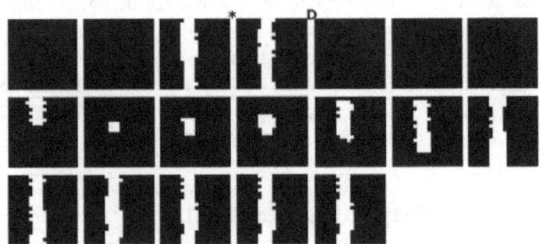

FIGURE 6.8 – **Évocation progressive d'un I sur une grille d'oscilla-teurs anharmoniques couplés.** Un I est imprimé sur la grille. À partir de l'astérisque *, un apprentissage est effectué. Puis la grille est désynchronisée à partir de **D**. La population évolue vers la reconstruction progressive du I, due à un couplage de valeur moyenne, et le I se reconstruit progressivement.

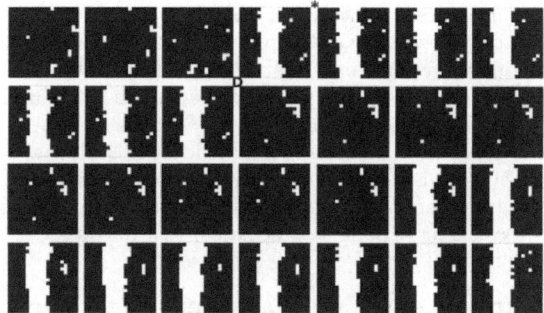

FIGURE 6.9 – **Évocation quasi instantanée d'un I sur une grille d'oscillateurs anharmoniques couplés.** Un I est imprimé sur la grille. À partir de l'astérisque *, un apprentissage est effectué. Puis la grille est désynchronisée à partir de **D**. La population d'oscillateurs reconstruit quasi-instantanément le I. La valeur du couplage est forte.

vers laquelle converge le système. Nous reprenons alors les Équations 4.2 en introduisant un terme de couplage. Il s'agit du terme en somme dans la première partie de l'Équation 6.4. Afin de rester dans le même formalisme, la sigmoïde tanh est utilisée comme fonction de transfert entre deux oscillateurs.

$$
\begin{cases}
\frac{dx_i}{dt} = \frac{-x_i}{\tau} + \tanh(\lambda x_i) - \tanh(\lambda y_i) \\
\frac{dy_i}{dt} = \frac{-y_i}{\tau} + \tanh(\lambda x_i) + \tanh(\lambda y_i) \\
\quad - \sum_{j \in V(i)} \tanh(c_{ij}\lambda y_j)
\end{cases}
\tag{6.4}
$$

Pour $\lambda = 1.01$ et $\tau = 1$, le système 4.2 est au voisinage d'une bifurcation de Hopf $\lambda\tau = 1$. Les valeurs sont celles utilisées par Tonnelier et al. (1999). Les oscillateurs sont faiblement couplés, quand $c_{ij} \ll 1$. Ceci nous place dans le cadre des conditions de convergence de phase.

On simplifie les termes de couplage par l'approximation $\tanh(c_{ij}\lambda y_j) \simeq c_{ij}y_j$. Il est à noter que plusieurs types de couplage peuvent être utilisés (voir la Figure 6.2). Nous avons choisi d'exprimer uniquement le couplage de type inhibiteur-inhibiteur $- \to -$ alors qu'il y a 3 autres possibilités selon la Figure 6.2. Les raisons de ce choix sont multiples nous voulons :

124

(i) réserver les neurones excitateurs au cas où on envisagerait de faire une impression par perturbation (voir Chapitre 5), (ii) restreindre le champ des possibilités vu la nature complexe du problème et (iii) inférer directement le déphasage engendré par les autres types de couplage si on connait la valeur du déphasage induite par le couplage $(- \rightarrow -)$ (Tonnelier et al., 1999), ceci étant dû principalement à la symétrie spatiale de l'oscillateur de Wilson-Cowan. Ainsi, si d est le déphasage induit entre deux oscillateurs, alors les autres déphasages engendrés, par les 3 autres types de couplage sont de la forme $d + k\frac{T}{4}$, avec T la période de l'oscillateur et k un entier.

6.2.1 Couplage entre un maître et un esclave

La différence de phase entre deux oscillateurs tend vers un déphasage constant, pour de petites valeurs du paramètre de couplage. L'intensité du paramètre de couplage, pourvu qu'elle reste faible, influence uniquement le temps de convergence vers cette différence de phase. La Figure 6.10, obtenue par simulations numériques, illustre ceci en prenant différentes valeurs du paramètre c du système décrit par les équations 6.5 ci-dessous.

$$\begin{cases} \frac{dx_1}{dt} = \frac{-x_1}{\tau} + \tanh(\lambda x_1) - \tanh(\lambda y_1) \\ \frac{dy_1}{dt} = \frac{-y_1}{\tau} + \tanh(\lambda x_1) + \tanh(\lambda y_1) \\ \\ \frac{dx_2}{dt} = \frac{-x_2}{\tau} + \tanh(\lambda x_2) - \tanh(\lambda y_2) \\ \frac{dy_2}{dt} = \frac{-y_2}{\tau} + \tanh(\lambda x_2) + \tanh(\lambda y_2) - cy_1 \end{cases} \tag{6.5}$$

Le couplage entre deux oscillateurs fait converger le système vers une phase constante $d \simeq \frac{3\pi}{4}$. L'intensité du couplage semble n'influencer que le temps de convergence. Un tel mécanisme de réorganisation semble prometteur, s'il nous permet de contrôler la convergence de phase. Cela n'est pas le cas, puisque indépendamment de la phase de l'oscillateur d'entrée, l'oscillateur de sortie se stabilise toujours sur la même phase. L'application suivante introduit une telle possibilité.

6.2.2 Couplage entre 2 maîtres et un esclave

À présent, nous ajoutons un autre oscillateur au système 6.5. Le nouveau système est constitué de deux oscillateurs maîtres et un oscillateur esclave. Les deux maîtres sont régis par l'Équation 4.2 et l'oscillateur esclave évolue selon l'Équation 6.6.

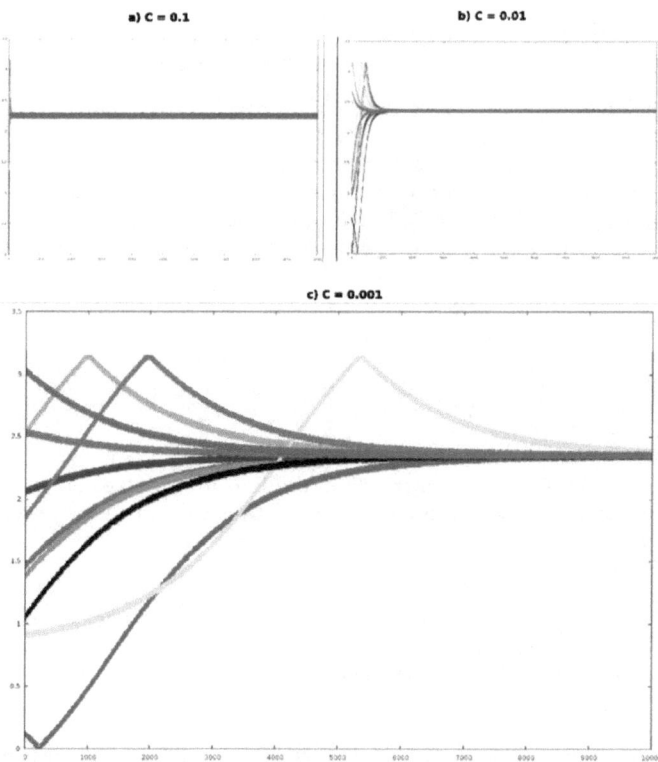

FIGURE 6.10 – **Verrouillage de phase entre deux oscillateurs de Wilson-Cowan** Chacune des 3 figures ci-dessus représente l'évolution du déphasage entre deux oscillateurs de Wilson-Cowan couplés à partir de différentes valeurs initiales du déphasage. Le paramètre de couplage est c. Le verrouillage de phase entre les deux oscillateurs converge plus rapidement vers une valeur constante, $d \simeq \frac{3\pi}{4}$, quand le paramètre c augmente. Sur la figure **a** (resp. **b** et **c**) les deux oscillateurs convergent au bout de 100 (resp. 1000 et 10000) pas de temps et cela quelque soit leur différence de phase initiale.

$$\begin{cases} \frac{dx_3}{dt} = \frac{-x_3}{\tau} + \tanh(\lambda x_3) - \tanh(\lambda y_3) \\ \frac{dy_3}{dt} = \frac{-y_3}{\tau} + \tanh(\lambda x_3) + \tanh(\lambda y_3) - w_{31}y_1 - w_{32}y_2 \end{cases} \quad (6.6)$$

Les variables w_{31} et w_{32} sont les poids du couplage reçu par les deux oscillateurs maîtres. On propose que l'ordre entre ces deux paramètres soit un facteur susceptible d'influencer la configuration temporelle de l'oscillateur esclave par rapport au deux maîtres. Nous les lions sous cette forme : $w_{31} = bc$ et $w_{32} = (1 - b)c$, avec $c = 0.01$ et b un paramètre dans $[0, 1]$. Cette situation se résume par la Figure 6.11. Afin de voir si la réorganisation temporelle

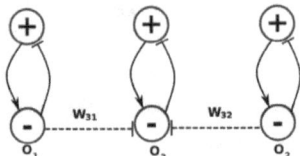

FIGURE 6.11 – **Couplage entre deux oscillateurs maîtres et un oscillateur esclave.** L'oscillateur O_3 est couplé à O_1 et O_2 via un lien de couplage de type $- \to -$.

dépend du déphasage initial entre les deux oscillateurs d'entrée, je mesure les deux entités suivantes : $\Delta\phi_e = (\phi_1 - \phi_3)$ et $\Delta\phi_s = (\phi_2 - \phi_3)$ pour différentes valeurs de b. Le résultat des simulations numériques est visible sur la Figure 6.12.

La fonction de réponse évolue, en fonction du paramètre b, d'une fonction constante à une fonction linéaire en passant par une sigmoïde. Pour $\Delta\phi_e = 0$ les deux oscillateurs maîtres sont synchrones et leurs effets est équivalents à celui d'un seul oscillateur, de déphasage $\Delta\phi_s \simeq \frac{3\pi}{4}$ (voir la Figure 6.10). D'un autre côté, quand ils sont désynchronisés et que leur couplage est identique ($b = 1/2$), l'oscillateur esclave n'est plus forcé et reste sur sa phase initiale (voir les points éparpillés au niveau de la pente raide de la sigmoïde de l'images $b = 1/2$. De manière générale, l'oscillateur esclave penche vers l'effet engendré par l'oscillateur qui le force avec le plus d'intensité.

Ces observations permettent d'envisager la construction d'un module à deux entrées et une sortie en utilisant des oscillateurs de Wilson-Cowan, pourvu que la différence de phase naturelle évolue vers une valeur constante.

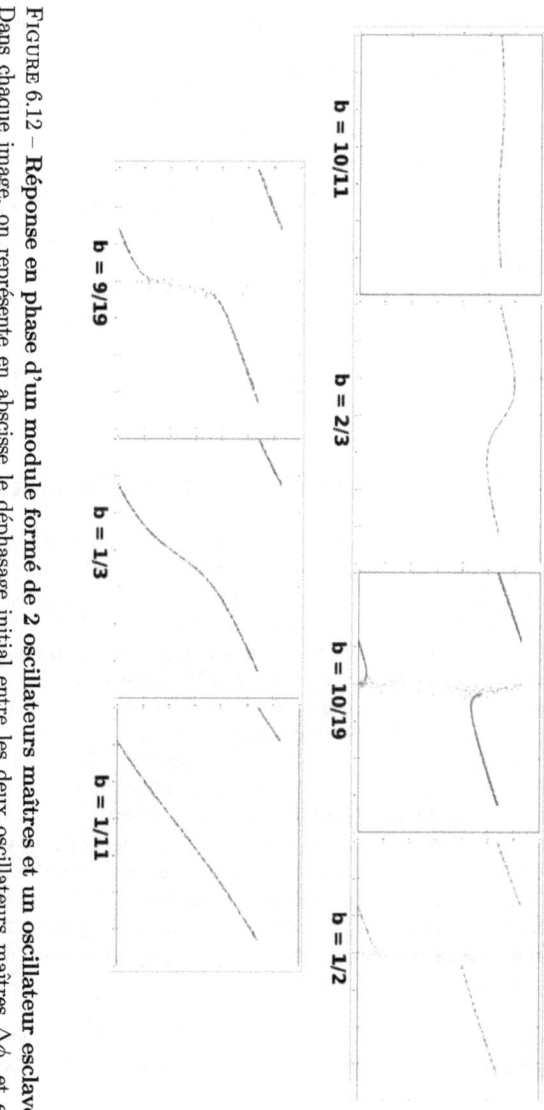

FIGURE 6.12 – **Réponse en phase d'un module formé de 2 oscillateurs maîtres et un oscillateur esclave.**
Dans chaque image, on représente en abscisse le déphasage initial entre les deux oscillateurs maîtres $\Delta\phi_e$ et en
ordonnée $\Delta\phi_s$, le déphasage de sortie entre l'oscillateur esclave et le l'oscillateur maître 1. Les deux valeurs sont
réajustées entre $[0, 2\pi[$. Pour un couplage de l'ordre de $c = 0,01$, les valeurs de différence de phase sont obtenues
pour un temps de convergence $t > 1000$ (voir la Figure 6.10). Les valeur du paramètre b sont notées en dessous des
images, avec $w_{31} = bc$ et $w_{32} = (1-b)c$.

128

Sans s'aventurer dans des simulations exhaustives, je pense que l'utilisation de 3 oscillateurs en entrée aura des résultats similaires, et peut-être même dans le cas de n entrées. Si cette hypothèse tient, alors il est possible de construire des modules à n entrées, pourvu que le couplage cumulé reste faible. Sans s'aventurer plus loin, le comportement à 2 entrées est intéressant en soi, surtout pour la valeur de $b = 1/2$, quand les deux oscillateurs maîtres sont complètement désynchronisés l'oscillateur esclave suit ses conditions initiales. Il serait alors possible, en utilisant le procédé précédent d'impression d'une image, de détecter les endroits où on passe du noir au blanc. Pour cela, on utiliserait deux couches une pour l'entrée et l'autre pour la sortie. La couche de sortie est constituée d'oscillateurs esclaves qu'on synchronise sur une phase particulière. La couche d'entrée reçoit l'image en niveau de gris. Les deux couches sont liées comme indiqué par ce couplage : 2 oscillateurs adjacents dans la couche d'entrée, pour un oscillateur esclave dans la couche de sortie.

6.3   Via la paramétrisation des isochrons

Contrôler la forme des isochrons permet de polariser l'oscillateur et lui donner une direction de perturbation préférentielle. Les colonnes neuronales des aires visuelles du chat montrent une réponse synchrone dont l'intensité dépend des propriétés globales du stimulus (Gray et al., 1989), c'est-à-dire sa direction et la vitesse de son mouvement. L'application qui suit décrit comment on peut construire un oscillateur de réponse qualitativement équivalente : il ne s'agit pas d'une modélisation biophysique, mais d'une ressemblance avec l'expérience. Comme dit précédemment, il n'y a pas de méthode générale pour trouver une relation entre la forme des isochrons et les valeurs des paramètres de l'oscillateur, même s'il existe quelques cas particulier : Winfree (2001) en a fait la démonstration sur un oscillateur décrit en coordonnées polaires. Dans ce cas, l'expression des isochrons est une fonction logarithmique. Demongeot et Françoise (2006) ont donné aussi une méthode pour approximer l'équation des isochrons, dans le cadre d'oscillateurs hamiltoniens polynomiaux. Ils l'appliquent au cas de l'oscillateur de van der Pol. Néanmoins les simulations numériques sont un atout face à l'absence d'une méthode générale de résolution.

Toujours sur l'oscillateur de Wilson-Cowan, on cherche à identifier les paramètres qui permettent de contrôler la forme de ses isochrons. On commence par une simple analyse préliminaire, dans laquelle on résout le profil isochronal du système 4.2 pour différentes valeurs de τ et des λ. Ces valeurs doivent être situées au-delà de la bifurcation de Hopf, $\lambda\tau = 1$, pour être dans les conditions d'existence d'un cycle limite. Puis, on compare les profils obtenus à un profil isochronal de référence, typiquement $\lambda = 2$ et $\tau = 0.6$. On constate que la variation de la variable τ est celle qui déforme le plus significativement les isochrons. Pour aller encore plus loin, on peut dissocier les variables τ associées à la première équation et a la deuxième, en mettant en place un τ_x et un τ_y. L'objectif est de voir si on peut contrôler l'inclinaison de ces variables. L'Équation 4.2 devient :

$$\begin{cases} \frac{dx}{dt} = \frac{-x}{\tau_x} + \tanh(\lambda x) - \tanh(\lambda y) \\ \frac{dy}{dt} = \frac{-y}{\tau_y} + \tanh(\lambda x) + \tanh(\lambda y) \end{cases} \tag{6.7}$$

On peut s'attendre à ce que la modification des paramètres τ_x et τ_y entraîne une modification de la période des oscillateurs. Ceci nous sort du cadre des oscillateurs de période identique (ou proche). Un premier aperçu de la période en fonction des variables τ_x et τ_y et pour $\lambda = 2$ est illustré sur la Figure 6.13. Une fois qu'un axe de variation des paramètres a été déterminé (voir

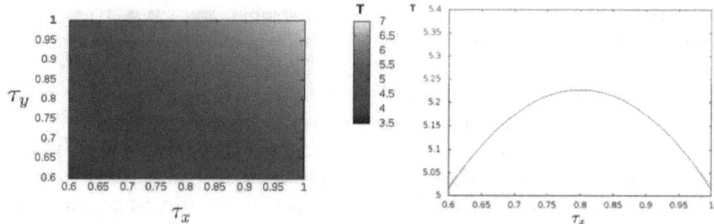

FIGURE 6.13 – **Période de l'oscillateur de Wilson-Cowan en fonction des paramètres. (À gauche)** Les paramètres τ_x et τ_y sont pris dans l'intervalle $[0.6, 1]$, avec $\lambda = 2$, et on reste dans les conditions d'existence d'un cycle. Selon le gradient de cette figure, la période de l'oscillateur reste presque constante pour des paramètres τ_x et τ_y liés de manière linéaire, selon les droites parallèles à $\tau_y = -\tau_x + 1.6$. **(À droite)** La variation de la période, selon cette relation linéaire : la période est encadrée entre 5 et $\simeq 5.2$.

la Figure 6.13), on peut faire une analyse du profil isochronal pour un ensemble de valeurs, en gardant presque la même période des oscillateurs. Ceci rend la comparaison possible. Techniquement, il faudrait, dans chaque profil, convenir que la phase $\phi = 0$ soit le point d'intersection du cycle limite avec l'axe des abscisses, afin de faciliter la comparaison et de ne pas avoir un effet de rotation. Néanmoins, la comparaison qu'on compte faire est qualitative et concerne la convergence et la séparation des isochrons ; ceci rend non nécessaire cette considération. Après quelques jours (50h) de simulation sur un PC de bureau, on relève 3 profils isochronaux sur la Figure 6.14. Une telle analyse permettrait de voir si une action est possible sur les paramètres d'un oscillateur, afin de contrôler la réponse d'une population d'oscillateurs. Cela leur donnera une préférence ou une capacité de discerner entre différentes perturbations. C'est en ce sens que cela rejoint les observations faites par Gray et al. (1989).

6.4 Conclusion

Dans ce chapitre, on a dressé tout un ensemble de mécanismes de réorganisation temporelle des populations d'oscillateurs. Contrairement au chapitre précédent, l'étude de ces mécanismes ne s'est pas faite sur des applications concrètes, mais plutôt à l'aide de simulations numériques exhaustives. Le couplage par pulsations entre oscillateurs de Wilson-Cowan et plus généralement, des oscillateurs qui ont leurs isochrons en spirale, semble faire évoluer le système vers une désynchronisation générale. Plus les oscillateurs possèdent de liens avec leurs voisins (par exemple selon un voisinage de Moore), plus la population se désynchronise rapidement. L'autre forme de couplage est le cas du couplage continu. Ce couplage fait évoluer les oscillateurs vers une différence de phase naturelle, quand les oscillateurs sont proches d'une bifurcation de Hopf. Cependant, cette régle n'est pas générale et nécessite des simulations numériques pour sa vérification dans un cas particulier. Un tel couplage permet d'envisager de construire des modules d'entrée-sortie où l'entrée est un déphasage entre les oscillateurs maîtres et la sortie un déphasage entre l'oscillateur esclave et un oscillateur maître de référence. Une attention particulière est accordée au cas où les deux oscillateurs maîtres sont désynchronisés complètement et ont une même intensité de couplage sur l'oscillateur esclave. Une telle configuration rend une application telle qu'une détection de contours envisageable sur une image à niveau de gris. La dernière forme de contrôle de la réorganisation est le contrôle direct de la forme des isochrons. Cette forme permet d'envisager de construire une population d'oscillateurs qui a une direction de perturbation préférentielle. Un tel procédé peut-être utile en entrée d'un perceptron par exemple. En effet, plusieurs travaux rapportent l'émergence de ce qu'on appelle les faux attracteurs. Il s'agit d'attracteurs non prévus dans une procédure d'apprentissage. Robins et McCallum (2004) ont donné un aperçu de cette problématique et proposent de

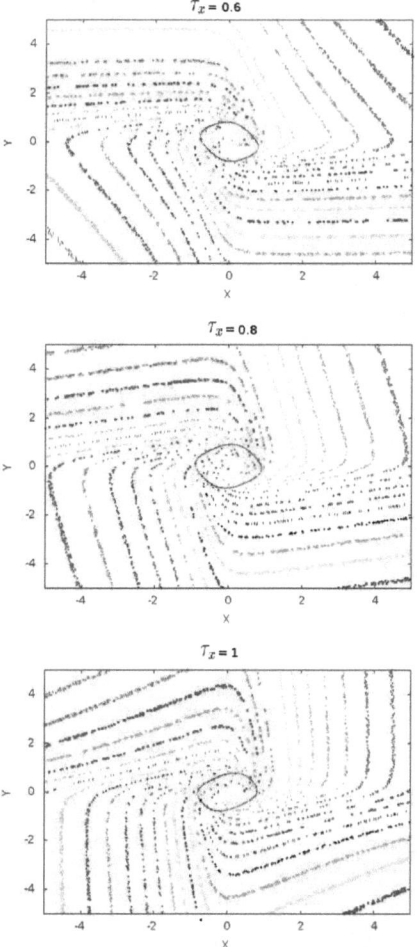

FIGURE 6.14 – **Déformation des isochrons de l'oscillateur de Wilson-Cowan en fonction des paramètres** τ. **(En haut)** $\tau_x = 0.6$ $\tau_y = 1$, **(Au centre)** $\tau_x = 0.8$ $\tau_y = 0.8$ et **(En bas)** $\tau_x = 1$ $\tau_y = 0.6$. Sur toutes les images, $\lambda = 2$. De haut en bas, les isochrons changent d'orientation. Par conséquence, le cycle limite intersecte moins d'isochrons en le translatant selon une direction préférentielle. La première figure reflète une préférence à des perturbations venant en parallèle à la direction de vecteur directeur $u = (1,1)$. Plus on progresse et plus le paramètre τ_x prend le dessus sur celui de l'inhibiteur τ_y et la réponse synchrone devient favorisée selon les directions de vecteur directeur $u = (-1,1)$

résoudre le problème de discernement entre un attracteur appris et un faux attracteur par l'analyse du profil énergétique du réseau. Une telle couche permettrait de jouer le rôle d'un filtre, qui ne laisserait passer qu'une entrée a priori, connue pour éviter l'évocation de tels attracteurs.

Troisième partie

Apports des approches par contraintes dans la modélisation des réseaux de régulation génétiques

Chapitre 7

Introduction aux réseaux d'automates booléens à seuils

Sommaire

Au cours de mon stage de fin d'étude au laboratoire TIMC-IMAG, j'ai conçu un logiciel pour la simulation des réseaux d'automates booléens à seuil et l'analyse de leur robustesse et de leur dynamique. Ces réseaux sont utilisés comme outil de description des réseaux de régulation génétique et comme formalisme de base pour l'ingénierie des réseaux de neurones artificiels. Cette partie est la continuité de ce travail (Ben Amor, 2008) et se situe dans ses perspectives techniques et scientifiques.

Après la modélisation de quelques systèmes présentés dans le Chapitre 8, nous nous sommes posés des questions qui concernent la modélisation de ces systèmes. Ces questions se préoccupent de la méthodologie et de l'informativité de ce type de modélisation. *Est-ce que la représentation des réseaux de régulation par des réseaux d'automates Booléens à seuil relève de la métaphore ou de la modélisation ?* Ces réseaux discrétisent l'espace et sont une métaphore des systèmes réels. Nous nous sommes demandés où s'arrête la modélisation et où commence la métaphore. Cette question mérite une dissertation philosophique, ce que l'on peut apporter ici c'est de répondre à une question sous-jacente plus concrète : *Quel type d'information ou de connaissance peut fournir une telle abstraction d'un système biologique ?*. Il est clair que ce type de modélisation n'est pas quantitatif. Comme dit précédemment, l'espace est discret et les pas de temps ne sont pas une discrétisation uniforme du temps continu. La relation entre deux états consécutifs du réseau ne correspond pas à un pas d'observation du système réel, mais plutôt à une relation causale. De plus, l'état d'un nœud, dans le cas d'un réseau de régulation biologique, correspond à un niveau de concentration, par exemple celui d'un produit de gène, qualifié d'élevé ou de bas, pour être effectif dans une fonction biologique donnée. On est alors face à une modélisation qualitative de ces systèmes. Néanmoins, reste à savoir quels sont les aspects qualitatifs du système réel qui sont conservés dans ce type de modélisation.

Tout d'abord, après une brève introduction de la théorie biologique des réseaux de régulation, je présente les deux types de méthodologie employés lors d'une prédiction qui repose sur l'emploi de réseaux discrets. Puis, je présente ce formalisme sous ses deux aspects, déterministe et stochastique, ainsi que quelques propriétés qui lient la structure et la dynamique de ces réseaux.

7.1 Modélisation et prédiction dans les réseaux de régulation génétique

Vers la fin du 19ème siècle, Mendel établit l'existence de facteurs biologiques discrets qui, par leur transmission, expliquent l'hérédité des phénotypes. Tout un ensemble de lois de tranmission de ce qu'on appela, des années plus tard, gènes furent établies. Il a fallu 80 ans et une nouvelle science *"la biologie moléculaire"* pour en venir à des lois plus mécanistes, qui expliquent l'existence d'une "machinerie" assurant le lien entre le génotype et le phénotype. Ainsi, aux gènes correspondent des produits, entre autres les ARN messager et les protéines. Selon cette vision et dit simplement, il y aurait deux types de machinerie qui permettent le passage d'un gène à une protéine : la transcription et la traduction. En retour, ces produits de gènes peuvent activer d'autres gènes directement ou indirectement. Ce processus est appelé la "régulation".

Sans entrer dans le détail de la biologie, des formalismes simples ont été proposés pour décrire ces relations.Il s'agit des réseaux discrets introduits successivement pour la modélisation des réseaux biologiques par Kauffman (1969) et Thomas (1973). Au-delà de la différence des formalismes utilisés, il y a une différence méthodologique : Thomas (1973) propose son formalisme pour modéliser l'évolution dynamique d'un réseau génétique particulier, alors que Kauffman (1969) introduit le formalisme des réseaux booléens pour trouver des propriétés générales sur ces réseaux, en adoptant une approche statistique. Ces propriétés générales concernent par exemple la robustesse des attracteurs du réseau et le nombre des points fixes. Ces études aboutissent à l'hypothèse que le nombre d'attracteur d'un réseau génétique est en général de l'ordre de la racine carrée de son nombre de nœuds. Ainsi, à 30000 gènes chez l'homme seraient associés environ $\simeq$ 173 états stationnaires du réseau, un nombre qui n'est pas loin des 200 types cellulaires que comportent le corps humain (Kauffman, 1993). Plus tard, cette intuition est remise en doute par l'auteur lui-même dans Kauffman (2008) : le problème pouvont être un sous-échantillonage des réseaux booléens. Ce que l'on retiendra dans notre cas ici est cette approche statistique pour aborder les réseaux discrets, afin de tirer des propriétés générales ou des prédictions sur le système réel. Cela semble plus plausible quand on utilise des descriptions qualitatives de ces réseaux pour faire des prédictions sur le système réel, pourvu que l'échantillon soit représentatif.

Dans la thèse de Elena (2009), un algorithme de minimisation des poids et des seuils d'un réseau Hopfield-semblable est présenté. Cet algorithme permet d'identifier des réseaux qui seraient différents à la seule vue de leurs paramètres, mais qui sont identiques au niveau de la dynamique. Cette solution permettrait de réduire l'ensemble des réseaux, en éliminant les réseaux redondants. Reste à trouver cet ensemble de départ sur lequel, après réduction, on peut appliquer une approche statistique de classification des réseaux de régulation. C'est dans cette optique que se situe cette partie de ma thèse. Nous sommes particulièrement motivés par une approche par contrainte développée dans le cadre des réseaux de Thomas par Corblin (2008). Nous supposons que le développement de cette approche vers le formalisme des réseaux Hopfield-semblables nous permettra d'obtenir un tel ensemble, ce qui rendrait possible une approche statistique de ces réseaux.

7.2   Réseaux d'automates booléens à seuil

Les réseaux d'automates booléens à seuil (Hopfield-semblables) ont été introduits par McCulloch et Pitts (1943) dans un contexte d'intégration de deux domaines : la théorie du calcul par des automates à états finis et les réseaux de neurones formels. Plus tard, Hopfield (1982) les relance, en introduisant une procédure d'apprentissage qui rend ces réseaux capables de mémoriser une configuration. Ces réseaux sont des unités interconnectées qui modifient leur état en fonction de l'entrée et du seuil de leur activation. L'entrée que reçoit une unité est une somme des états des unités voisines, pondérée par des paramètres de poids. Cette description se résume par la Définition 1, tirée de la thèse de Sené (2008), et réarrangée comme suit :

Définition 1. *(Réseau d'automates booléens à seuil)*
$R = (G(S,A), \mathcal{Q}, \theta, (f_i : s_i \in S))$ est un réseau d'automates booléens à seuil, si :

- *$G = (S, A)$ le graphe d'interaction de R, $S \subset \mathbb{N}^*$ l'ensemble des sommets et $A = S \times \mathbb{R} \times S$ l'ensemble des arcs étiquetés. On note (s_i, w_{ji}, s_j) l'interaction du poids w_{ji} ayant comme source le nœud s_i et comme destination le nœud s_j.*
- *$\mathcal{Q} = \{0, 1\}$ est l'ensemble des états possibles d'un nœud. L'état d'un nœud s_i est noté x_i.*
- *$\theta = (\theta_1, ..., \theta_n)$ est le vecteur associant, à chaque nœud s_i, un seuil d'activation $\theta_i \in \mathbb{R}$.*
- *$f_i : \mathcal{Q}^{|V_i|} \to \mathcal{Q}$ est la fonction de transition locale du nœud i et $V_i = \{s_j \in S, (j, w_{ij} \neq 0, i) \in A\}$ est le voisinage de i.*
  On prend $f_i(x_i) = \mathcal{H}(\sum_{s_j \in V(i)} w_{ij} x_j - \theta_i)$.

Avec, pour H, la fonction Heaviside, la différence est au niveau du seuil, et on considère que l'activation ne se fait que si $x > 0$;

$$\mathcal{H}(x) = 1 \ (resp. \ 0) \quad si \quad x > 0 \quad (resp. x \leq 0) \tag{7.1}$$

Dans ce cas, on parle de réseau d'automates booléens à seuil déterministe. Une variation possible consiste à prendre une distribution de probabilité en forme de sigmoïde, qui fait intervenir un paramètre équivalent à une température. Le système obtenu est un réseau d'automates booléens non déterministes, appelé aussi "machine de Boltzmann". Cela est possible en admettant que la variable x_i est aléatoire est suit une densité de probabilité exprimée comme décrit dans l'Equation 7.2.

$$P(x_i(t+1) = 1 | x_j(t), s_j \in V_i) = \frac{e^{(\sum_{s_j \in V(i)} w_{ij} x_j(t) - \theta_i)/T}}{e^{(\sum_{s_j \in V(i)} w_{ij} x_j(t) - \theta_i)/T} + 1} \tag{7.2}$$

Le paramètre T permet de paramétrer le degré de stochasticité du réseau. Pour $T \to 0$, on se rapproche d'un fonctionnement similaire à celui d'une loi de Heaviside. Pour $T \to +\infty$, le système est complètement aléatoire uniforme. Les définitions qui vont suivre sont faites dans le cas déterministe et dans le cas d'une mise à jour parallèle : la fonction de transition est calculée au même instant pour tous les nœuds du réseau R.

Définition 2. *(Point fixe)*
On appelle point fixe du réseau R une configuration $(x_1, ..., x_n)$ pour laquelle $\forall s_i \in S, \ f_i(x_i) = x_i$.

Définition 3. *(Cycle limite)*
Soit $X = (x_1, ..., x_n)$, on note $f(X) = (f_1(x_1), ..., f_n(x_n))$. On appelle cycle limite de taille $p > 1$ une suite de configuration $(X_1, ..., X_p)$ qui vérifie : (i) $\forall i, j \in [1, p] \ X_i \neq X_j$ et (ii) $\forall j \in [1, p-1], \ f(X_j) = X_{j+1}$ et $f(X_p) = X_1$.

Définition 4. *(L'ensemble des attracteurs)*
L'ensemble des points fixes et des cycles limites d'un réseau R forme l'ensemble de ses attracteurs.

Cet ensemble, dans le cas d'un réseau de régulation, forme le paysage épigénétique (voir la Figure 7.1).

Définition 5. *(Bassin d'attraction)*
Le bassin d'attraction d'un attracteur $\mathcal{A}$ est l'ensemble des configurations initiales qui mènent vers $\mathcal{A}$. Cet ensemble est noté $B(\mathcal{A})$.

Les attracteurs et leurs bassins d'attraction constituent le paysage dynamique du réseau. Le graphe d'interaction, les poids et les seuils, quant à eux, constituent la structure du réseau. Le lien entre les deux est au cœur des problématiques abordées dans l'étude des système complexes. Idéalement, ces liens peuvent exister sous forme de résultats généraux. Mais, la plupart du temps, pour chercher les paramètres qui reproduisent une dynamique partielle souhaitée, on a recours à des approches algorithmiques.

7.3 Recherche des paramètres

La recherche des paramètres d'un réseau de Hopfield est faite dans l'optique d'avoir une dynamique particulière. Dans le cadre des réseaux de neurones formels, l'objectif est de mémoriser un motif d'entrée. À ce sujet, Hopfield (1982) proposa un algorithme reposant sur la loi de Hebb, afin de mémoriser un motif particulier. L'idée consiste à augmenter la valeur des

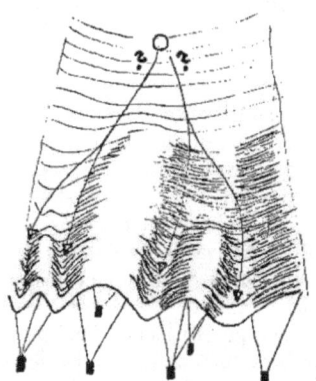

FIGURE 7.1 – **Action des gènes sur le paysage épigénétique : créodes de Waddington** La bille représente l'état du réseau de régulation. Les dynamiques possibles du réseau constituent un paysage épigénétique. Ce paysage est sculpté par les gènes qui tirent en bas sur la nappe. La bille représente une cellule qui se différencie en adoptant une vallée plutôt qu'une autre. Le rôle du stress environnemental sur le réseau serait l'équivalent d'une force qui conditionnerait la vallée future de la bille ou qui lui permettrait de passer d'une vallée à une autre, si ce stress est important. Cette figure a été originellement proposée par l'embryologiste Waddington et est reproduite ici à partir de sa ré-illustration dans la thèse de J. Demongeot.

poids des neurones qui s'activent en même temps. À l'issue de cette phase d'apprentissage, le réseau obtenu est une mémoire associative. Les attracteurs points fixes de ce réseau sont des motifs mémorisés ou des attracteurs accidentels (non voulus au départ), appelés *"Spirious attractors"*.

Néanmoins, les motifs mémorisés ne correspondent pas à l'identique aux motifs qu'on voulait enregistrer au départ. Ceci est dû principalement à l'existence de minima locaux d'énergie, dans lesquels se stabilise l'algorithme d'apprentissage. Des algorithmes différents existent, tels que l'algorithme de descente du gradient et le recuit simulé, inspiré des procédures de raffinage métallurgique.

Dans une optique de modélisation de réseau biologique, les paramètres peuvent être partiellement connus, ainsi qu'une partie de la dynamique (ou du comportement), ceci permet de partir d'un graphe d'interaction partiellement connu et chercher ainsi un "bon" réseau, afin d'aboutir à un modèle de réseau de régulation. Pour cela, on peut utiliser des algorithmes génétiques, comme l'ont fait Mendoza et Alvarez-Buylla (1998). Ceci dit, les problèmes de minima locaux peuvent persister et on peut s'interroger si cela n'est pas une dérive de l'introduction initiale des réseaux booléens dans l'étude des réseaux de régulation génétique. En effet, Kauffman (1969) les avait introduits initialement pour faire une analyse statistique et avoir des propriétés générales sur ces réseaux (comme le nombre de points fixes en fonction de la taille) et non pas pour utiliser un seul réseau pour prédire un nouveau comportement. L'approche est très différente.

Néanmoins, nous pensons que raisonner en terme de population de modèles serait une alternative intéressante, pour augmenter les prédictions offertes par un processus de modélisation. L'idée consiste de partir des paramètres et des dynamiques connus et de trouver un ensemble, idéalement l'ensemble complet, des réseaux qui les implémentent, afin de réaliser une recherche statistique sur cette ensemble. À première vue, on peut être tenté de dire que cela nécessiterait : (i) de parcourir l'ensemble de tous les réseaux possibles (du moins si ces réseaux sont caractérisés par une fonction booléenne globale), (ii) de vérifier pour chacun si les données connues sont valables ou pas pour, enfin, (iii) avoir l'ensemble de tous les réseaux qui implémentent ces données. En utilisant cette procédure en cours le risque de l'explosion combinatoire. La détermination de cet ensemble de modèles peut cependant être ramener à un problème de satisfiabilité, pourvu que le problème soit posé en termes de contraintes. Cette alternative ne nous évite pas le risque d'explosion combinatoire, mais semble être une approche élégante à ce problème, d'autant que les dernières années ont vu le développement de solveurs de

143

satisfiabilité performants. Il s'agit d'un ensemble d'algorithmes et de techniques de parcours (tels que la propagation de contraintes) qui accélèrent la résolution des problèmes de satisfiabilité. L'enjeu consiste à formaliser le problème en termes de contraintes.

Nous proposons d'utiliser cette alternative dans le cadre de quelques applications, afin d'avoir un aperçu du potentiel d'une telle approche. L'étape suivante consiste à identifier des critères en amont pour effectuer des analyses statistiques sur ces réseaux. Ces critères dépendent du type de connaissance qu'on veut avoir sur ces réseaux. De ce fait et vu le contexte scientifique dans lequel nous nous situons, on a identifié des questions d'intérêt qui touchent de près des communautés scientifiques différentes telles que les biologistes et les modélisateurs. Ces questions tournent autour de la robustesse des réseaux de régulation génétique face aux perturbations et aux modes de mise à jour, ainsi que des questions qui concernent la relation entre la dynamique et la structure du réseau. Dans le reste de ce chapitre, je présente les relations entre dynamique et structure, qui concernent les réseaux booléens en général. Dans le chapitre suivant, je présente quelques exemples de réseaux Hopfield-semblables que nous avons étudiés dans un travail précédent. L'intérêt de les présenter est de montrer quelques aspects de leur robustesse, à travers ces exemples.

7.4 De la structure à la dynamique

Parmi, les questions les plus fréquentes en modélisation des réseaux, il existe la question du lien entre la dynamique et la structure qui ressort d'avantage. En effet, les réseaux peuvent être de très grande taille et, simuler ces réseaux pour avoir leur dynamique n'est pas toujours évident, surtout si l'espace des états explose. Pour cette raison, il devient essentiel d'identifier des aspects caractéristiques du graphe d'interaction, afin d'avoir une idée sur les dynamiques (ou comportements) possibles du graphe d'interaction. Ces aspects caractéristiques peuvent être des motifs particuliers connus pour être communs à plusieurs réseaux ou bien de manière plus formelle des théorèmes et des conjectures qui conditionnent des propriétés dynamiques à partir de propriétés du graphes d'interaction.

7.4.1 Par motifs remarquables

Pour cela, on contourne le problème en cherchant à identifier certains motifs qui sont assez fréquents et qui, par leur dynamique, imprègnent toute la dynamique du réseau. Ces motifs sont considérés comme les blocs élémentaires d'un réseau de régulation ou d'un système complexe en général. Ainsi, à la simple vue du graphe d'interaction, on serait capable de voir qualitative-ment quels types de comportement seraient les plus fréquents. Ces motifs se situent à un niveau de description qualitatif inhibition/activation. Par exem-ple, sur la Figure 7.2, on distingue le motif feed-forward incohérent en raison de l'existence de 2 chemins possibles entre $X1$ et Z; le premier chemin étant une activation via Y et le deuxième une inhibition. Dans la revue faite par Alon (2007), une synthèse des différents motifs rencontrés dans les réseaux de régulation génétique et dans les réseaux de neurones est donnée. Une autre synthèse, qui concerne les systèmes complexes en général, naturels et artificiels, est donnée par Milo et al. (2002). Francois et Hakim (2004) proposent une procédure évolutionnaire qui permet d'obtenir des motifs de type switches et oscillateurs. À titre d'exemple, Shen-Orr et al. (2002) ont démontré que le réseau de régulation de la transcription dans *Escherichia coli* est construit par une répétition de 3 motifs. Quant à la dynamique des motifs,

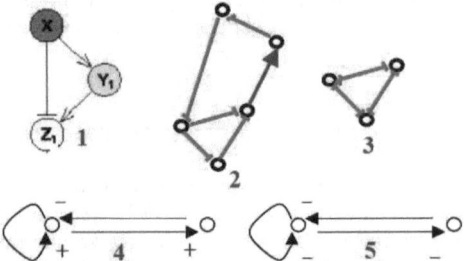

FIGURE 7.2 – **Exemples de motifs de réseaux de régulation, avec différents modes de représentation.** Boucle feed-forward incohérente (1), boucle triple négative (2), 3-switchs (3), régulon négatif (4) et positif (5).

elle est fortement dépendante du formalisme utilisé pour décrire l'évolution des entités qu'ils représentent. Dans Elena et al. (2008), quelques conjectures sur les dynamiques sont émises et testées pour des réseaux à 3 nœuds, dans le cadre des réseaux d'automates booléens à seuil. Ces résultats concernent la plupart des motifs remarquables de la Figure 7.2.

7.4.2 Par théorèmes et conjectures

D'autres types de liens ont été proposés sous forme de conjectures et de théorèmes. L'un des premiers est celui de Kauffman (1969), précédemment décrit dans la Section 7.3. Deux autres conjectures émises par Thomas (1980) mettent en relation la structure et la dynamique d'un réseau de régulation. Avant de les énoncer, nous rappelons qu'un chemin dans un graphe dirigé est appelé circuit, si son nœud final est son nœud initial. Pour un graphe qui comporte deux types de liens, une activation et une inhibition, il est possible de qualifier le circuit de positif (resp. négatif) si le nombre d'inhibition qu'il contient est un nombre pair (resp. impair). Par cette propriété des circuits, Thomas (1980) conjecture que (i) l'existence d'un circuit positif est une condition nécessaire à la multiattractorité (existence de plusieurs attracteurs) et (ii) l'existence d'un circuit négatif est une condition nécessaire à l'existence d'oscillations stables (cycles limites). La première conjecture a été prouvée dans le cas de plusieurs systèmes continus (Plathe et al., 1995; Gouze, 1998; Plathe et al., 1998; Cinquin et Demongeot, 2002; Soulé, 2006), ainsi que la deuxième (Plathe et al., 1995; Gouze, 1998; Plathe et al., 1998; Kaufman et al., 2007). Les deux conjectures ont été démontrées dans le cas des réseaux d'automates booléens à seuil (Demongeot et al., 2003a; Aracena et al., 2003b), des réseaux d'automates Booléens (Remy et al., 2008) et dans le cadre des systèmes dynamiques discrets en général (Richard et Comet, 2007). Dans le cadre des réseaux d'automates booléens à seuil ayant une fonction de mise à jour parallèle (ou "synchrone" dans un autre jargon), la deuxième conjecture n'est pas toujours vraie (voir la Figure 9.5 pour un contre-exemple). Toujours dans la même lignée, d'autres travaux plus récents (Noual, 2012) caractérisent les intersections entre circuits et étudient l'impact engendré sur leur dynamique dans le cadre d'un type particulier de réseaux d'automates booléens appelé les circuits doubles d'automates booléens.

7.5 Vers une ingénierie des réseaux de régulation

Raisonner en terme de circuits et de motifs est une voie prometteuse pour l'avènement d'une ingénierie des réseaux de régulation, dans laquelle une *"arithmétique"* des réseaux jouera un rôle pivot. Les défis à relever sont encore nombreux, avant d'arriver à une telle finalité ambitieuse. À mon avis, ils s'apparenteraient à des problèmes méthodologiques de 3 types :

– techniques : l'élaboration de méthodes informatiques permettant de faciliter l'expression et la formalisation des questions que peut poser un biologiste, par exemple : *"J'obtiens ce comportement et je sais qu'il y a ces gènes (ou leurs produits) qui sont impliqués, y a t-il un moyen de connaître leurs interactions et y a t-il d'autres comportements possibles ? "* ainsi que l'évaluation des degrés de véracité des prédictions fournies par les modèles, *"À quel point une hypothèse est-elle crédible et mérite d'être testée expérimentalement ?"*.

- organisationnels : d'intégration de ces connaissances rend difficile leur exploitation : beaucoup de résultats sont dilués dans la littérature et concernent des formalismes différents et des conditions différentes.

- communicationnels : Comment s'accorder, quand les différents acteurs de la biologie et de la modélisation sont issus de milieux différents (informaticiens, biophysiciens, biologistes, mathématiciens, etc.) et parlent des jargons différents.

Ces 3 problèmes constituent de réels défis pour améliorer la modélisation des réseaux de régulation. Je me suis orienté vers le problème technique, le premier des trois problèmes cités ci-dessus. Le contexte scientifique dans lequel j'évolue m'a permis de découvrir les approches formelles développées dans le bureau d'à côté par mes collègues L. Trilling, E. Fanchon et F. Corblin dans le cadre des réseaux de Thomas. Encouragé par mes directeurs de thèse, J. Demongeot et N. Glade et inspiré par les idées que nous avons eues en discutant, nous avons investis dans le développement d'une approche semblable dans le cadre des réseaux d'automates booléens à seuils. Ainsi, la dernière partie de la thèse se décompose comme suit :

- le chapitre 8 est une description, à travers des exemples divers de réseaux de régulation, de différentes notions telles que leur robustesse et les liens potentiels entre la dynamique et la structure de ces réseaux, l'objectif étant de se familiariser avec ces réseaux et ces notions et d'identifier les questions récurrentes lors de leur modélisation. On y décrit aussi une manière de concevoir la robustesse des réseaux de régulation vis à vis de la taille de leurs bassins d'attraction. On pose ainsi la robustesse comme liée à la fonction biologique.

- le chapitre 9 décrit l'approche par contrainte que nous avons développée, afin de faciliter l'expression des connaissances sur un réseau de régulation. Cette approche transforme le problème de modélisation en un problème de satisfiabilité (SAT). Des applications seront proposées dans le cadre des recherches des propriétés entre circuits du graphes d'interaction et la dynamique du réseau et une autre application sera proposée dans le cadre de la modélisation du réseau de régulation de la morphogénèse florale d'*Arabidopsis thaliana*. De plus, on y fait le lien avec la première partie de la thèse en montrant que ces méthodes inverses peuvent être utilisées pour concevoir des systèmes programmables ou des éléments pouvant être utilisés dans le système décrits dans la 1ère partie.

– le chapitre 10 pousse cette méthode un peu plus loin, en l'utilisant pour explorer une certaine taxonomie des réseaux de régulation. L'objectif ici est tout simplement d'explorer le potentiel de cette méthode dans la prédiction apportée par la modélisation.

Chapitre 8

Exemples de réseaux d'automates booléens à seuil

Sommaire

Dans ce chapitre, je présente quelques réseaux d'automates booléens à seuil qui représentent des réseaux de régulation biologique. Notre objectif à travers ces exemples n'est pas de fournir des hypothèses en aval aux biologistes mais plutôt d'explorer quelques aspects de la robustesse vis-à-vis des modes de mise à jour et des bords, et de quelques relations liant la dynamique à la structure du réseau. Sauf cas contraire, les exemples dans lesquels nous ne spécifions pas les valeurs des paramètres de seuil et de poids sont les cas dans lesquels nous prenons un $w_{ij} = 1$ (resp. -1) pour une activation (resp. inhibition) et des $\theta_{ij} = 0$.

8.1 Réseau de régulation de la morphogénèse des plumes du poulet

Dans ce qui suit un exemple introductif de réseau de régulation génétique illustré dans Ben Amor et al. (2009).

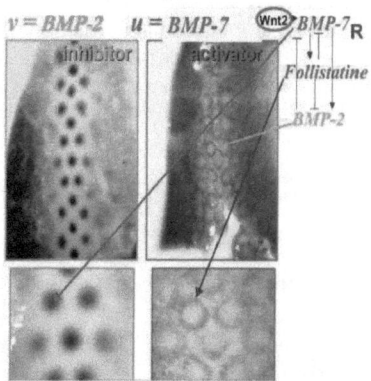

FIGURE 8.1 – **Réseaux de régulation de la morphogénèse des plumes.**

Le réseau de régulation R contrôlant la morphogénèse des plumes du poulet est identifié par les différentes couleurs correspondants à des colorants particuliers (voir le haut de la Figure 8.1) : le *BMP7* est un activateur de morphogène[1]. Il est présent quand son facteur de transcription induis *Wnt* l'est aussi (sur l'état 1). Quand c'est le cas, le colorant associé à *Wnt* est observable au centre du spot primordium. *BMP7* active *BMP2* qui est un inhibiteur du morphogène et, inversement, *BMP2* inhibe *BMP7*. Parce que le colorant associé à *BMP7* est détectable seulement en périphérie du spot de *BMP7*, le cœfficient de diffusion de *BMP2* est supérieure à celui de *BMP7*, ce qui explique les patterns en rosette observés en haut de la Figure 8.1 . La Follistatine diffuse avec la même vitesse que *BMP2*, mais quand elle est présente elle inhibe *BMP2* et, par conséquent, seulement son colorant associé

---

1. Un morphogène est une protéine dont le gradient de concentration induit une différenciation des cellules d'un tissu en formation. Selon leurs emplacements par rapport à ce gradient, les cellules vont se différencier en un type particulier. Par cette information portée par le gradient, le morphogène gouverne le développement d'un tissu.

est visible. R est sensible conjointement à l'activation de l'élément de bord *Wnt* ainsi qu'aux modes de mise à jour :

• la mise à jour séquentielle avec comme condition *Wnt* éteint (mis sur 0) donne un point fixe 000.

• la mise à jour parallèle avec comme condition *Wnt* actif (mis sur 1) donne un cycle limite d'ordre 4 constitué par la séquence périodique suivante : 100, 111, 001 et 000.

Il existe en particulier un cycle limite dans le cas où le nœud de bord *Wnt* est actif et quand le mode de mise-à-jour est parallèle. Ce cycle limite est nécessaire pour induire les motifs spatiaux périodiques correspondant aux primordia des plumes.

8.2 Couplage entre système cardiaque et respiratoire

Les travaux sur ce système de régulation ont été publiés dans Elena et al. (2008).

Analyse préliminaire

Le couplage fonctionnel existant entre le cœur et les poumons est un exemple assez connu de couplage entre oscillateurs. Les deux organes possèdent une activité propre à chacun. Le cœur bat avec une fréquence propre avoisinant 1 Hz, résultant d'une stimulation propre effectuée par des cellules spécialisées qui constituent le nœud sinusal (noté S). Ces cellules émettent de manière rythmique un potentiel d'action transmis de proche en proche depuis son origine, dans le nœud sinusal, jusqu'aux fibres de Purkinje qui forment la terminaison du faisceau de His. Ensuite, cette dépolarisation électrique est transmise d'une cellule musculaire à une autre tout au long du muscle cardiaque. Par ailleurs, un groupe de neurones auto-excitables présents dans le bulbe céphalo-rachidien, appelés neurones cardio-modérateurs (notés C) exercent un contrôle rythmique du nœud sinusal. Inversement, lorsqu'elles tirent, les cellules du nœud sinusal inhibent C. Ceci a été modélisé par un système d'oscillateurs couplés en se basant sur un système de van der Pol comme décrit dans Glade et al. (2007) et Forest et al. (2007). J. Demongeot, N. Glade et L. Forest[2] ont montré dans Demongeot et al. (2007b,a) que ces

---

2. Hommage à Loïc Forest : en 2008, L. Forest, 29 ans, était un jeune maître de conférence en mathématiques appliquées à l'INSA de Rouen et un ancien doctorant de J. Demongeot au laboratoire TIMC-IMAG. Il s'est intéressé principalement à la mor-

systèmes sont des systèmes de Liénard et qu'ils peuvent être décomposés en une partie hamiltonienne et une partie potentielle. De la même manière, on peut modéliser le cycle inspiratoire-expiratoire des poumons. Ce cycle a une période de 4 s (0.25 Hz). Dans le bulbe central végétatif auto-excitable, les neurones inspiratoires (I) tirent de manière synchrone avec le nerf phrénique, contrairement aux neurones expiratoires (E) qui tirent durant la phase silencieuse du nerf phrénique. E active I (via les récepteurs pleuraux étirés) et E inhibe I (tout au long des connexions intra-bulbaires).

Modélisation de la dynamique avec un système d'équations différentielles

Ce système dynamique peut-être décrit par 2 équations différentielles couplées de type Liénard et, plus exactement de van der Pol :

- Le système respiratoire :
$$\begin{cases} \frac{dx}{dt} = y \\ \frac{dy}{dt} = -x + \epsilon(1 - x^2)y, \end{cases}$$
avec x l'activité des neurones E, y l'activité des neurones I et ϵ un paramètre anharmonique.

- Le système cardiaque :
$$\begin{cases} \frac{dz}{dt} = w \\ \frac{dw}{dt} = -z + \eta(1 - z^2)w, \end{cases}$$
avec z l'activité des neurones S, w l'activité des neurones C, η un paramètre anharmonique et $k(y)$ un paramètre décrivant l'intensité du couplage entre les neurones inspiratoires I et le cardio-modérateurs C.

Les deux organes ont leur rythme propre, mais sont aussi couplés de manière directionnelle : C est couplé à l'activité des poumons (neurones inspiratoires) via des connexions bulbaires. Dans la Figure 8.2, nous regardons les activités des nœuds auto-excitables dans 4 cas : (i) systèmes non couplés et réguliers, (ii) systèmes non couplés avec bruit, (iii) systèmes couplés et réguliers et (iv) systèmes couplés avec bruit. Ceci permet au système de

---

phogénèse. Il avait tout l'avenir devant lui, mais un accident de montagne en a décidé autrement. Je ne l'ai connu que pendant une brève période. Son décès a secoué les esprits. Ses travaux décrits par ses mots sont encore en ligne. J'invite le lecteur à visiter son site personnel à l'adresse suivante : http ://lmi.insa-rouen.fr/~forest/Recherche/index.html. J'invite également à lire son manuscript de thèse, un modèle d'interdisciplinarité.

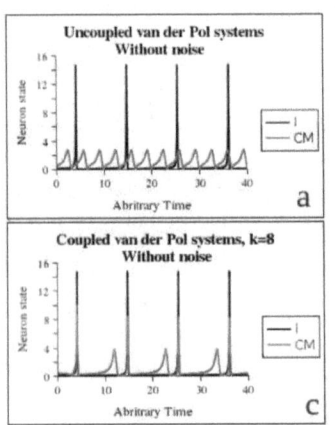
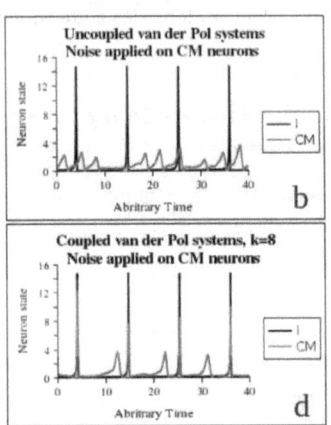

FIGURE 8.2 – **Séries temporelles obtenues en simulant 2 systèmes de van der Pol couplés via leurs nœuds auto-excitables.** Les activités représentées ici sont celles de ces 2 nœuds. Le premier étant celui du système respiratoire (neurone I en noir) et l'autre est celui du système cardiaque (neurone C en gris). Ces activités sont obtenues pour les 4 cas suivants : a) quand les 2 systèmes ne sont pas couplés et sont réguliers, b) non couplés avec l'ajout d'un bruit sur le neurone S, c) couplés et réguliers, d) couplés, avec l'ajout d'un bruit. Les paramètres sont $\epsilon = 10$, $\eta = 1$, $k(y) = 0$, quand les deux systèmes sont non couplés, et $k(y) = 8$, quand ils le sont.

contrôle du bulbe végétatif de s'adapter à l'effort : la respiration est entraînée par l'activité musculaire et ensuite, à son tour, entraîne le cœur. Cette capacité d'adaptation disparaît dans les maladies dégénératives, comme le Parkinson et le diabète. Deux types de dysfonctionnements peuvent être étudiés à l'aide de notre système d'oscillateurs couplés : ceux qui affectent le couplage $k(y)$ entre les oscillateurs et ceux qui affectent la périodicité du cœur. Durant une ischémie ou un infarctus du myocarde, l'apoptose des cellules d'une partie du tissu cardiaque peut engendrer une perte du signal électrique initié au niveau du nœud sinusal et du faisceau de His. Néanmoins, le forçage exercé par le contrôle végétatif du système respiratoire peut rectifier de manière limitée cette arythmie. Par conséquent, une perte de l'entraînement de la période du battement cardiaque par le système respiratoire empêche la récupération d'une périodicité acceptable dans le cas d'une arythmie. Ces comportements sont illustrés par la paire d'oscillateurs couplés de type van der Pol de la Figure 8.2.

Modélisation de la dynamique avec des réseaux d'automates booléens à seuil (Hopfield-like networks)

Le contrôle végétatif du système cardio-respiratoire peut aussi être décrit par un système plus simple où les systèmes cardiaque et respiratoire sont modélisés en utilisant un formalisme de type Hopfield-semblable[3] à l'aide de deux régulons : (i) le premier constitué de S (resp. C) le nœud sinusal (resp. le nœud cardio-modérateur) et (ii) le deuxième constitué de I (resp. E) le nœud inspiratoire (resp. expiratoire). Ces deux régulons sont couplés par un forçage exercé par le nœud inspiratoire I sur le nœud cardio-modérateur C. (voir Figure 8.3). Chaque régulon négatif est composé de 2 types de nœuds $N0$ (comme I et C) et $N1$ (comme E et S). Les nœuds de type $N0$ (I ou C) sont des nœuds auto-régulés négativement.

La règle de transition stochastique utilisée est la suivante :

$$P(x_i(t+1) = 1 | x_k(t), k = 1..n) = \frac{e^{H(t)}}{1 + e^{H(t)}} \ , \ avec \ H(t) = \frac{\sum_{k=1}^n w_{ik} x_k(t) - \theta_i}{T} \tag{8.1}$$

Chaque régulon a le vecteur seuil et la matrice d'interaction suivants :

$$\theta = \begin{bmatrix} -1.5 \\ 0 \end{bmatrix} \quad W = \begin{bmatrix} -1 & -1 \\ 1 & 0 \end{bmatrix}$$

---

3. Traduction personnelle de "Hopfield-like"

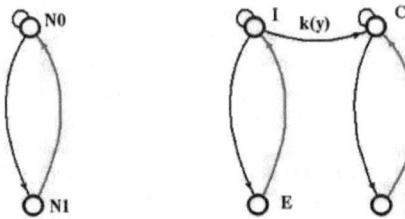

FIGURE 8.3 – **Schéma simplifié du système de régulation cardio-respiratoire.** À gauche, structure d'un régulon négatif avec ses 2 nœuds : $N0$ le nœud auto-excitable et $N1$ l'inhibiteur. À droite, deux régulons couplés entre leurs nœuds auto-excitables I et C par un lien unidirectionnel avec une intensité de couplage $k(y)$. Dans ce toy-modèle, le premier régulon représente le contrôle végétatif du système respiratoire, avec ses neurones inspiratoire I et expiratoire E. Le deuxième régulon représente le contrôle végétatif de l'oscillateur cardiaque, avec le bulbe cardio-modérateur C et le nœud sinusal S.

Le couplage entre les deux régulons est situé entre les deux nœuds de type $N0$ (I et C). Le poids de cette interaction est noté $k(y)$, pour garder la même notation que dans l'exemple précédent, et est positif. La fréquence du système cardiaque est 2 à 4 fois plus élevée que celle du système respiratoire. Dans le cadre des réseaux Hopfield-like, la différence entre les deux fréquences peut-être exprimée en utilisant un mode de mise à jour particulier du réseau. Nous proposons un mode de mise à jour bloc-séquentiel constitué de 9 blocs $B_0, B_1, ..., B_8$. Ces blocs contiennent les indices des nœuds du réseau à mettre à jour.

Blocs	$B_0...B_2$	$B_3...B_8$
Contenu d'un bloc	I, E, C, S	C, S

Selon cette instanciation, la fréquence du système cardiaque est 3 fois plus rapide que celle du système respiratoire. Nous simulons une arythmie en introduisant de la stochasticité sur le nœud S. Comme dans le modèle précédent où on a utilisé des équations différentielles, nous vérifions que l'affaiblissement ou la suppression du couplage entre les nœuds I et C engendre une perte de l'entraînement de la période et de la correction du rythme cardiaque en cas d'arythmie. Ceci est illustré dans la Figure 8.4.

Nous supposons d'abord que les deux oscillateurs sont indépendants. Nous

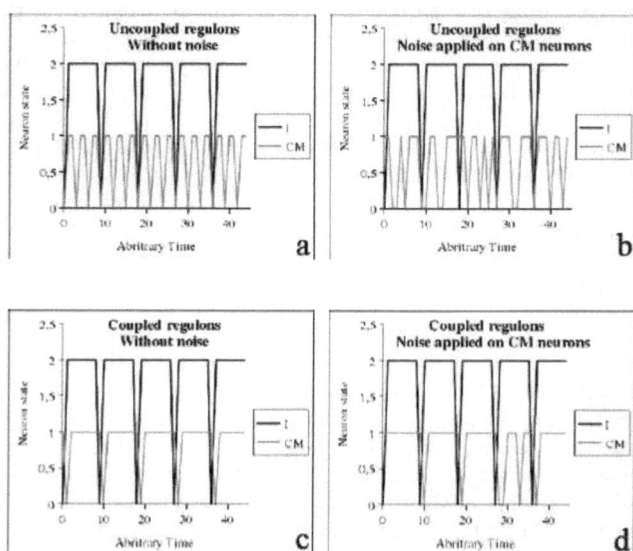

Figure 8.4 – **Séries temporelles obtenues en simulant 2 régulons négatifs couplés via leurs nœuds auto-excitables.** Comme dans le cas de la Figure 8.2, nous suivons l'activité de deux nœuds (le neurone I en noir et le neurone C en gris) dans les 4 cas suivants : (en haut à gauche) les deux régulons sont non couplés et réguliers, (en haut à droite) les deux régulons sont non couplés et le neurone S est bruité, (en bas à gauche) les deux régulons sont couplés et réguliers, (en bas à droite) les deux régulons sont couplés et le nœud S est bruité.

observons, dans la Figure 8.4(a), que la fréquence cardiaque est 3 fois plus rapide que la fréquence respiratoire. Quand nous rajoutons un couplage $(k(y) = 5)$, le système respiratoire force le système cardiaque à entrer en résonance avec lui, voir la Figure 8.4(c). Puis nous supposons que le cœur est malade (rythme non régulier), ce qui se traduit par l'ajout d'un bruit important sur le régulon qui représente le système cardiaque. Pour réaliser cela, nous substituons à la règle de mise à jour déterministe associée aux nœuds de type $N0$ (C) et $N1$ (S) la règle stochastique introduite plus haut (voir Équation 8.1), avec une température $T = 1.5$. Comme précédemment, nous observons les 2 cas suivants : si les régulons sont non couplés (voir la Figure 8.4(b)), les battements du cœur ne sont plus réguliers, même si les poumons sont sains. Néanmoins, si les régulons sont couplés avec un couplage $k(y) = 5$ (voir la Figure 8.4(d)), le système respiratoire réussit à maintenir le système cardiaque en activité périodique et cela malgré le bruit important. Ici, la robustesse du système est assurée par une forte régulation de la partie bruitée du réseau.

Conclusion

Nous avons décrit le rôle du couplage nerveux entre le système cardiaque et le système respiratoire. Ce couplage permet de maintenir la périodicité des battements de cœur, malgré l'existence de facteurs de bruit. Cette forte régulation du système cardiaque par le système respiratoire assure la robustesse d'un système aussi critique que le système cardiaque. Nous n'avons pas exploré le rôle de ce couplage dans l'adaptation de la période de battement au rythme oscillatoire de la respiration. L'objectif ici était de souligner le rôle d'une forte régulation dans le maintien de la fonctionnalité d'un système qui se résume à sa rythmicité. Nous avons effectué cela via deux approches, une formalisation en système d'équations différentielles et une autre par une modélisation type toy-modèle fondée sur des automates booléens à seuil ou réseaux Hopfield-semblables. Je pense que la formalisation par un système d'équations différentielles semble être plus adéquate pour étudier le rôle du couplage dans l'adaptation du rythme cardiaque au rythme respiratoire.

8.3   Réseau de régulation génétique du cycle cellulaire des eucaryotes

Dans cette section, je détaille le travail que nous avons fait sur le réseau de régulation du cycle cellulaire chez les eucaryotes supérieurs. Les par-

ties *"Analyse Préliminaire"*, *"Attracteurs du réseau"* et *"Effets de bords"* ont été publiés dans Ben Amor et al. (2008) et la dernière partie *"Rôle du miRNA159"* a été publiée dans Ben Amor et al. (2009).

Analyse préliminaire

Le réseau de régulation génétique contrôlant le cycle cellulaire des cellules eucaryotes supérieures (Whitfield et al., 2002; Abacci, 2006) possède un noyau formé par le gène *Rbp-E2F* d'excentricité égale à 2 et une frontière contenant 2 éléments *Cdk2* et *miRNA159*. Chez l'homme, La composante fortement connexe reçoit une régulation négative forte venant de *miRNA159*. Ce dernier agit sur le facteur de transcription *E2F*. Le graphe d'interaction contient uniquement une composante connexe ayant deux circuits positifs d'interaction[4]. Selon Demongeot et al. (2003a,b), Aracena et al. (2003a, 2004a,b,c) et Aracena et Demongeot (2004a), deux conjectures nous permettent d'avoir une idée du nombre de points fixes de ce réseau. D'une part, selon la première, nous pouvons nous attendre à au moins 2^m points fixes pour ce réseau, m étant le nombre de composantes fortement connexes[5] ayant au moins un circuit positif. Ici, $m = 1$, voir la Figure 8.5, nous nous attendons donc à 2 points fixes. D'autre part, selon la deuxième conjecture nous pouvons nous attendre à au plus 2^p points fixes, où p est le nombre total de circuits positifs. Ici, $p = 2$, nous nous attendons donc au plus à 4 points fixes.

Attracteurs du réseau

Le tableau 8.1 donne les attracteurs de ce réseau, dans le cas d'une mise à jour séquentielle et d'une mise à jour parallèle. Comme nous l'avons dit précédemment, nous avons effectivement 2 points fixes et aussi 1 (resp. 0) cycle limite dans le cas d'une mise à jour séquentielle (resp. parallèle). Dans ce cas, la conjecture qui dit que le nombre de points fixes est au moins égal à 2^m, où m est le nombre de composantes fortement connexes, est vérifiée, ainsi que celle la conjecture de la borne supérieure. Un autre résultat est aussi valide : le nombre d'attracteurs est du même ordre d'amplitude que la racine carrée de la taille du réseau (ici $\sqrt{12}$). Ce résultat a été mentionné par Aracena et Demongeot (2004a).

---

4. un circuit est dit positif s'il possède un nombre pair d'inhibitions
5. Une composante fortement connexe d'un graphe orienté $\mathcal{G}$ est un sous-graphe $\mathcal{G}'$, tel que pour tous u, $v \in \mathcal{G}'$, il existe un chemin de u vers v et un chemin de v vers u

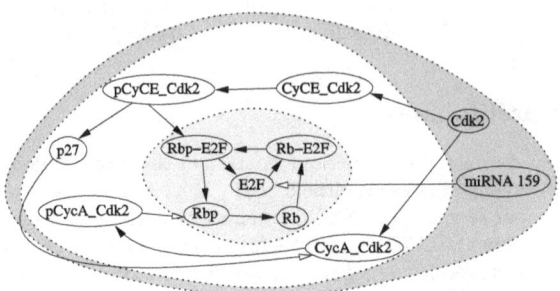

FIGURE 8.5 – **Réseau de régulation génétique du cycle cellulaire des
eucaryotes.** La composante fortement connexe contenant le nœud central
Rbp-E2F est dans un espace gris clair et les nœuds de bord sont dans un
espace gris foncé.

	Mise-à-jour séquentielle		Mise-à-jour parallèle		
Type	Attracteur	TRBA	Attracteur	TRBA	DM
Point fixe 1	000000000000	6.25%	000000000000	0.5%	1.45
Point fixe 2	000000011111	56.25%	000000011111	99.5%	5.40
Cycle limite 1	000000001000	37.5%	Aucun		
	000000010111				

TABLE 8.1 – **Attracteurs et tailles relatives des bassins d'attraction
du réseau de régulation du cycle cellulaire des eucaryotes, dans
le cas de mises à jour séquentielle et parallèle.** Les nœuds sont
ordonnés comme suit : *p27, Cdk2, pCyCE_Cdk2, CyCE_Cdk2, miRNA159,
pCycA_Cdk2, CycA_Cdk2, Rbp-E2F, Rb-E2F, E2F, Rbp* et *Rb*. La taille relative du bassin d'attraction (TRBA) est la proportion des états contenus
dans le bassin d'attraction par rapport à la taille de l'espace d'états. La distance moyenne (DM) est le nombre moyen de transitions nécessaires pour
atteindre l'attracteur, à partir d'une condition initiale appartenant au bassin
d'attraction.

Effets des bords

Pour cette étude, nous nous sommes intéressés à l'effet des deux nœuds suivants : le nœud de bord *miRNA159*, parce qu'il a une interaction directe sur la composante centrale fortement connexe, et la protéine *p27* parce qu'elle est d'excentricité maximale (= 7) dans le graphe d'interaction (voir la Figure 8.5). Pour simuler l'effet d'une expression permanente de la protéine *p27*, nous fixons son état à 1 et nous regardons la nouvelle dynamique du réseau. La dynamique ne change pas, contrairement à une inhibition constante de *miRNA159*. Dans ce dernier cas, nous observons (voir le tableau 8.2) une modification du paysage dynamique, avec l'apparition de plusieurs attracteurs cycles limites dans le cas parallèle. En tout, nous avons 6 attracteurs, point fixes et cycles limites. Les attracteurs périodiques (cycles limites) peuvent être vus comme un comportement cyclique de la cellule. En ce sens, le *miRNA159* peut jouer le rôle d'un catalyseur du cycle cellulaire.

Type	Attracteur	TRBS
Point fixe 1	000010000000	0.12%
Point fixe 2	000010011011	0.54%
Cycle limite 1	000010001010	10.6%
	000010010001	
Cycle limite 2	000010010011	26.6%
	000010001011	
	000010011001	
	000010011010	
Cycle limite 3	000010010010	32.4%
	000010000011	
	000010001001	
	000010011000	
Cycle limite 4	000010000010	23.7%
	000010000001	
	000010001000	
	000010010000	

TABLE 8.2 – **Attracteurs et tailles relatives des bassins d'attraction du réseau de régulation du cycle cellulaire des eucaryotes, dans le cas d'une mise à jour parallèle avec *miRNA159* fixé à 1.** Les nœuds sont ordonnés comme suit : *p27, Cdk2, pCyCE_Cdk2, CyCE_Cdk2, miRNA159, pCycA_Cdk2, CycA_Cdk2, Rbp-E2F, Rb-E2F, E2F, Rbp* et *Rb*. La taille relative du bassin d'attraction (TRBA) est la proportion des états contenus dans le bassin d'attraction par rapport à la taille de l'espace d'états.

Rôle du *miRNA159*

Les résultats de Elena (2004, 2009) démontrent que, dans un nombre de cas très important, l'apparition de cycles limites est due à un choix particulier du mode de mise à jour. Cette constatation avait déjà été faite par Goles (1980) et par Atlan et Synder (1993). Par conséquent notre hypothèse est faible et, avant d'en faire part aux biologistes, il faudrait refaire la même simulation pour différents modes de mise à jour allant du mode séquentiel au mode parallèle en passant par les différents modes blocs-séquentiels. Ce parcours sera nécessaire pour déterminer si cette modification du paysage dynamique par l'apparition de plusieurs cycles limites est un cas particulier dû au choix du mode de mise à jour (ici, le mode parallèle) ou est dû à l'expression constante du *miRNA159*. Un autre inconvénient vient du choix initial des valeurs des poids des interactions et des seuils d'activation des nœuds. Ce choix de valeurs repose uniquement sur la nature des interactions. Une activation (resp. inhibition) est interprétée comme une interaction qui a un poids de 1 (resp. -1). Les seuils sont de valeur nulle car nous considérons qu'un gène n'est pas exprimé s'il ne reçoit aucune entrée. Le choix sur les poids ne prend pas en considération la différence de contribution entre les interactions activation ou inhibition d'un gène. En l'absence de ces données, nous limitons notre analyse du rôle de *miRNA159* à une analyse structurelle. En d'autre termes, nous regardons le réseau comme un motif de graphe particulier dans le cadre des réseaux d'automates booléens à seuil. Parcourir l'ensemble des modes d'itération, pour chaque instance de paramètres, est une tâche coûteuse en temps de calcul, surtout si nous nous décidons de regarder la totalité du réseau. Pour simplifier, nous nous intéressons uniquement à l'effet de *miRNA159* sur le noyau du réseau de régulation du cycle cellulaire. Nous décidons alors de regarder une version réduite (voir Figure 8.6) de ce réseau formée par le *miRNA159* et le noyau (voir la zone en gris foncé de la Figure 8.5). Ce sous-réseau a 6 nœuds, ce qui est en-dessous de la limite étudiée (taille du réseau ≤ 7) des simulations numériques de Elena (2009). Pour étudier la robustesse des réseaux d'automates booléens à seuil vis-à-vis des modes d'itérations, Elena (2009) a défini 4 classes de réseaux, en fonction de leur robustesse vis-à-vis du changement de mode d'itération bloc-séquentiel :

- la classe Cy (Cycle) : cette classe englobe tous les réseaux qui n'ont que des cycles limites, quel que soit le mode de mise à jour avec lequel ils sont itérés.
- la classe Fi (Fixe) : cette classe englobe tous les réseaux qui n'ont que des points fixes, quel que soit le mode de mise à jour avec lequel ils sont itérés.

161

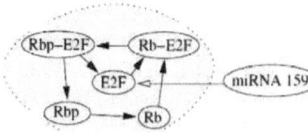

FIGURE 8.6 – **Sous-réseau du réseau de régulation génétique du cycle cellulaire des eucaryotes.** Seulement le *miRNA159* et le noyau du réseau ont été conservés.

- la classe Mi (Mixte) : cette classe englobe tous les réseaux qui ont au moins un point fixe et au moins un cycle limite, quel que soit le mode de mise à jour avec lequel ils sont itérés.
- la classe Ev (Évolution) : cette classe englobe tous les réseaux qui ont des comportements dynamiques dépendant du mode de mise à jour choisi. Pour certains mode d'itération, ces réseaux n'ont que des points fixes et, pour d'autres modes d'itération, ils ont également des cycles limites en plus des points fixes.

Selon Elena (2009), la classe Fi est la classe des réseaux les plus robustes face au changement de mode d'itération. Ces réseaux ne présentent que des points fixes, quel que soit le mode d'itération choisi. Cette propriété des points fixes a été démontrée par Robert (1986) et Goles et Martinez (1990). Ceci permet de qualifier les réseaux de la classe Fi de robustes, si la robustesse est définie comme la propriété d'un réseau à maintenir son comportement asymptotique malgré la perturbation (changement) du mode de mise à jour. Il suggère aussi que, si ces classes sont ordonnées selon leur robustesse, la classe Fi serait la plus robuste pour la raison évoquée précédemment et, à l'opposé, la classe Ev serait la moins robuste, car le comportement dynamique de ses réseaux serait le plus sensible au changement de mode d'itération. Je ne pense pas que cette classe soit la moins robuste, si l'on se tient à la définition de la robustesse, à savoir la propriété du réseau à garder son comportement asymptotique en dépit du changement du mode de mise à jour. Un réseau de la classe Ev possède en effet comme attracteurs : (i) des points fixes pour tous les modes de mise à jour et (ii) des cycles limites pour certains modes de mise à jour, ces cycles n'étant pas forcément les mêmes d'une mise à jour à une autre. Donc, cette classe présente une certaine constance dans son paysage dynamique, contrairement à une autre classe, la classe Cy, qui présente que des cycles limites qui ne sont pas forcément les mêmes d'une mise à jour à une autre et donc un réseau de cette classe peut avoir deux paysages dynamiques complètement différents pour deux modes de mise à jour différents. Classer le sous-réseau de la Figure 8.6 dans une de ces classes, en fonction de l'expression de *miRNA159* permettra de savoir à quel point l'expression de *miRNA159* est la cause d'apparition de cycles limites dans le réseau. Vu le manque de données sur les interactions, A. Elena, s'est orienté vers le parcours de toutes les fonctions de transition globales décrites par le graphe d'interaction de la Figure 8.6. Les détails des algorithmes et des méthodes qu'il a utilisés pour effectuer cela sont disponibles au Chapitre 2 de (Elena, 2009) : *Enumération et Algorithmes pour la simulation*. Voici la répartition, obtenue par A. Elena, de tous les sous-réseaux décrits par le graphe d'interaction 8.6 sur les différentes classes :

– *miRNA159* à 0 : Fi 60.8% Ev 39.2% (Cycles limites d'ordre 2)
– *miRNA159* à 1 : Fi 7.8% Ev 92.2% (Cycles limites d'ordre 4)

En forçant le nœud correspondant au *miRNA159* à être constamment actif, on bascule à une répartition plus favorable à l'apparition de cycles limites : il n'y a que 7.8% des réseaux qui sont dans la classe Fi et la plupart, 92.2%, sont dans la classe Ev, cette classe étant celle des réseaux qui ont des points fixes dans leur paysage dynamique et qui peuvent avoir des cycles limites pour certains modes de mise à jour. Ces cycles limites sont d'ordre 4. En conclusion, un réseau de régulation caractérisé par sa fonction de transition globale, ayant comme graphe d'interaction 8.6 et dont le nœud de bord (*miRNA159*) est constamment actif a une probabilité statistique de 92.2% d'appartenir à la classe Ev[6]. Pour certains modes de mise à jour, ce réseau peut présenter des cycles limites dans son paysage dynamique. L'ordre de ces cycles limites est inférieur à 4. L'activation du *miRNA159* a de fortes chances de faire basculer le réseau dans une classe plus sensible au changement de mode de mise à jour.

Conclusion

Nous avons introduit un modèle simple du réseau de régulation du cycle cellulaire chez les eukaryotes supérieurs. Nous avons commencé par mettre en relation certaines de ses propriétés structurelles et dynamiques. Puis, nous les avons validées par simulation numérique. Enfin, nous avons souligné le rôle de la présence du nœud de bord *miRNA159* dans la diminution de la robustesse du réseau réduit à son noyau (voir Figure 8.6), face au changement de mode de mise à jour.

---

6. Nous insistons sur le fait qu'un réseau est caractérisé par sa fonction de transition, car en réalité, la probabilité dont on parle est celle de l'appartenance d'une fonction de transition globale, ayant comme graphe d'interaction le graphe de la Figure 8.6, à la classe Ev. Notons bien que deux réseaux peuvent avoir des paramètres de poids et seuil différents et une même fonction de transition globale.

8.4 Réseau de régulation génétique contrôlant la morphogénèse du poil de la souris

Les travaux sur ce modèle de réseau de régulation ont été publiés dans Ben Amor et al. (2008).

Analyse préliminaire

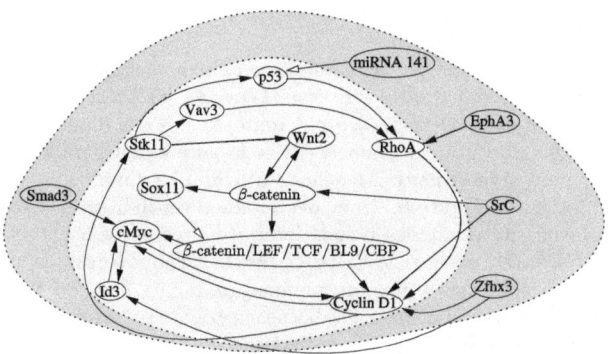

FIGURE 8.7 – **Réseau de régulation génétique contrôlant la morphogénèse du poil de la souris.** La composante fortement connexe contenant le nœud central *Rbp-E2F* est dans un espace gris clair et les nœuds de bord sont dans un espace gris foncé.

Le réseau de régulation génétique contrôlant la morphogénèse du poil de la souris (Michon et al., 2008) (voir la Figure 8.7) possède un noyau contenant 2 gènes (la *β-catenin* et la *CyclinD1*) et une frontière constituée de 5 gènes (*Smad3, miRNA141, EphA3, SrC* et *Zfhx3*). Une analyse de la structure du noyau nous fait remarquer les propriétés suivantes : la *CyclinD1* est d'excentricité égale à 5 et le noyau est inscrit dans un motif appelé feed forward incohérent (en anglais *incoherent feedforward*) (Elena et Demongeot, 2008). Un circuit est dit incohérent, si, depuis le même gène source A, il existe 2 chemins au moins vers un gène C : un chemin activateur et un chemin inhibiteur, c'est le cas ici, si l'on considère A comme étant la *β-catenin*, B comme étant *Sox11* et C comme étant le complexe *β-catenin/LEF/TCF/BL9/CBP*. Il y a deux chemins : A-C est un chemin activateur et A-B-C est un chemin inhibiteur. Le graphe d'interaction, voir la Figure 8.7, contient uniquement une composante

164

connexe ayant au moins un (ici 5 exactement) circuit positif d'interaction [7]. Comme dans le dernier exemple du cycle cellulaire, selon la première conjecture, nous nous attendons à au moins 2^m points fixes pour ce réseau, avec m le nombre de composantes fortement connexes. Ici, $m = 1$, nous nous attendons donc à 2 points fixes. D'autre part, selon la deuxième conjecture, le nombre de circuits positifs, ici 5, nous donne une borne supérieure du nombre de points fixes du réseau, nous aurons donc au plus 2^5 points fixes.

Attracteurs du réseau

Le tableau 8.3 donne les attracteurs de ce réseau dans le cas de mises à jour séquentielle et parallèle sans fixer l'état du *miRNA141*. Nous avons 3 points fixes et aussi 1 (resp. 0) cycle limite dans le cas d'une mise à jour parallèle (resp. séquentielle). Dans le cas de la mise à jour parallèle, le cycle limite disparaît, si on rajoute des délais sur le graphe d'interaction (les arcs en pointillés sur la Figure 8.7 sont des interactions indirectes, c'est-à-dire que nous avons introduit des nœuds intermédiaires entre *Stk11* et *Wnt2*, *RhoA* et *CyclinD1*, et entre *SrC* et *CyclinD1*). Dans ce cas, la première conjecture qui concerne le nombre minimal de points fixes est vraie et la deuxième conjecture qui concerne la borne supérieure reste aussi valable. Un autre résultat est vérifié : le nombre d'attracteurs est du même ordre que la racine carrée de la taille du réseau (ici $\sqrt{16}$) (Aracena et Demongeot, 2004a).

	Mise-à-jour séquentielle		Mise-à-jour parallèle		
Type	Attracteur	TRBA	Attracteur	TRBA	DM
Point fixe 1	0000000000000000	1.56%	0000000000000000	$\approx$ 0.00%	0.75
Point fixe 2	0011111001101110	96.88%	0011111001101110	99.66%	4.14
Point fixe 3	0000010000001100	1.56%	0000010000001100	$\approx$ 0.00%	0.5
Cycle limite 1	Aucun	–	0011010001101100	0.34%	2.45
			0000111000001110		

TABLE 8.3 – **Attracteurs et taille relative des bassins d'attraction du réseau de régulation génétique contrôlant la morphogénèse du poil de la souris, dans le cas d'une mise à jour séquentielle et parallèle.** Les nœuds sont ordonnés comme suit : *miRNA141*, *EphA3*, *p53*, *Vav3*, *Stk11*, *Wnt2*, *RhoA*, *Smad3*, *SrC*, *Id3*, *CyclinD1*, *Zfhx3*, *Sox11*, *β-catenin*, *cMyc* et *β-catenin/LEF/TCF/BL9/CBP*.

---

7. Un circuit est dit positif s'il possède un nombre pair d'inhibitions

Effets de bords

Dans ce qui suit, nous nous intéressons à l'influence de deux nœuds de bords d'excentricité maximale $= 9$, qui ont deux actions différentes sur le réseau : d'une part, le *miRNA141* agit sur la protéine *p53*, véritable carrefour de la régulation cellulaire, et exerce une régulation négative sur la composante fortement connexe contenant le noyau du réseau (Demongeot et Moreira, 2007b,a), et d'autre part, la protéine *EphA3* exerce une régulation positive sur cette composante. Nous regardons maintenant, dans le cas parallèle, la dynamique de ce réseau avec différentes conditions des nœuds de bord, dans les cas suivants : (i) l'état de *miRNA141* fixé à 1 ou en alternant son état de 0 à 1 et en ajoutant des délais, nous gardons les mêmes attracteurs, excepté le cycle limite, (ii) par contre, si nous alternons l'état de *EphA3* de 0 à 1 et rajoutons des délais, nous avons uniquement un point fixe 011111001101110.

Chapitre 9

Méthode formelle pour la modélisation

Sommaire

Comme nous l'avons vu au chapitre 8, les systèmes de régulation (génétiques ou physiologiques) peuvent présenter une structure compliquée, qu'il est parfois difficile à déterminer. De manière classique, la construction d'un modèle de réseau de régulation est faite en spécifiant les composantes (par exemple des gènes) et leurs interactions, les valeurs des interactions pouvant être obtenues initialement à partir de la littérature et puis ajustées de manière à faire coller le comportement observé expérimentalement aux comportements exhibés par le modèle. Ce processus est formalisé, dans le cas des réseaux de neurones, par un processus d'essais et d'erreurs, appelé processus d'apprentissage. Son but est de minimiser une fonction de coût, qui représente la distance entre les dynamiques obtenues par rapport aux dynamiques observées. Dans ce qui suit, nous proposons une approche différente pour la construction et l'analyse des réseaux de régulation génétique. Elle se base sur une approche par contrainte et ne passe pas par des méthodes d'essais et d'erreurs. La structure et les dynamiques du réseau sont exprimées sous forme de contraintes, l'objectif est de caractériser l'ensemble des réseaux consistants avec les connaissances disponibles *a priori* concernant le comportement et la dynamique du réseau. Les contraintes formelles qui représentent ces connaissances sont des contraintes booléennes écrites sous forme normale conjonctive (CNF) [1]. Après cette traduction, les contraintes sont soumises à un solveur de satisfiabilité (SAT). Cette méthode offre un degré très élevé d'expression, allant jusqu'à permettre l'expression d'intuitions. Des exemples de requêtes seront exposés tout au long de ce chapitre. Les applications de cette approche sont nombreuses et concernent la construction d'un réseau à partir d'une dynamique observée et d'éléments de connaissances sur la structure. Nous en aborderons quelques-unes de ces applications tout au long de ce chapitre et nous porterons une attention particulière au réseau de régulation de la morphogénèse de la fleur d'*Arabidopsis thaliana*.

9.1 Introduction

La plupart des processus biologiques mettent en place des relations de régulation entre les gènes et les protéines à l'échelle cellulaire ou entre les cellules à l'échelle du tissu cellulaire. Ces systèmes sont représentés par des graphes d'interaction composés de nœuds représentant les composantes du système (gènes, protéines et cellules), connectés entre eux par des arcs dirigés représentant les relations qui les lient. Néanmoins, construire un modèle de réseau de régulation repose sur deux types de connaissances disponibles *a priori* : les connaissances sur la structure et les connaissances sur le comportement (dynamique). Les connaissances structurelles peuvent être extraites de nombreuses manières, par exemple par la technique de *two-hybrid screening* pour identifier les interactions entre protéines ou des expériences génétiques, comme le KO de gène, pour trouver une épistasie. Les connaissances dynamiques sont directement inférées par observation des différents motifs d'expression des marqueurs moléculaires dans différents contextes cellulaires. Ces motifs correspondent dans l'ensemble aux différents profils génétiques vers lesquels tendent les cellules d'un organisme vivant, générant leur protéome et par conséquence leur phénotype. Par exemple, on peut observer qu'un gène g est exprimé dans un type cellulaire T_1 alors qu'il est absent dans un autre type cellulaire T_2. Au moment de la modélisation d'un réseau de régulation, le choix du modélisateur, qui dépend du temps et des ressources offertes, va conditionner le besoin en connaissances de type structurelles, dynamiques ou les deux. Quelques modèles sont, de manière préférentielle, basés uniquement sur des connaissances structurelles. On peut simuler le comportement de tous les modèles décrivant un réseau de régulation et garder par la suite

---

1. Une formule booléenne est une CNF si elle est de la forme suivante $C_1 \wedge C_2... \wedge C_n$, avec $C_i = l_1 \vee l_2... \vee l_{m_i}$, n le nombre de clauses C_i et m_i le nombre de littéraux l_j dans C_i

le modèle qui reproduit les motifs d'expression observés. Ceci est possible uniquement quand le nombre de composantes du modèle et le nombre de modèles satisfaisant aux contraintes sont petits (Giacomantonio et Goodhill, 2010). Ben Amor et al. (2009) ont analysé l'intensité de fluorescence des marqueurs génétiques pour inférer localement la structure de 4 gènes qui reproduisent le motifs spatio-temporels nécessaires à la morphogénèse des plumes. Récemment, Gowda et al. (2009) ont déterminé la structure d'un graphe d'interaction, en mesurant les corrélations de l'expression des gènes sur des pas de temps consécutifs. La même idée de "corrélation directionnelle" a été précédemment proposée par (Demongeot et al., 2003a) et Aracena et al. (2003b) et, une autre méthode relevant de l'inférence logique pur de la structure du graphe non dirigé a été décrite dans (Aracena et Demongeot, 2004b). D'autres modèles se basent sur une certaine topologie du réseau et ensuite seulement mettent l'accent sur le comportement du système. Les poids des interactions sont réajustés pour correspondre au mieux au comportement désiré. Cet ajustement est assuré par une procédure d'apprentissage. Ceci est assez fréquent dans le champ du *soft computing*, pour l'ingénierie des réseaux de neurones artificiels. Les données disponibles peuvent être un mélange de connaissances structurelles et de connaissances comportementales sur le système, ceci sur différents niveaux d'abstraction, allant du niveau qualitatif au niveau quantitatif.

Mendoza et Alvarez-Buylla (1998) ont commencé avec ces deux types de connaissances quand ils ont modélisé le réseau de régulation de la morphogénèse de la fleur d'*Arabidopsis thaliana*. Ils ont utilisé des algorithmes génétiques pour sélectionner un réseau, dont le comportement dynamique se rapprochait le plus du comportement observé. Cet algorithme fait converger le modèle vers l'observation l'observation en explorant par mutations l'espace des paramètres (seuils et poids).

Une stratégie fréquente consiste à construire un premier modèle du système, en utilisant des données partielles des interactions (par exemple, les paramètres cinétiques des interactions deux à deux) et puis en utilisant les données sur les comportements observés et, par la suite, en les comparant aux données prédites. Cette dernière phase constitue la phase de validation du modèle. Cette stratégie utilise les données disponibles sur 2 niveaux, en amont et en aval du processus de modélisation (voir la Figure 9.1 en haut). Les connaissances structurelles sont intégrées en amont et les connaissances sur le comportement en aval. Implicitement, ces stratégies considèrent que les connaissances comportementales sont plus fiables que les connaissances structurelles. Cette appréciation des connaissances est directement constatable par le modélisateur qui fait correspondre son modèle au comportement observé, en s'autorisant à modifier les données de structure du réseau. Cette considération est généralement une conséquence de ce décalage des connaissances et non pas un choix délibéré du modélisateur, d'autant plus que la convergence est guidée par la minimisation d'une fonction de coût. Par conséquent, ceci a toutes les chances d'amener à un minimum local. Notre objectif ici est d'éviter ce découpage, en considérant toutes les connaissances et les hypothèses au même niveau, dans le processus de modélisation. Les connaissances ne seront donc plus divisées, mais entièrement intégrées en amont du processus de modélisation (voir la Figure 9.1 en bas).

Une formalisation en contraintes logiques des données initiales et des hypothèses assure cette unification. De plus, elle met à profit la non-unicité de la résolution du problème de modélisation en biologie, en rendant un ensemble de solutions consistantes et, dans certains cas, l'ensemble complet de ces solutions. Dans le contexte de la modélisation, une approche basée sur les contraintes change les perspectives : (i) tel qu'énoncée précédemment, la relation entre la structure et le comportement (la dynamique) n'est plus unidirectionnelle (de la structure au comportement, quand on effectue des simulations ou des prédictions). La structure et le comportement sont tous les deux représentés par des contraintes et exploités conjointement par un solveur de contraintes. Ceci permet un plus grand degré d'expression et de flexibilité dans le type d'expression qu'on peut poser, (ii) un ensemble de contraintes peut avoir plusieurs solutions ; dans le cas d'un problème sous-contraint, il devient obsolète de restreindre la résolution du problème de modélisation à trouver une seule solution. Ceci diffère de l'approche traditionnelle, où une seule solution représentative est utilisée à partir de laquelle les prédictions sont faites. Il faut garder en tête que nous avons affaire à un ensemble de solutions ce qui constitue est un important changement d'état d'esprit et ouvre la voie vers de nouvelles possibilités et applications. On peut par exemple utiliser les connaissances actuelles et des hypothèses, afin de réduire le nombre de solutions et ainsi donner une priorité aux prochaines expériences à effectuer. Dans le cadre d'une approche par contrainte, un échec veut dire que les hypothèses et les données sont en contradiction, dans le cadre de leur abstraction dans le formalisme choisi (ici, le formalisme des réseaux Hopfield-semblables). En d'autres termes, il y a contradiction entre la structure du réseau et le comportement désiré. Il est important de réaliser que ces résultats sont obtenus en une seule étape et non pas suite à un processus de raffinements successifs, qui teste toutes les combinaisons possibles. La partie qui utilise un solveur de contrainte repose sur un mécanisme de propagation de contraintes, qui accélère le processus de résolution de la satisfiabilité. Dans le cas d'une inconsistance, le modélisateur peut réviser le modèle en remettant en question quelques hypothèses, afin de relaxer le problème. Par exemple, quelques interactions ou quelques gènes peuvent être supprimés du réseau (ils correspondent aux observations erronées) ou bien d'autres gènes peuvent être rajoutés au réseau (ils correspondent à des informations manquantes). Si l'ensemble des contraintes est consistants, alors cela veut dire que les intuitions et les hypothèses peuvent être conservées. Quand d'autres observations deviennent disponibles alors elles peuvent être rajoutées à l'ensemble des contraintes et, par conséquent des inconsistances peuvent apparaître, ce qui peut entraîner une nouvelle phase de révision.

9.1.1 Dans la littérature

Une approche déclarative (voir la Figure 9.1 en bas) a été proposée par Corblin et al. (2009, 2010) comme une alternative au processus d'essais et d'erreurs dans le contexte des réseaux de Thomas (Thomas, 1980). Ces réseaux prennent en considération le contexte cellulaire dans lequel ont lieu les interactions. Ceci implique l'existence d'arcs multivalués, qui représentent les différentes cinétiques possibles entre deux entités (espèces chimiques), comme fonction des niveaux de concentration. Son application au ré-examen d'un modèle existant du stress nutritionnel dans *Escherishia coli* a permis de montrer l'incohérence du modèle obtenu. En effet, les données expérimentales ne sont pas exhaustives et, par conséquent les intuitions du modélisateur constituent, dans le cas d'incomplétude critique, une contribution considérable à la détermination des solutions. La ré-examen de modèle par approche déclarative permet de rejeter des intuitions et de proposer automatiquement une alternative.

Une telle approche est un lien potentiel entre la structure et les dynamiques d'un réseau. Les travaux précédents que nous avons réalisés dans (Demongeot et al., 2008; Elena et Demongeot, 2008; Ben Amor et al., 2008, 2009) se concentrent particulièrement sur les relations entre la structure et les dynamiques d'un réseau de régulation, dans le cas d'un réseau de Hopfield-semblable, mais aussi sur la robustesse des dynamiques obtenues en fonction des modes de mise à jour du réseau (parallèle, séquentiel, bloc-séquentiel, bloc-parallèle). Dans le même contexte (des réseaux Hopfield-semblables), nous développons une approche similaire, basée sur les contraintes, afin de garantir la flexibilité du processus de modélisation et l'adéquation des solutions obtenues (Ben Amor, 2009, 2010; Ben Amor et al., 2012). Les connaissances concernant la structure et la dynamique sont formalisées sous la forme d'une série de contraintes. Puis une requête, écrite sous la forme normale conjonctive, est définie (Apt, 2003) et soumise à un solveur de satisfiabilité (Carlsson et al., 1997; Eén et Sörensson, 2004; Eén et Biere, 2005; Corblin et al., 2011b). Nous obtenons, sans définir aucune fonction de coût, l'ensemble des instances (modèles) valides. Cet ensemble peut être vide dans le cas d'une inconsistance ; dans le cas contraire, cela veut dire que toutes les solutions sont en adéquation avec les données expérimentales (structure et dynamique).

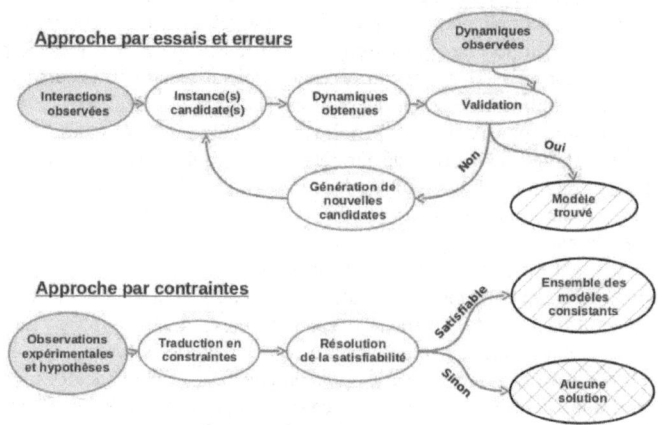

FIGURE 9.1 – **Approches de modélisation d'un réseau de régulation. (En haut)** Les approches classiques débutent avec les données des interactions entre les éléments d'un réseau présupposé et, ensuite via des approches par un processus d'essais et erreurs qui contient une boucle de validation tendant progressivement vers une solution qui minimise une fonction de coût ; il s'agirait de la solution la plus proche des données expérimentales concernant la dynamique. A la fin, un seul modèle est sélectionné en utilisant un certain critère d'optimalité. **(En bas)** A l'opposé, les approches basées sur les contraintes débutent avec toutes les connaissances (dynamiques et structurelles) et ne demandent pas la présence d'un processus d'essais et d'erreurs, avec une boucle de validation. A partir de ces connaissances converties en une série de contraintes, une formule logique est écrite et définit l'ensemble des modèles consistants. Tous les modèles de cet ensemble sont valides.

9.1.2 Ceci n'est pas du modèle checking

Même si notre approche présente quelques analogies avec les techniques de vérification de modèle (en anglais, *"Model checking"*), et en l'occurrence

172

est capable de cela, notre approche ne doit pas être confondue avec celles-ci. La vérification de modèle consiste en la validation d'un seul modèle et n'implique pas des mécanismes de propagation de contrainte. La vérification de modèle est une technique qui permet la vérification automatique d'un automate discret (plus fréquemment utilisée en informatique et en électronique). Elle vérifie si un modèle particulier satisfait une spécification formulée en termes de logique temporelle (par exemple, CTL). Elle peut être utilisée pour trouver le nombre d'attracteurs d'un réseau booléen bien défini, représentant un réseau de régulation, comme décrit dans (Dubrova et Teslenko, 2011).

Nous n'abordons pas, le même problème. Le nôtre est plus large : étant donné une famille paramétrée de modèles, nous voulons trouver l'ensemble des solutions de modèles instanciés (des modèles dans lesquels les paramètres sont bien définis) qui satisfont toutes les contraintes structurelles et dynamiques. Nous obtenons par cette méthode l'ensemble des modèles satisfiables représentant une structure et un comportement. Nous projetons aussi de réviser automatiquement les contraintes dans le cas d'une incohérence (aucune solution). Notre approche permet d'inférer des propriétés (initialement non connues) qui sont communes à tous les modèles (voir par exemple l'étude des contraintes sur les signes pour la Requête 1). L'étude des modèles instanciés dans l'ensemble solution, si ce dernier n'est pas très large, permet d'extraire des conclusions sur un ou plusieurs modèles du réseau qui satisfont les connaissances sur la structure et la dynamique.

9.1.3 Réseaux Hopfield-semblables

Le travail principal effectué ici concerne la formalisation d'une variante des réseaux de Hopfield (Hopfield, 1982), appelés ici les réseaux de *Hopfield-semblables*, sous la forme de contraintes sur les entiers. Les réseaux d'automates booléens sont très utilisés dans la modélisation des réseaux de régulation biologique. Initialement, ils ont été introduits par Kauffman pour étudier des propriétés globales des réseaux génétiques (Kauffman, 1969). Pour modéliser un phénomène particulier, nous choisissons des automates booléens à seuil. Ce formalisme est similaire au réseau de Hopfield (Hopfield, 1982), la différence résidant dans le rejet de la contrainte de symétrie des poids dans la matrice d'interaction et dans la possibilité d'avoir des boucles d'auto-interaction sur un nœud, comme illustré sur la Figure 9.2. Les autres avantages des réseaux Hopfield semblables sont leur description intuitive pour un biologiste et la possibilité de prendre en compte différents modes de mise à jour (parallèle, séquentiel et bloc-parallèle). Dans ce travail, nous nous concentrons uniquement sur la mise à jour parallèle, mais il est possible d'inclure des contraintes qui prennent en compte d'autres modes de mise à jour. Deux applications sont présentées dans la partie *Résultats,* pour illustrer la faisabilité et le potentiel d'expression de cette approche : la première est inspirée de questions théoriques et la seconde est un problème de modélisation biologique. Nous montrons ici le potentiel de cette méthode comme outil d'aide aux biologistes, pour la modélisation des réseaux de régulation biologiques, étant donné une certaine connaissance sur le système d'intérêt. Cette méthode possède aussi un intérêt pour l'ingénierie des réseaux de neurones formels pour construire des dispositifs programmables ou à mémoire.

9.2 Formalisation des réseaux Hopfield-semblables

Un réseau de Hopfield H est composé de nœuds (par exemple des gènes) g_i, $i \in 1..n$, auxquels sont associés des seuils θ_i, et des arcs orientés et étiquetés, allant par exemple d'un nœud g_j à un nœud g_i auxquels on associe un poids w_{ij}. Le vecteur des seuils est noté θ_H et la matrice des poids est notée W_H (Figure 9.2). Un état S de H est un vecteur $\langle S_1, S_2, ..., S_n \rangle$ où

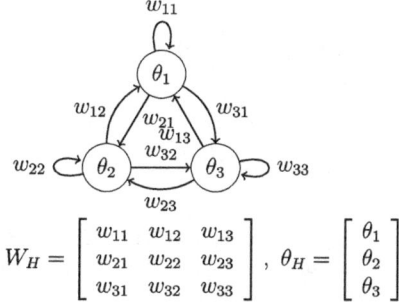

$$W_H = \begin{bmatrix} w_{11} & w_{12} & w_{13} \\ w_{21} & w_{22} & w_{23} \\ w_{31} & w_{32} & w_{33} \end{bmatrix}, \ \theta_H = \begin{bmatrix} \theta_1 \\ \theta_2 \\ \theta_3 \end{bmatrix}$$

FIGURE 9.2 – **Un exemple de réseau Hopfield semblable à 3 nœuds.**

$S_i \in \{0, 1\}$ est la valeur du nœud g_i dans S. Le comportement de H est régit par un graphe de transition contenant p états du réseau. Un état du réseau est noté S^k. Dans ce qui suit, les nœuds seront notés par des indices et les états du réseau par des exposants (*par exemple S_i^k est la valeur de g_i dans l'état S^k*). L'existence d'une transition $S^k \twoheadrightarrow S^{k'}$ entre 2 états du réseau, notée *transition* $(H, S^k, S^{k'})$, est définie par la Contrainte 1.

Contrainte 1. *par définition transition*$(H, S^k, S^{k'}) \overset{\text{def}}{\Leftrightarrow} \bigwedge_i \ S_i^{k'} \Leftrightarrow (\sum_j w_{ij}.S_j^k > \theta_i)$

$$avec \ \theta_H = \begin{bmatrix} \cdot \\ \theta_i \\ \cdot \end{bmatrix} \quad , \quad W_H = \begin{bmatrix} \cdot & \cdot & \cdot \\ \cdot & w_{ij} & \cdot \\ \cdot & \cdot & \cdot \end{bmatrix}$$

Exemple 1. *Nous considérons l'exemple de la Figure 9.2 avec les paramètres suivants :*

$$\theta_H = \begin{bmatrix} -3 \\ 0 \\ 0 \end{bmatrix} \quad , \quad W_H = \begin{bmatrix} -1 & -2 & -1 \\ 1 & -1 & 2 \\ -2 & 2 & 3 \end{bmatrix}$$

Nous obtenons les comportements donnés sur la Figure 9.3 : en fonction de son état initial, le système converge vers un point fixe ou un cycle limite de taille 3.

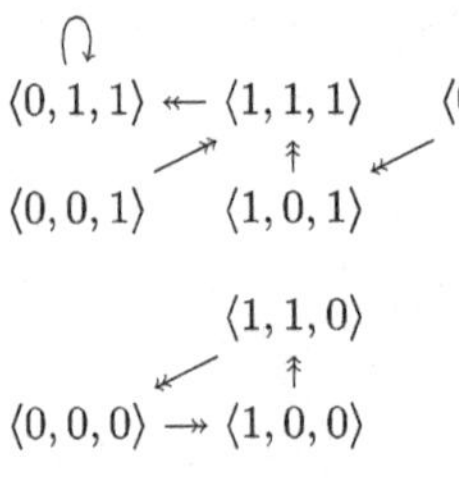

FIGURE 9.3 – **Graphe de transition de l'Exemple 1.** Notons les deux attracteurs du réseau : un point fixe $\langle 0, 1, 1 \rangle$ et un cycle limite $[\langle 0, 0, 0 \rangle, \langle 1, 0, 0 \rangle, \langle 1, 1, 0 \rangle]$.

Dans un réseau de Hopfield classique, les auto-interactions (arcs de g_i à g_i) sont interdites, la matrice d'interaction est symétrique et les paramètres θ_i et w_{ij} prennent des valeurs réelles. Dans notre cas d'étude, les réseaux Hopfield-semblables, aucune restriction n'est faite sur la topologie et les paramètres θ_i et w_{ij} sont des entiers signés dans l'intervalle $[-Max..Max]$. Max est une constante dont le choix dépend de la taille du plus grand voisinage repéré sur le réseau. Dans Elena (2009), des correspondances sont établies par simulation entre Max et des valeurs de taille de voisinage inférieur à 7.
La Contrainte 1 définit la relation formelle entre l'existence d'une transition

$S^k \twoheadrightarrow S^{k'}$ et les variables θ_i et w_{ij} qui définissent la structure du réseau. Cette contrainte est le bloc de base pour la construction de requêtes impliquant des chemins de transition et des attracteurs, l'objectif étant de trouver un moyen d'exprimer un problème donné sous forme de ces contraintes. L'ensemble des contraintes est par la suite, soumis à un solveur de satisfiabilité, qui implémente des règles de déduction (propagation de contraintes dans le jargon) ainsi que des stratégies d'énumération.

En fonction de la complexité des requêtes, nous utilisons un seul solveur ou la conjonction de deux. Le premier solveur fonctionne directement sur un domaine fini des variables, c'est-à-dire un intervalle d'entiers signés. Par contre, quand on fait appel au deuxième solveur, celui-ci implique uniquement des variables booléennes et des formules sous forme normale conjonctive (CNF), ce qui est le format standard d'un solveur classique de problèmes booléens de satisfiabilité (SAT). Ces solveurs sont extrêmement efficaces dans le calcul de formules de satisfiabilité booléenne très larges. La forme de la Contrainte 1 est non adaptée à une propagation de contraintes efficace ; dans ce qui suit, nous présentons sa traduction dans une forme plus appropriée, plus facilement traduisible sous forme de formule CNF. Dans le cas d'un réseau Hopfield-semblable, l'effort de traduction concerne les opérateurs '$\sum_j$' et '$>$' sur des entiers signés, qui apparaissent dans la Contrainte 1. Afin de traduire la Contrainte 1, nous devons introduire quelques variables intermédiaires (voir les Définitions 1, 2 et 3). La Contrainte 2 est équivalente à la Contrainte 1 et est facilement traduisible en formule CNF.

Définition 1. *Soit g_i un nœud du réseau, et soit L_i le sous-ensemble de nœuds g_j qui a une influence sur g_i (en d'autres termes il existe un arc de g_j à g_i). Notons $|L_i|$ le cardinal de L_i. Du point de vue du nœud g_i, il y a $2^{|L_i|}$ contextes possibles, qui dépendent des états des $|L_i|$ nœuds qui l'influencent. Si $|L_i| = n$ (le nombre de gène), les contextes du nœud g_i sont un ensemble de singletons, chaque singleton correspondant à un état du réseau. Si $|L_i| < n$, alors les contextes sont un ensemble de sous-ensembles d'états du réseau. Pour identifier l'état de chaque nœud g_i, nous définissons un état voisin par l_i : il s'agit d'un indice constitué par les $|L_i|$ chiffres binaires. En d'autres termes, il s'agit de la séquence de valeurs des états des nœuds influençant g_i. L'ordre des chiffres dans l_i est le même que celui des nœuds. Nous notons L_{i,l_i} le sous-ensemble de L_i contenant les nœuds dont l'état est à 1 dans l_i. Chaque instance de l_i définit un unique ensemble L_{i,l_i}. Nous appelons aussi $\text{Context}_{i,l_i}$ le contexte défini par l_i. $\text{Context}_{i,l_i}$ est un ensemble d'états du réseau.*

Définition 2. *La Contrainte 1 contient l'expression $\sum_{j \in L_i} w_{ij}.S_j^k$, qui correspond au plus à $2^{|L_i|}$ possibles sommes $\sum_j w_{ij}$. Elle dépend des nœuds $j \in L_i$*

qui sont actifs ($S_j^k = 1$). Pour représenter la somme $\sum_{j \in L_i} w_{ij}.S_j^k$, nous introduisons $2^{|L_i|}$ variables indépendantes dans $\mathbf{Sum_{i,l_i}} = \sum_{j \in L_{i,l_i}} w_{ij}$.

Exemple 2. Dans l'exemple donné sur la Figure 9.2, l'ensemble des nœuds interagissant avec g_1 est $L_1 = \{1, 2, 3\}$. Par conséquent, il y a $2^3 = 8$ sous-ensembles possibles L_{1,l_1} et donc 8 nouvelles variables, par exemple : $Sum_{1,011} = w_{12} + w_{13}$, et $Sum_{1,101} = w_{11} + w_{13}$.

Définition 3. Nous introduisons un second type de variables : $\mathbf{InContext_{i,l_i}^k}$ $= (\bigwedge_{j \in L_{i,l_i}} S_j^k) \wedge (\bigwedge_{j' \in L_i \setminus L_{i,l_i}} \neg S_{j'}^k)$. Ces variables sont booléennes : $InContext_{i,l_i}^k$ est vrai quand l'état S^k appartient au contexte défini par l_i. Étant donné un nœud g_i, un état S^k appartient à un et un seul contexte. Pour chaque état S^k, il y a $2^{|L_i|}$ variables $InContext_{i,l_i}^k$, c'est-à-dire une pour chaque contexte de g_i. L'union des $2^{|L_i|}$ contextes $Context_{i,l_i}$ associés au nœud g_i est égale à l'ensemble de l'espace des états. Quand la requête contient plusieurs états formels $S^1, ..., S^k, ..., S^{k'}, ...$, tel que c'est le cas fréquemment (voir ci-dessous), l'index k de l'état du réseau spécifie à partir de quel état est définie la variable $InContext_{i,l_i}^k$.

Contrainte 2. : $transition(H, S^k, S^{k'}) \Leftrightarrow$
$\bigwedge_i \bigwedge_{l_i} InContext_{i,l_i}^k \Rightarrow (S_i^{k'} \Leftrightarrow Sum_{i,l_i} > \theta_i)$

La Contrainte 2 est directement déduite de la Contrainte 1 grâce aux définitions 2 et 3 de Sum_{i,l_i} et $InContext_{i,l_i}^k$.
Déduire la Contrainte 1 à partir de la Contrainte 2 n'est pas trivial. $Sum_{i,l_i} = \sum_{j \in L_i} w_{ij} S_j^k$ (la partie droite de la Contrainte 2) peut être remplacée par $InContext_{i,l_i}^k \Rightarrow (S_i^{k'} \Leftrightarrow \sum_{j \in L_i} w_{ij} S_j^k > \theta_i)$. Un état S^k appartient à un et un seul $Context_{i,l_i}$ (en d'autre termes, l'ensemble des contextes $Context_{i,l_i}$ sur tous les l_i possibles est une partition de l'espace des états). Par conséquent, étant donné un nœud g_i et un état S^k, il existe exactement une seule variable $InContext_{i,l_i}^k$, qui est évaluée à 'vrai' (parmi les $2^{|L_i|}$ variables associées au nœud g_i et à l'état S^k). A partir de là et de la conjonction des implications ci-dessus, nous déduisons ($S_i^{k'} \Leftrightarrow Sum_{i,l_i} > \theta_i$) et donc la Contrainte 1.
La Contrainte 2 est le bloc élémentaire pour la construction de requêtes plus élaborées.
Nous introduisons à présent le prédicat suivant, qui est vrai si la liste des q états P est un chemin du réseau H :

Contrainte 3. : $path(H, P, q) \Leftrightarrow$
$\bigwedge_{k \in 1..q-1} transition(H, P^k, P^{k+1})$,
où P^k est le $k^{ème}$ élément de P

Afin d'exprimer notre problème à l'aide seulement d'entiers non signés, nous représentons les variables entières signées (θ_i et w_{ij} par exemple) par un couple (σ, V), où σ est un booléen qui est vrai, si et seulement si l'entier signé représenté est positif ou nul, et V est la valeur absolue de cet entier signé représenté. Deux autres prédicats sont encore à définir : un qui est défini dans la Contrainte 4, pour formaliser l'addition de deux entiers signés X et Y (utilisés pour formaliser $\sum_j w_{ij}$), et un autre qui est défini dans la Contrainte 5, pour formaliser "B équivalent à $X > Y$", avec X et Y deux entiers signés (utilisés pour formaliser $Sum_i^l > \theta_i$).

Contrainte 4. : *Cette contrainte est utilisée pour formaliser la somme des poids $\sum_j w_{ij}$ (où les poids sont des entiers) sous la forme d'une formule booléenne. Elle n'est vraie que si X, Y et XpY sont des variables entières signées, représentées par un couple (σ, V), et si XpY est égale à $X + Y$.*

$c\_sgn\_AddXYZ(X, Y, XpY)$
$\overset{\text{def}}{\Leftrightarrow} \quad X = (\sigma_X, V_X) \wedge$
$\qquad Y = (\sigma_Y, V_Y) \wedge$
$\qquad XpY = (\sigma_{XpY}, V_{XpY}) \wedge$
$\qquad B_{le} \Leftrightarrow V_X \leq V_Y \wedge$
$\qquad B_{ge} \Leftrightarrow V_X \geq V_Y \wedge$
$\qquad minmax\_B\_le(V_X, V_Y, B_{le}, Min_{V_X,V_Y}, Max_{V_X,V_Y}) \wedge$
$\qquad V1_{XpY} = V_X + V_Y \wedge$
$\qquad V2_{XpY} = Max_{V_X,V_Y} - Min_{V_X,V_Y} \wedge$
$\qquad (\sigma_X \Leftrightarrow \sigma_Y) \Rightarrow (V_{XpY} = V1_{XpY}) \wedge$
$\qquad (\sigma_X \nLeftrightarrow \sigma_Y) \Rightarrow (V_{XpY} = V2_{XpY}) \wedge$
$\qquad \sigma_{XpY} \Leftrightarrow (\sigma_X \wedge \sigma_Y) \vee (\sigma_X \wedge B_{ge}) \vee (\sigma_Y \wedge B_{le})$

$minmax\_B\_le(V_X, V_Y, B_{le}, Min, Max)$
$\overset{\text{def}}{\Leftrightarrow} \quad (B_{le} \wedge Min = V_X \wedge Max = V_Y) \vee$
$\qquad (\neg B_{le} \wedge Min = V_Y \wedge Max = V_X)$

Contrainte 5. : *Cette contrainte (la contrainte entière signée est appelée $c\_sgn\_SupXYB(X, Y, B)$) est utilisée pour formaliser la somme des seuils $Sum_{i,l_i} > \theta_i$ (où les seuils sont des entiers signés) sous la forme d'une formule booléenne. Elle est vraie, si X et Y sont des variables entières signées, représentées par un couple (σ, V), B étant un booléen équivalent à $X > Y$*

$c\_sgn\_SupXYB(X, Y, b)$

$$\overset{\text{def}}{\Leftrightarrow} \quad X = (\sigma_X, V_X) \wedge$$
$$Y = (\sigma_Y, V_Y) \wedge$$
$$b \Leftrightarrow$$
$$(\sigma_X \wedge \neg \sigma_Y) \vee$$
$$(\sigma_X \wedge V_X > V_Y) \vee$$
$$(\neg \sigma_Y \wedge V_X < V_Y)$$

Les contraintes ci-dessus ont chacune une arité supérieure ou égale à 3, mais elles peuvent être décomposées en contraintes binaires ou ternaires par un processus appelé la réification. Par exemple, la contrainte d'arité 4 $(X < Y \Leftarrow Z < Y)$ est équivalente à $(B1 \Leftrightarrow X < Y) \wedge (B2 \Leftrightarrow Z < Y) \wedge (B1 \Leftarrow B2)$, une conjonction de contraintes binaires et ternaires comportant deux nouvelles variables booléennes. La formalisation en entiers non signés avec la réification des contraintes est transformée en une formule normale conjonctive, comme cela est présenté dans (Corblin et al., 2010, 2011a). Cette implémentation utilise l'environnement SICStus Prolog, où les contraintes sont encodées via la librairie CLP(FD) (Acronyme de Constraint Logic Programming (Finite Domain)) (Carlsson et al., 1997; Apt, 2003). Le solveur SAT utilisé est MiniSAT (Eén et Sörensson, 2004; Eén et Biere, 2005).

9.3 Résultats

Dans cette section, deux exemples de requêtes sont décrits. Dans les deux cas, nous sommes dans des réseaux Hopfield-semblables et dans le cas d'une mise à jour en parallèle. Les autres types de mise à jour peuvent être implémentés en rajoutant des nouvelles contraintes. Pour toutes les requêtes présentées ci-dessous, l'ensemble de toutes les instanciations solutions est obtenu.

9.3.1 Cycle limite

Un comportement typique du réseau auquel on peut s'attendre est un cycle limite d'une taille donnée, c'est-à-dire ayant un nombre donné de transitions. La Contrainte 6 définit $limit\_cycle(H, C, p)$, qui est vraie si et seulement si C est un cycle limite de taille p produit par le réseau H.

Contrainte 6. : $limit\_cycle(H, C, p) \Leftrightarrow$
$(C = [S^1, S^2, ..., S^{p+1}]) \wedge (path(H, C, p)) \wedge (C = [S^1|C^{\backslash 1}]) \wedge all\_different(C^{\backslash 1}) \wedge (S^1 = S^{p+1})$

où $all\_different(C^{\backslash 1})$ est vrai si et seulement si tous les états dans la liste $C^{\backslash 1}$ sont différents, et $C^{\backslash 1}$ est C privé de son premier élément.

Des réseaux qui satisfont la Contrainte 6 existent. Un exemple de solution pour un réseau de 3 nœuds et dans le cas de $p = 2^n$ (la longueur du cycle limite est égale au nombre d'états possibles, c'est-à-dire $p = 2^3 = 8$) est donné dans la Figure 9.4.

Dans le cas où $p = 2^n$, le cycle limite que nous cherchons à obtenir est un

$$W = \begin{bmatrix} \text{-1} & 1 & 1 \\ \text{-1} & 1 & \text{-1} \\ 1 & 1 & 1 \end{bmatrix}, \ \theta = \begin{bmatrix} 0 \\ \text{-1} \\ 1 \end{bmatrix}$$

$$
\begin{array}{ccccc}
\langle 0,0,0 \rangle & \rightarrow & \langle 0,1,0 \rangle & \rightarrow & \langle 1,1,0 \rangle \\
\uparrow & & & & \downarrow \\
\langle 1,0,0 \rangle & & & & \langle 0,1,1 \rangle \\
\uparrow & & & & \downarrow \\
\langle 0,0,1 \rangle & \leftarrow & \langle 1,0,1 \rangle & \leftarrow & \langle 1,1,1 \rangle
\end{array}
$$

FIGURE 9.4 – Un exemple de réseau ayant tous ses états dans un seul cycle limite de taille 8.

des plus longs, vu qu'il contient l'intégralité des états possibles du réseau (8 états). Dans ce cas, la contrainte $S^1 = S^{p+1}$ est redondante, parce qu'elle est une conséquence de la conjonction des contraintes qui la précèdent. En fait, $C^{\backslash 1}$ contient tous les états possibles de l'espace des états, vu qu'il s'agit d'une liste de $p = 2^n$ états différents. Par conséquent, S^1 est égal à un des états S^2, ..., S^{p+1}. Par ailleurs, le formalisme que nous considérons est déterministe, c'est-à-dire qu'un état donné ne peut avoir qu'un seul successeur, ainsi S^1 ne peut pas être égal à S^k avec $2 \le k \le p$, car autrement cet état S^k aurait deux successeurs possibles, S^2 et S^{k+1}, et ces deux états ne peuvent pas être égaux vu la présence du prédicat *all_different* dans la requête. Nous en déduisons que S^1 est nécessairement égal à S^{p+1}. Cette contrainte est donc redondante. Pourtant, inclure des contraintes redondantes dans la requête peut faciliter le mécanisme de propagation de contraintes du solveur et donc accélérer le calcul. De plus, cela rend la contrainte plus facile à comprendre.

La requête 1 est la conjonction de la Contrainte 6 et de contraintes supplémentaires sur les signes des paramètres du réseau (seuils et poids).

Requête 1. *Recherche d'un cycle limite C de longueur p avec des contraintes sur les signes des poids W et des seuils T :*

$$H = [W, T] \quad \wedge \quad positive(W) \quad \wedge \quad positive(T) \quad \wedge \quad limit\_cycle(H, C, p)$$

La requête 1 a plusieurs solutions en termes de valeurs des paramètres.

Une solution est donnée sur la partie inférieure de la Figure 9.5.
Nous explorons l'effet des contraintes sur les signes, sur la longueur des cycles

	$\theta_j < 0$	$\theta_j \geq 0$	$\forall\, \theta_j$
$W_{ij} \leq 0$	2,3,6,8	Pas de cycle	2,3,6,8
$W_{ij} \geq 0$	Pas de cycle	2,3	2,3
$\forall\, W_{ij}$	2..8	2,3,4,5,6,8	2..8

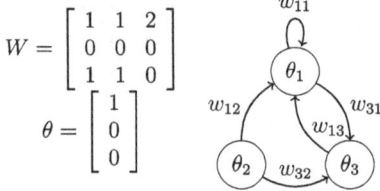

$$W = \begin{bmatrix} 1 & 1 & 2 \\ 0 & 0 & 0 \\ 1 & 1 & 0 \end{bmatrix}$$

$$\theta = \begin{bmatrix} 1 \\ 0 \\ 0 \end{bmatrix}$$

FIGURE 9.5 – **En haut**, les longueurs possibles des cycles limites sous des contraintes de signes sur les poids et les seuils, dans le cas d'une mise à jour en parallèle d'un réseau comportant 3 nœuds. **(En bas)**, le système correspond au cas $W_{ij} \geq 0$ et $\theta_j \geq 0$ (en surbrillance) et possède un cycle de taille 2 (100↔001).

limites. Dans le cas d'une insatisfiabilité, les contraintes sur les signes doivent être supprimées pour trouver des cycles limites. Ce genre d'étude permettrait éventuellement de créer un lien entre la structure et le comportement du réseau. Pour un réseau de 3 nœuds, nous avons effectué plusieurs résolutions, en fonction de différentes combinaisons sur les signes des contraintes. Les résultats sont donnés sur la Figure 9.5. Étant donné un réseau de taille 3, aucun cycle limite n'est obtenu pour des poids positifs et des seuils négatifs ou pour des poids négatifs et des seuils positifs. Thomas (1980) a conjecturé qu'un circuit négatif (comportant un nombre impair d'inhibitions) est une condition nécessaire pour une périodicité stable (un cycle limite stable). Cette conjecture a été prouvée mathématiquement dans le contexte des réseaux discrets et dans le cas d'une mise à jour séquentielle (Remy et al., 2008; Richard, 2010). L'exemple donné dans la Figure 9.5 (en bas) montre que cela n'est pas vérifié dans le cas d'une mise à jour en parallèle.

9.3.2 Définition du réseau de régulation de la morphogenèse florale d'*Arabidopsis thaliana*

Trouver un modèle de réseau de régulation peut être aisément fait par une approche fondée sur les contraintes (Corblin et al., 2009). Mendoza et Alvarez-Buylla (1998) ont construit un modèle de la morphogénèse de la fleur d'*Arabidopsis thaliana* en utilisant des algorithmes génétiques sur des populations de réseaux. Ils ont gardé la solution qui minimisait la distance avec les observations expérimentales et qui était consistante avec un modèle existant appelé le modèle *ABC* (Coen et Meyerowitz, 1991). Les paramètres et le comportement de ce réseau, dans le cas d'une mise à jour parallèle, sont montrés sur la Figure 9.6. Ici, nous espérons obtenir l'ensemble des réseaux ayant au moins le comportement décrit dans Mendoza et Alvarez-Buylla (1998), en utilisant notre approche. Nous synthétisons les connaissances qu'ont utilisées ces auteurs sous la forme de contraintes. Ils ont commencé par des connaissances sur la structure, qui sont des inégalités sur les poids des interactions entre les différents gènes qui sont impliqués dans la régulation de la morphogenèse de la fleur d'*Arabidopsis thaliana*. Puis, ils comparent les comportements obtenus par simulation avec le comportement issu du modèle *ABC* (Coen et Meyerowitz, 1991). Le modèle *ABC* postule l'existence de 3 types d'activités qui correspondent à différents organes de la fleur ; l'activité de *A* correspond aux sépales, l'activité conjointe de *A* et *B* correspond aux pétales, l'activité conjointe de *B* et *C* correspond aux étamines et finalement l'activité de *C* correspond aux pistils. Dans le cas d'*Arabidopsis thaliana*, *A* correspond à l'expression du gène *AP1* (4eme nœud), *B* correspond à l'expression conjointe de *AP3* et *PI* (10eme et 11eme nœuds) et *C* correspond à l'expression de *AG* (9eme nœud). En plus de ces connaissances, les auteurs introduisent le graphe des interactions existantes (avec des poids non nuls) (Figure 9.7). Beaucoup des contraintes qu'ont introduites Mendoza et Alvarez-Buylla (1998) n'ont pas de sens ! Ces auteurs ont mis des inégalités entre des poids qui n'interagissent pas sur le même nœud. Seules les inégalités entre des interactions qui agissent sur un même nœud doivent être retenues. Par exemple, les poids a et b correspondent à des interactions qui agissent sur deux nœuds différents : a agit sur le nœud 4, tandis que b agit sur le nœud 3. À l'opposé, les poids e et n peuvent être comparés, puisque les deux agissent sur le nœud 11. Néanmoins, nous comprenons ce que veulent dire les auteurs : probablement, comme beaucoup de biologistes, ils voulaient décrire par les valeurs des poids l'intensité relative des interactions entre les gènes qui agissent sur différentes cibles, puisque cela a du sens d'un point de vue biologique. Un gène g_1 peut être beaucoup plus sensible à l'action d'un produit de gène g_2, qu'un autre gène g_3 l'est par rapport au produit d'un gène g_4, ceci

$$W_A = \begin{bmatrix} 1 & 0 & 0 & 0 & 0 & 0 & 0 & 0 & 0 & 0 & 0 & 0 \\ 1 & 0 & -2 & 0 & 0 & 0 & 0 & 0 & 0 & 0 & 0 & 0 \\ -2 & -1 & 0 & 2 & 1 & 0 & 0 & 0 & 0 & 0 & 0 & 0 \\ -1 & 0 & 5 & 0 & 0 & 0 & 0 & 0 & -1 & 0 & 0 & 0 \\ 0 & 0 & 2 & 0 & 0 & 0 & 0 & 0 & 0 & 0 & 0 & 0 \\ 0 & 0 & 0 & 0 & 0 & 0 & 0 & 0 & 0 & 0 & 0 & 0 \\ 0 & 0 & 0 & 0 & 0 & 0 & 0 & 0 & 0 & 0 & 0 & 0 \\ 0 & 0 & 0 & 0 & 0 & 0 & 0 & 0 & 0 & 1 & 1 & 0 \\ 0 & -2 & 1 & -2 & 0 & -1 & 0 & 0 & 0 & 0 & 0 & 0 \\ 0 & 0 & 3 & 0 & 0 & 0 & 2 & 1 & 0 & 0 & 0 & -2 \\ 0 & 0 & 4 & 0 & 0 & 0 & 1 & 1 & 0 & 0 & 0 & -1 \\ 0 & 0 & 0 & 0 & 0 & 0 & 0 & 0 & 0 & 0 & 0 & 0 \end{bmatrix} \qquad \theta_A = \begin{bmatrix} 0 \\ 0 \\ 3 \\ -1 \\ 1 \\ 0 \\ 0 \\ 1 \\ -1 \\ 0 \\ 0 \\ 0 \end{bmatrix}$$

Comportement de A :

#	Attractor	Cell Type	Size
F1	000100000000	Sepal	168
F2	000000001000	Carpel	24
F3	000100010110	Petal	248
F4	000000011110	Stamen	8
F5	110000010110	Mutant	384
F6	110000000000	No Flower	384
C1	000000000000 000100001000	—	192
C2	000100001110 000000010000	—	272
C3	110000000110 110000010000	—	1280
C4	000100000110 000100010000	—	800
C5	000000001110 000000011000	—	32
C6	000000000110 000100011000	—	176
C7	000100011110 000000010110	—	128

FIGURE 9.6 – **Paramètres du réseau A et ses comportements.** A est le réseau obtenu par Mendoza et Alvarez-Buylla (1998).

étant dû aux différents niveaux d'expression de g_1 et g_3, et aux différentes efficacités des promoteurs de g_2 et g_4.

Pour être en adéquation avec le formalisme de Hopfield, nous pouvons garder les comparaisons qui sont permises (voir la Contrainte 7), c'est-à-dire celles qui concernent des poids situés sur une même ligne de la matrice des interactions, vu que les poids traduisent un ordre d'importance dans l'activation ou l'inhibition d'un gène. Comparer les poids d'interactions agissant sur différents nœds cibles implique qu'on les interprète comme des paramètres quantitatifs. Cela n'est pas le cas dans le formalisme des réseaux Hopfield-semblables qui est un formalisme de modélisation qualitative pour les réseaux de régulation génétique.

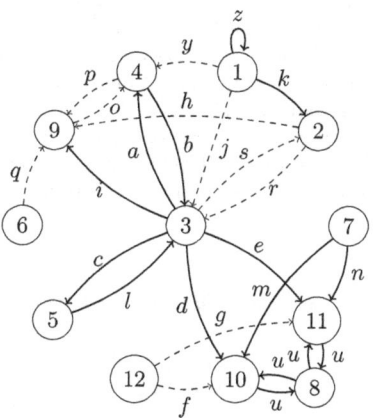

FIGURE 9.7 – **Le graphe d'interaction du réseau de régulation de la morphogénèse de la fleur d'*Arabidopsis thaliana*.** (*cf.* Mendoza et Alvarez-Buylla (1998)). Les arcs continus (resp. discontinus) représentent les activations (resp. inhibitions). Les lettres sur les arcs identifient les poids (ces variables sont utilisées dans la Contrainte 7). Selon les auteurs, les gènes 1 à 12 correspondent, suivant le même ordre, à *EMF1, TFL1, LFY, AP1, CAL, LUG, UFO, BFU* (la fonction logique *AND*), *AG, AP3, PI* and *SUP*.

Nous définissons deux contraintes : la première concerne les connaissances structurelles et la seconde concerne les connaissances sur le comportement. Dans ces deux contraintes, nous exprimons les connaissances utilisées par les auteurs et nous supposons que les seuils des sources sont nuls. Les sources sont des gènes non régulés (du moins dans ce système). Il s'agit des gènes 6,7 et 12 et du gène auto-régulé 1. La valeur de leur seuil est imposée à zéro, pour éviter qu'ils ne s'expriment de manière permanente parce qu'ils ne sont pas régulés par d'autres gènes dans ce réseau. Le cas d'une expression permanente des sources (frontières) est intéressant, mais il correspond à une étude de la robustesse face aux bruits et aux perturbations externes (Ben Amor et al., 2008, 2009). Par conséquent, ceci est en dehors de notre objectif ici. Les contraintes sur les dynamiques imposent l'existence d'au moins 4 points fixes différents, correspondant aux 4 tissus floraux : pistils, étamines, sépales et pétales. Dans la Contrainte 8, nous choisissons de garder la possibilité d'existence d'attracteurs points fixes et cycles limites supplémentaires. Ceci permet notablement de trouver d'autres tissus, comme le tissu mutant 'aucune fleur', comme cela est illustré dans la Figure 9.7. Évidemment, des contraintes sur le comportement peuvent être rajoutées, de telle manière que le comportement final ne contienne que 4 points fixes et aucun cycle limite (*NB.* nous n'avons trouvé aucune solution ne comportant aucun cycle limite). Les connaissances structurelles et les contraintes supplémentaires sur les gènes sources sont illustrées dans la Contrainte 7 et le comportement décrit par le modèle *ABC* est exprimé dans la Contrainte 8.

Contrainte 7. *:*
$$structure(H) \overset{\text{def}}{\Leftrightarrow}$$
Un modèle est une liste de poids et de seuils
$$H = [W, T] \wedge$$
$$W = [a, b, c, d, e, f, g, h, i, j, k, l, m, n, o, p, q, r, s, u, u, u, u, y, z] \wedge$$
$$T = [\theta_1, \theta_2, \theta_3, \theta_4, \theta_5, \theta_6, \theta_7, \theta_8, \theta_9, \theta_{10}, \theta_{11}, \theta_{12}] \wedge$$

Contraintes sur les poids
$$a > b \wedge a > c \wedge a > d \wedge a > e \wedge a > |o| \wedge$$
$$b > l \wedge$$
$$c > l \wedge$$
$$d > |f| \wedge d > m \wedge d > n \wedge$$
$$e > d \wedge e > n \wedge e > |g| \wedge$$
$$|f| > |g| \wedge$$
$$|h| > i \wedge$$
$$|j| > k \wedge$$
$$m > n \wedge$$
$$|p| > |q| \wedge$$
$$|s| > |r| \wedge$$
$$u = 1 \wedge$$

$Tu = 1 \wedge$
$z = 1 \wedge$

Contraintes sur les seuils des gènes sources
$\theta_1 = 0 \wedge$
$\theta_6 = 0 \wedge$
$\theta_7 = 0 \wedge$
$\theta_{12} = 0 \wedge$

Contraintes sur le seuil de BFU
$\theta_8 = 1$

BFU est la fonction booléenne AND : le $8^{\text{ème}}$ nœud a été introduit par Mendoza et Alvarez-Buylla (1998) pour représenter la protéine hétérodimérique formée par AP3 ($10^{\text{ème}}$ nœud) et PI ($11^{\text{ème}}$ nœud). Ce complexe forme un facteur de transcription actif. Les auteurs ont formalisé cela par la fonction logique AND agissant en retour sur AP3 et PI. Les poids et les paramètres de ce motif hypothétique dans le réseau sont bien définis. Ce choix est fait de telle manière que nous pouvons exprimer la formation du complexe dans un modèle de Hopfield. Tous les poids du réseau d'interaction de ce motif sont égaux à 1 et le seuil d'activation de BFU est égal à 1. L'introduction de ce nœud implique que la fonction B (comme définie précédemment) est l'expression de BFU ou (inclusivement) l'expression conjointe de PI et AP3. Toutes les contraintes, y compris celles rajoutées par Mendoza et Alvarez-Buylla (1998) et qui n'ont pas de sens (en gris), sont montrées. Nous gardons uniquement les contraintes structurelles qui ont du sens (en noir), c'est-à-dire celles qui impliquent des poids intervenant dans la même fonction de transition locale.

Contrainte 8. *: dynamic(H)* $\overset{\text{def}}{\Leftrightarrow}$

$$transition(H, S^1, S^1) \land \qquad Points \quad fixes$$
$$transition(H, S^2, S^2) \land$$
$$transition(H, S^3, S^3) \land$$
$$transition(H, S^4, S^4) \land$$
$$abc\_function_A(S^1) \land \qquad Attracteur \quad sepale$$
$$\neg \; abc\_function_B(S^1) \land$$
$$\neg \; abc\_function_C(S^1) \land$$
$$abc\_function_A(S^2) \land \qquad Attracteur \quad petale$$
$$abc\_function_B(S^2) \land$$
$$\neg \; abc\_function_C(S^2) \land$$
$$\neg \; abc\_function_A(S^3) \land \qquad Attracteur \quad etamine$$
$$abc\_function_B(S^3) \land$$
$$abc\_function_C(S^3) \land$$
$$\neg \; abc\_function_A(S^4) \land \qquad Attracteur \quad pistil$$
$$\neg \; abc\_function_B(S^4) \land$$
$$abc\_function_C(S^4)$$

Le prédicat $abc\_function_A(S)$ (resp. $abc\_function_B(S)$ et $abc\_function_C(S)$) est vrai, si et seulement si l'élément 4 dans S est vrai (resp. 10 et 11 dans S sont vrais, 9 dans S est vrai).

La Requête 2 ci-dessous est la conjonction des deux Contraintes 7 et 8. Nous demandons à avoir les cas de satisfiabilité des deux contraintes, la contrainte structurelle et la contrainte sur les comportements :

Requête 2. : $dynamic(H) \quad \land \quad structure(H)$

Étant donné un certain intervalle des valeurs des paramètres (par exemple, les poids peuvent être choisis dans l'intervalle $[-10, 10]$ ou dans un intervalle plus petit comme $[-2, 2]$), l'ensemble des modèles peut être très grand, mais néanmoins il comporte des solutions redondantes. En effet, des valeurs différentes des paramètres (poids et seuils) peuvent donner exactement le même graphe de transition. Deux modèles sont équivalents, quand ils ont la même fonction de transition (le même comportement). Ceci nous amène à utiliser la notion de 'modèle minimal' dans les réseaux d'automates à seuils entiers (Elena, 2009). Un modèle M, défini par un vecteur des seuils θ et une matrice des poids W, est appelé minimal, s'il n'y a pas d'autre modèle équivalent M', défini par un vecteur des seuils θ' et une matrice des poids W' tel que $\exists \; i \; / \; |\theta_i| > |\theta'_i|$ or $\exists \; i, j \; / \; |w_{ij}| > |w'_{ij}|$.

En utilisant seulement les contraintes sur la structure (la Contrainte 7) et en prenant en compte le plus petit intervalle d'entiers pour les poids et les seuils qui peuvent modéliser une fonction de transition à k arguments (par exemple, les fonctions à 3 arguments que peut simuler un automate à seuil, sont toutes instanciable dans l'intervalle des poids $[-2; 2]$ et l'intervalle des seuils $[-3; 2]$) ; plus de $37.3 \, 10^{10}$ modèles (non encore réduits) sont compatibles avec les connaissances structurelles sur le réseau d'*Arabidopsis thaliana*. Après le rajout des connaissances dynamiques (la Contrainte 8), il reste seulement 3360 modèles, décrivant la morphogénèse florale d'*Arabidopsis thaliana*, y compris des modèles redondants. En utilisant la procédure de minimisation de modèles décrite dans Elena (2009) et Glade et al. (2011), nous nous sommes assurés qu'il ne restait plus de modèles redondants. Après cette réduction finale, il ne restait plus que 532 solutions minimales, toutes ayant des graphes de transition différents. Toutes ces solutions convergent vers les 5 points stationnaires, décrivant les 4 tissus floraux et l'absence de tissus, mais quelques unes exhibent d'autres points stationnaires supplémentaire et différents cycles limites. Le modèle de Mendoza n'appartient pas à ces solutions, parce que certaines de ses contraintes (celles qui n'ont pas de sens) sont insatisfiables.

Le modélisateur peut rajouter aussi d'autres critères s'il juge que seulement un ou quelques modèles doivent être choisis. Par exemple, on peut décider de prendre un critère de robustesse dynamique R, défini par une fonction des tailles des bassins d'attraction des différents tissus. Ce critère serait une mesure de la robustesse structurelle (par exemple, plus la taille d'un bassin d'attraction est grande, plus il est robuste) (Glade et al., 2011). Pour illustrer ceci, une des solutions est montrée sur la Figure 9.8.

9.4 Conclusions

Nous avons montré comment différentes requêtes peuvent être implémentées sous la forme d'un ensemble de contraintes ; les connaissances initiales sont écrites de manière naturelle en utilisant ce paradigme. Nous sommes capables d'imposer des contraintes qui concernent les comportements et la structure, afin d'avoir l'ensemble des solutions consistantes avec les connaissances biologiques. Cet ensemble peut être encore réduit jusqu'à arriver à une solution unique, via le rajout d'hypothèses et de nouvelles connaissances.

En général, les connaissances initiales ne sont pas complètes (pour le bonheur des modélisateurs) et on aura plus d'une solution. Il est tout de même possible de n'en avoir aucune ; c'est typiquement le cas quand les connaissances initiales contiennent une contradiction. En montrant que le modèle de Mendoza de la morphogénèse florale d'*Arabidopsis thaliana* n'est pas unique (tous les modèles instanciés obtenus satisfont les contraintes utilisées par Mendoza et

$$W_{H_s} = \begin{bmatrix}
1 & 0 & 0 & 0 & 0 & 0 & 0 & 0 & 0 & 0 & 0 & 0 \\
1 & 0 & -1 & 0 & 0 & 0 & 0 & 0 & 0 & 0 & 0 & 0 \\
-1 & -1 & 0 & 3 & 2 & 0 & 0 & 0 & 0 & 0 & 0 & 0 \\
-1 & 0 & 2 & 0 & 0 & 0 & 0 & -1 & 0 & 0 & 0 & 0 \\
0 & 0 & 1 & 0 & 0 & 0 & 0 & 0 & 0 & 0 & 0 & 0 \\
0 & 0 & 0 & 0 & 0 & 0 & 0 & 0 & 0 & 0 & 0 & 0 \\
0 & 0 & 0 & 0 & 0 & 0 & 0 & 0 & 0 & 0 & 0 & 0 \\
0 & 0 & 0 & 0 & 0 & 0 & 0 & 0 & 1 & 1 & 0 \\
0 & -3 & 1 & -2 & 0 & -1 & 0 & 0 & 0 & 0 & 0 & 0 \\
0 & 0 & 2 & 0 & 0 & 0 & 1 & 3 & 0 & 0 & 0 & -1 \\
0 & 0 & 2 & 0 & 0 & 0 & 1 & 3 & 0 & 0 & 0 & -1 \\
0 & 0 & 0 & 0 & 0 & 0 & 0 & 0 & 0 & 0 & 0 & 0
\end{bmatrix} \qquad \theta_{H_s} = \begin{bmatrix} 0 \\ 0 \\ 0 \\ -1 \\ 0 \\ -1 \\ -1 \\ 1 \\ -2 \\ 3 \\ 3 \\ 0 \end{bmatrix}$$

Comportements de H_s :

#	Attractor	Cell Type	Size
F1	001111100000	Sepal	630
F2	000001101000	Carpel	42
F3	001111110110	Petal	126
F4	000001111110	Stamen	2
F5	110001100000	NoFlower	252
F6	101111100000	—	240
F7	101111110110	—	80
F8	110001110110	—	12
C1	001001100000 001111101000	—	384
C2	111001100000 100111100000	—	564
C3	000111101110 001001110000	—	152
C4	111001110000 100111100110	—	284
C5	001111100110 001111110000	—	588
C6	101111110000 101111100110	—	320
C7	110001110000 110001100110	—	120
C8	111001100110 100111110000	—	108
C9	000001101110 000001111000	—	20
C10	001001100110 000111111000	—	72
C11	000111111110 001001110110	—	32
C12	111001110110 100111110110	—	68

FIGURE 9.8 – **Paramètres du réseau H_s et de ses comportements.** H_s est une instanciation sélectionnée (à partir de la maximisation d'un critère de robustesse R qui prend en compte la taille des bassins d'attraction des tissus floraux et du tissus "non floral") à partir de l'ensemble des solutions consistantes qu'on obtient.

Alvarez-Buylla (1998), en supprimant les contraintes qui n'ont pas de sens), et que d'autres comportements possibles existent (des attracteurs cycliques supplémentaires qui peuvent correspondre à des activités rythmiques de l'activité cellulaire), nous projetons de mettre en garde les biologistes contre une acceptation trop confiante en leur modèle. Les biologistes construisent leurs modèles en suivant des approches par essais et erreurs, qui peuvent converger progressivement sur un seul modèle plausible, qui pourrait devenir une référence dans la littérature. Nous insistons sur le fait que la plupart du temps, leurs modèles ne sont pas uniques. La technique présentée ici constitue un outil performant pour inférer de nouvelles propriétés et suggérer de nouvelles expériences aux biologistes. Quelques uns parmi nous ont appliqué cette approche pour la modélisation du stress nutritionnel du réseau d'*E. coli*, en utilisant le formalisme de R. Thomas (Corblin et al., 2009).

Ici, nous avons utilisé dans le contexte des approches par contraintes, le formalisme des réseaux Hopfield-semblables. Ceci est une nouveauté qui élargit le champ des applications possibles. Nous projetons d'appliquer cette technique à un formalisme plus large, qui pourrait inclure des automates à seuil, mais aussi des fonctions booléennes simples (*AND, OR, XOR*, ...) ou complexes (des modules composés de plusieurs fonctions logiques).

L'ensemble des solutions peut être grand. Dans ce cas, il n'est ni possible, ni utile, d'énumérer toutes les solutions. Dans le cas du réseau de régulation de la morphogénèse de la fleur d'*Arabidopsis thaliana*, il est possible d'effectuer des énumérations et d'appliquer des critères supplémentaires d'optimisation. Comme cela est indiqué par Alon (2003), la modularité et l'utilisation des circuits récurrents sont des principes communs aux réseaux biologiques et aux réseaux conçus par ingénierie. Nous pouvons prendre avantage de ces principes pour réduire le nombre des modèles ou pour concevoir de nouveaux réseaux Hopfield-semblables, en utilisant la récurrence des modules comme contraintes supplémentaires. Par ailleurs, plusieurs modèles sont très similaires et ne sont pas différentiables, à moins d'avoir des données biologiques précises.

Nous allons développer maintenant des critères de classification et de taxonomie, en considérant des probabilités de transition entre les états et la taille des bassins d'attractions (critère de robustesse), afin d'extraire la meilleure instance (la plus centrée) ou un modèle médian.

Finalement, nous nous sommes concentrés sur le mode de mise à jour parallèle, mais d'autres modes de mise à jour plus intéressants et biologiquement adaptés devraient être considérés comme le mode de mise à jour bloc-séquentiel et le mode de mise à jour bloc-parallèle (Demongeot et al., 2008). Enfin, un effort supplémentaire devrait être effectué pour proposer un ensemble d'outils logiciels graphiques afin de convertir les données biologiques en une notation appropriée pour les solveur SAT, éventuellement pour construire un carnet de laboratoire intelligent.

Chapitre 10

Taxonomie des réseaux de régulation génétique

Sommaire

Au Chapitre 9, nous avons décrit et appliqué une approche par contrainte pour la détermination des réseaux Hopfield-semblables. Une application a été consacrée à la détermination du réseau de régulation de la morphogenèse de la fleur d'*Arabidopsis thaliana* (Mendoza et Alvarez-Buylla, 1998). Les connaissances initiales sur la dynamique et la structure du réseau provenaient de Mendoza et Alvarez-Buylla (1998) (voir la Figure 10.1). Nous les avons traduites en connaissances de structure (l'architecture du réseau et les inégalités entre les poids et les seuils) et en connaissances sur la dynamique. Nous avons aussi supprimé des contraintes qui n'avaient pas de sens (voir la Figure 10.1). Ces contraintes sont des inégalités entre les poids d'interaction agissant sur des nœuds différents (par exemple l'inégalité $a > b > l > 0$). Les contraintes dynamiques sont telles que le réseau doit tendre vers 4 tissus physiologiques (points stationnaires), qui correspondent aux pétales, sépales, pistils et étamines, ainsi qu'un autre point stationnaire qui correspond à l'absence de fleur, appelé attracteur 'no flower' par Mendoza et Alvarez-Buylla (1998). À l'issue de cette étude, toute une population de modèles a été trouvée. Elle compte environ 39 millions de modèles possibles, toutes compatibles avec les paramètres de structure, pour un intervalle de poids de

$[-10, 10]$. Quand nous ajoutons les connaissances dynamiques, cette population chute à 3360 modèles non minimaux. Finalement, parmi ces derniers, on ne garde que 532 modèles qui sont appelés modèles minimaux. Tous ces modèles convergent vers les points stationnaires observés expérimentalement, mais quelques-uns ont aussi d'autres points stationnaires et des cycles limites. Comme prévu, le modèle de Mendoza et Alvarez-Buylla (1998) n'appartient pas à cette population, à cause de la présence d'insatisfiabilité, engendrée par des inégalités qui n'ont pas de sens. Nous avons montré un de ces modèles à titre d'exemple. Dans ce chapitre, nous allons refaire un point sur la minimisation des modèles. Puis, nous verrons comment il est possible de faire une classification des différentes solutions obtenues. Cette classification peut se fonder sur un critère de robustesse, qui est une fonction de la taille des bassins d'attraction des différents tissus floraux. Cette classification permet une taxonomie des réseaux de régulation possibles. Nous allons discuter de l'importance de la taille des bassins d'attraction et de leur relation à la robustesse des réseaux biologiques.

Par ailleurs, nous reviendrons sur quelques points à ne pas négliger, quand on fait de la modélisation, même si le formalisme utilisé paraît simple.

10.1 Modèles minimaux

Deux modèles sont dits équivalents, quand ils exhibent les mêmes paysages dynamiques (comportements). Nous appelons intervalle des paramètres le plus petit intervalle $I \subset \mathbb{Z}$ auquel appartiennent tous les paramètres du modèle, c'est-à-dire les poids et les seuils. Un modèle O, ayant I_O comme intervalle des paramètres est dit minimal, s'il n'existe pas de modèle équivalent M ayant I_M comme intervalle des paramètres, tel que $I_M \subset I_O$ et $I_M \neq I_O$. Un exemple est donné sur la Figure 10.2, pour expliquer la notion de modèle minimal. Raisonner plutôt sur les modèles minimaux quand on veut formaliser les connaissances biologiques sur un réseau de régulation a plus de sens. Dans un modèle non minimal, le poids d'une interaction d'un gène g_1 sur un gène g_2 peut avoir une valeur non nulle, alors que la modification de l'état de g_1 n'induit aucune modification de l'état de g_2. L'interaction ne sera donc pas prise en compte. Un membre de notre équipe, le premier à avoir traité ce problème (Elena, 2009), a élaboré un algorithme de réduction permettant de passer d'un modèle (un réseau instancié) à un modèle minimal. Les connaissances sur les régulations et leur importance l'une par rapport à l'autre prennent plus de sens dans un modèle minimal. Nous rappelons que ce genre de comparaison dans les réseaux de Hopfield-semblables ne doit pas se faire entre des régulations ayant des gènes cibles différents. Seules

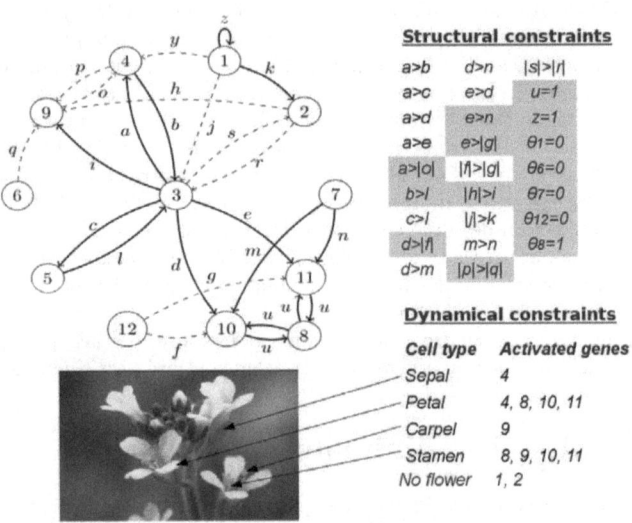

Structural constraints

a>b	d>n	|s|>|r|
a>c	e>d	u=1
a>d	e>n	z=1
a>e	e>|g|	θ1=0
a>|o|	|n|>|g|	θ6=0
b>l	|h|>i	θ7=0
c>l	|j|>k	θ12=0
d>|n|	m>n	θ8=1
d>m	|p|>|q|	

Dynamical constraints

Cell type	Activated genes
Sepal	4
Petal	4, 8, 10, 11
Carpel	9
Stamen	8, 9, 10, 11
No flower	1, 2

FIGURE 10.1 – **Réseau de Hopfield-semblable de la régulation de la morphogenèse de la fleur d'*Arabidopsis thaliana*. (En haut)** Le schéma du réseau de régulation comportant 12 nœuds, tel qu'illustré par Mendoza et Alvarez-Buylla (1998). **(En bas)** Une photographie de la fleur d'*Arabidopsis thaliana*. **(À droite)** La liste des contraintes structurelles et des contraintes dynamiques fournies par Mendoza et Alvarez-Buylla (1998). Nous indiquons, en surbrillance de gris, les contraintes structurelles que nous conservons dans les modèles minimaux. Toutes les contraintes sur la dynamique sont conservées. Les inégalités que nous avons rejetées concernent des interactions qui agissent sur différents nœuds cibles et n'ont pas de sens dans le formalisme des réseaux Hopfield-semblables.

les comparaisons impliquant des poids appartenant à une même ligne de la matrice des interactions ont du sens. Le modèle minimal n'est souvent pas

M_1 est un modèle non-minimal

$$W = \begin{bmatrix} 0 & 0 & 0 \\ 0 & 0 & 0 \\ 1 & 2 & 0 \end{bmatrix} \qquad \theta = \begin{bmatrix} 0 \\ 0 \\ 2 \end{bmatrix}$$

$$I_{M_1} = [0, 2]$$

M_2 est le modèle minimal correspondant

$$W = \begin{bmatrix} 0 & 0 & 0 \\ 0 & 0 & 0 \\ 1 & 1 & 0 \end{bmatrix} \qquad \theta = \begin{bmatrix} 0 \\ 0 \\ 1 \end{bmatrix}$$

$$I_{M_2} = [0, 1]$$

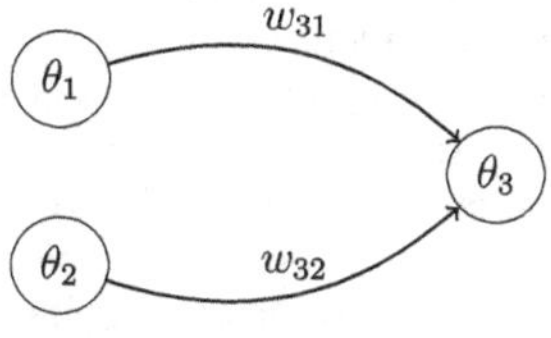

FIGURE 10.2 – **Modèle quelconque et modèle minimal d'une fonction booléenne de type AND.** La fonction booléenne AND peut être représentée par 3 nœuds : les états des nœuds N_1 et N_2 (resp. N_3) représentent les entrées (resp. les sorties). Le modèle M_1 et le modèle M_2 sont équivalents. Leurs matrices d'interaction et leurs seuils respectifs sont donnés. Ces deux modèles ont la même dynamique, M_2 est cependant minimal, puisqu'il n'y a pas de modèle équivalent ayant des paramètres de poids et de seuils contenus dans un intervalle plus petit que I_{M_2}.

unique. D'autres possibilités d'instanciation sont possibles, en restant dans un intervalle de paramètres identique. Ces solutions sont ce que nous appelons "solutions redondantes". Après réduction d'un ensemble de modèles en un ensemble de modèle minimaux, les solutions redondantes peuvent être éliminées. Un simple algorithme de comparaison des dynamiques peut effectuer cette réduction. L'ensemble final est un ensemble qui ne comporte pas de solutions redondantes. Nous n'avons pas effectué cette dernière étape, en raison du coût en calcul que pourrait engendrer une telle opération. Il faudrait calculer le graphe de transition pour chaque modèle et éliminer ceux qui ont le même graphe. Néanmoins, l'ensemble final qu'on obtient dans notre application est relativement petit. L'opération de minimisation nous a permis de passer de 3360 modèles non minimaux à 532 modèles minimaux.

10.2   Taxonomie, optimalité et robustesse des réseaux de régulation

À présent, nous avons 532 modèles différents et valides de réseaux de régulation de la morphogenèse de la fleur d'*Arabidopsis thaliana*. Que peut-on faire avec? Quel modèle choisir et sur quel critère? Faut-il se résoudre à choisir un seul modèle? Peut-on réduire encore ces groupes en classes homogènes? La taille des bassins d'attraction a-t-elle un sens en biologie? Une première manière d'appréhender un ensemble de modèles est de regarder la corrélation entre les différentes tailles des bassins d'attraction, tel qu'illustré sur la Figure 10.3. Nous allons regarder seulement les attracteurs points fixes correspondant aux 4 tissus physiologiques et l'attracteur correspondant à l'absence de fleur (*no flower*). On observe en premier lieu qu'il existe une corrélation entre la taille de ces bassins d'attraction, par exemple les bassins des pétales et des sépales sont positivement corrélés, c'est-à-dire que la taille du bassin d'attraction des sépales augmente, en général, quand celle du bassin des pétales augmente. Cette situation est identique pour les pistils et les étamines. Inversement, chacune des tailles des bassins des pétales et des sépales est inversement corrélée à chacune des tailles des bassins des étamines et des pistils. Si nous considérons ces modèles, non pas comme des modèles indépendants les uns avec les autres, mais comme des variantes d'un modèle idéal, alors ces résultats ont un sens. Les pistils et les étamines sont co-localisés et ont la même fonction, une fonction de reproduction pour la plante; ceci est le cas pour les pétales et les sépales, qui ont un rôle protecteur pour les organes reproducteurs de la plante et attracteur pour les insectes qui les fécondent. Appelons ces tissus des co-tissus. Si une variation (ou une mutation) a lieu dans le réseau pour un tissu, alors cette variation affecte son co-tissu. Cela signifie qu'il y aurait deux stratégies qui sont en concurrence pour la plante : soit une augmentation de la taille des tissus protecteurs, soit celle des tissus reproducteurs. L'autre observation faite sur ce graphique correspond à la présence de groupes homogènes de modèles de réseaux. Dans la nature, on observe cette balance entre la taille des tissus protecteurs de

197

la fleur et des organes sexuels. Certaines orchidées ont ainsi des pétales et sépales très grands et des organes reproducteurs très petits. C'est l'inverse pour la chèvrefeuille. Des compromis existent également, par exemple le lys. La taille d'un bassin d'attraction donne une idée de la robustesse du tissu correspondant, face aux fluctuations qui peuvent affecter l'état d'un réseau. On peut calculer la probabilité de transition d'un bassin à un autre en remplaçant la fonction de transition déterministe par une fonction probabiliste. Les automates du réseau deviennent des machines de Boltzmann paramétrées chacune par un paramètre de température. Une analyse des probabilités de transition dans le modèle proposé par Mendoza et Alvarez-Buylla (1998) a été faite par Sené (2008). En général, plus la taille d'un bassin d'attraction est grande, plus il est robuste et plus une perturbation affectant des états situés dans d'autres bassins a des chances de faire changer de bassin (Elena et Demongeot, 2008; Ben Amor et al., 2008; Demongeot et al., 2008; Ben Amor et al., 2009). Ceci n'est pas que le seul facteur; la distance de Hamming moyenne entre les bassins en est un autre. La taille d'un bassin d'attraction est alors un bon candidat pour évaluer la robustesse d'un réseau. Nous proposons un score basé sur la taille des bassins d'attraction des 5 attracteurs imposés aux 532 modèles. Dans la Figure 10.4, deux exemples de classification fondés sur un calcul différent de score sont montrés. Un travail plus approfondi quant au calcul de ces scores serait le bienvenu, mais l'idée ici est de voir apparaître des groupes homogènes de modèles, tel qu'illustré dans la Figure 10.3. Récemment, dans une série d'articles, Demongeot et Waku (2012a,b,c,d) proposent une mesure de la stabilité des réseaux de régulation génétique fondée sur la mesure de l'entropie évolutionnaire. Dans la Figure 10.4 à droite, on peut voir la classification des modèles en 4 groupes distincts. En utilisant une analyse en composantes principales, dans l'espace des modèles (via le calcul de la matrice de covariance des modèles), nous confirmons les observations faites sur la Figure 10.4. Les composantes principales sont des combinaisons linéaires des 532 modèles. En projetant les modèles sur les nouveaux espaces formés par les composantes principales, nous pouvons distinguer 4 groupes homogènes (voir la Figure 10.6 et la Figure 10.5). Dans ce contexte, les composantes principales sont des combinaisons linéaires de modèles et représentent donc des modèles type.

Plusieurs autres méthodes de classification sont possibles, comme l'utilisation de méthodes de distance (k-means) pour classer les modèles selon un critère de distance de Hamming entre les bassins d'attraction de chaque modèle. L'analyse par clusters propose une autre vision de ces modèles : une organisation évolutionnaire. L'utilisation d'une telle méthode fait immédiatement penser aux arbres phylogénétiques, appliqués non pas à des séquences génétiques, mais à des architectures de réseaux dans lesquels ces séquences sont im-

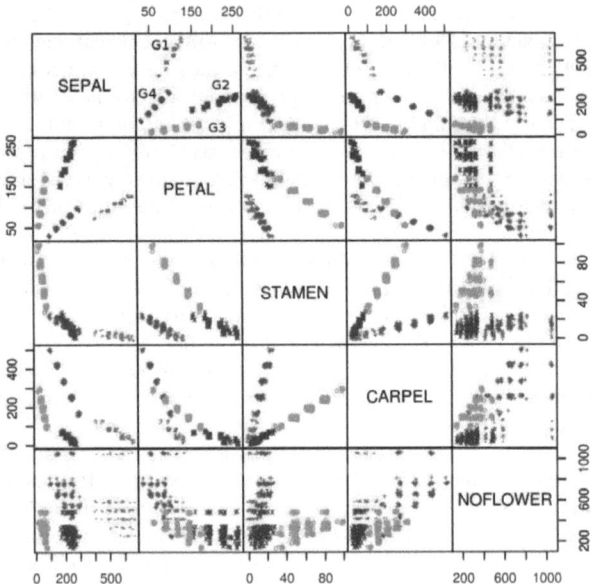

FIGURE 10.3 – **Diagramme de corrélation des tailles des bassins d'attraction des 532 modèles valides pour *Arabidopsis thaliana*.** Chaque point ici représente un modèle minimal valide obtenu par l'approche par contraintes avec le formalisme de Hopfield. On distingue nettement 4 groupes, notés G1 à G4, qui ont été colorés en se fondant sur l'indice de clustering d'un k-means préalablement calculé. Ce code couleur est le même pour les 3 figures suivantes. A noter que les points ont été légèrement décalés entre eux par rapport à leurs valeurs normales pour rendre de compte visuellement de la quantité de modèles dans chaque groupe. Ces groupes contiennent un nombre égal de modèles, à savoir 133. On remarque de fortes corrélations positives entre les bassins des 2 tissus protecteurs (sépales et pétales) et entre les bassins des 2 tissus intervenant dans la reproduction (pistil et étamines). En revanche, on voit aussi que ces 2 types de tissus (protecteurs et reproducteurs) sont négativement corrélés entre eux. Ces 4 groupes peuvent être compris comme 4 stratégies de morphogenèse florale différentes (ex : reproduction privilégiée par rapport à la protection) avec différentes robustesses associées (tailles des bassins). *Arabidopsis thaliana* pourrait n'appartenir qu'à un seul de ces groupes. Si l'on considère le mutant 'no flower', on observe que cette composante semble séparer l'ensemble des modèles en 2 grands groupes : ceux pour lesquels la mutation est peu robuste, et ceux pour laquelle elle est bien installée.

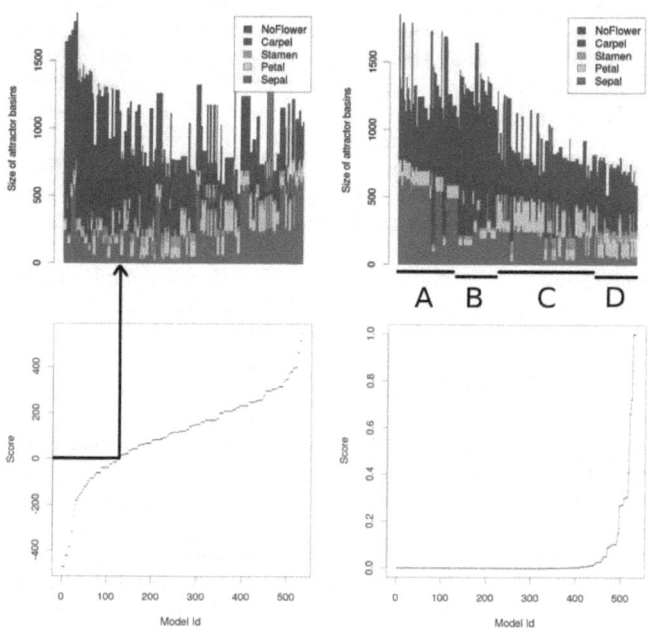

FIGURE 10.4 – **Classification des modèles valides, selon un score de robustesse. (En bas)** Le score est affiché selon un ordre croissant. Il est calculé **(À gauche)** selon la somme des tailles des 4 bassins d'attraction des pétales, sépales, pistils et étamines, moins la taille du bassin d'attraction du 'no flower' (le score optimal a une valeur nulle), ou **(À droite)** selon le produit de fonctions gaussiennes centrées sur la taille optimale de chaque bassin d'attraction des 4 tissus, celle du 'no flower' étant centrée sur 0 (le score optimal a une valeur = 1). La taille optimale est ici la taille moyenne des 4 tissus pris ensemble. Ce calcul revient à trouver 4 groupes optimaux via une méthode de distances (k-means), en minimisant les variances intra-groupes et en maximisant les variances inter-groupes. **(En haut)** En utilisant ces scores, on peut classer les modèles à l'aide d'un diagramme en bâtons, chaque bâton correspond au cumul des tailles des 4 bassins d'attraction. **(En haut à droite)** 4 groupes distincts apparaissent : (A) un grand bassin d'attraction des sépales, (B) un grand bassin d'attraction des pistils, (C) un grand bassin d'attraction des pétales, (D) tous équitablement répartis.

200

pliquées. Nous pensons effectivement que ces modèles, en fonction de leur distance, contiennent des parties plus ou moins communes. Cela peut-être vu effectivement comme l'arbre évolutif de la morphogenèse florale (voir la Figure 10.7). *Arabidopsis thaliana* appartient probablement à une des branches de cet arbre, tandis que d'autres plantes ont suivi d'autres stratégies, mais toutes dérivent d'un modèle commun capable de générer une fleur complète.

Loin d'être une simple curiosité, faire une taxonomie des modèles peut s'avérer une méthodologie efficace pour réduire l'ensemble des modèles valides que peut fournir une approche par contraintes. L'idéal serait de trouver des critères traduisibles en contraintes pour séparer ces groupes. Aux dernières nouvelles, cela est possible par une technique d'unification, implémentée dans un nouveau langage déclaratif appelé *ASP, acronyme de Answer Set Programming*. Ces critères, dans le cas de la morphogenèse florale d'*Arabidopsis thaliana*, pourraient être obtenus à partir d'observations faites sur la robustesse des tissus floraux vis-à-vis des perturbations externes lors de son développement.

Nous n'avons pas discuté de l'importance des autres acteurs, tels que les cycles limites ou les points fixes non imposés au départ. Nous pensons qu'on ne peut pas les ignorer dorénavant, car il s'agit d'états du réseau que le système peut rejoindre en fonction de sa condition initiale. Les systèmes réels fluctuent et, de temps en temps, l'état du système peut faire un saut d'un attracteur à un autre. Cela serait plus facile et demanderait moins de fluctuations, si l'attracteur source avait un bassin d'attraction plus petit qu'un attracteur cible. Ces attracteurs sources peuvent être des points fixes ou des cycles limites qui ont des petits bassins d'attraction. Ils peuvent correspondre à des cellules souches ayant des degrés différents de différentiation, si on considère le processus de différentiation comme un processus fondé sur des fluctuations affectant les différents états situés dans un bassin souche. Une étude future devrait les intégrer comme critère de classification des modèles et permettre une analyse de la différentiation en partant de la taille des bassins d'attraction. La taille optimale des bassins est à déterminer à partir des expériences biologiques sur la robustesse du développement des différents tissus sous perturbation : si la différentiation ou l'homéostasie d'un tissu est robuste ou résistante aux perturbations, alors son bassin d'attraction est *a priori* de grande taille.

10.3   Conclusions et perspectives

Dans la première partie de ce travail, nous avons discuté des différents problèmes qu'on peut rencontrer lors du développement d'un modèle de

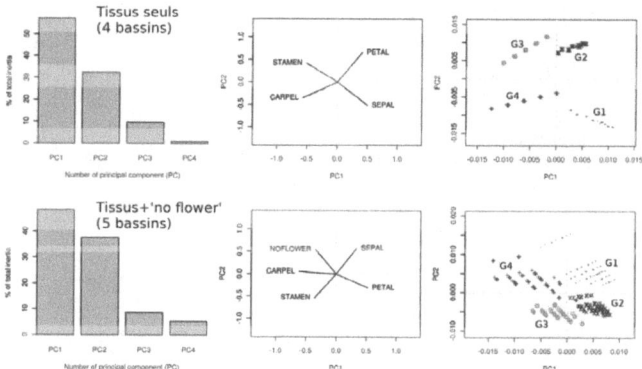

FIGURE 10.5 – **Analyse en composantes principales sur l'espace des variables (bassins d'attractions).** Cette figure montre les résultats de 2 analyses en composantes principales faites sur l'espace des variables, les variables étant ici les tailles des bassins d'attraction des 4 tissus (sépales, pétales, pistil et étamines) seuls (graphiques du haut) et en prenant aussi en compte le bassin d'attraction du mutant 'no flower' (graphiques du bas). Dans ce contexte, la matrice de covariance est de taille 4x4 (5x5, si on prend en compte le mutant 'no flower') et les composantes principales représentent des combinaisons linéaires entre les bassins des différents tissus, autrement dit, elles représentent de nouveaux tissus types. L'analyse a été faite sur des données réduites, les variances étant assez élevées entre variables. Le résultat est cependant assez semblable sur des données non réduites. On voit que, dans les 2 cas, on ne retient que 2 à 3 composantes principales, les 2 premières couvrant plus de 90% de l'information. Les diagrammes du milieu montrent les projections des anciennes variables (bassins des 4 ou 5 tissus) dans l'espace des composantes. On y lit les corrélations entre variables. Avec 4 tissus, les valeurs de la matrice de corrélations montrent que les pétales et les sépales sont très peu corrélées entre eux (moins de 1%), que les pétales sont corrélées négativement à 74% avec les étamines et négativement à 48% avec le pistil. Ces derniers sont corrélés positivement à 35% entre eux. Les graphiques de droite montrent la projection des modèles dans l'espace des composantes principales. On y retrouve les 4 groupes G1 à G4 montrés précédemment dans le diagramme de corrélation.

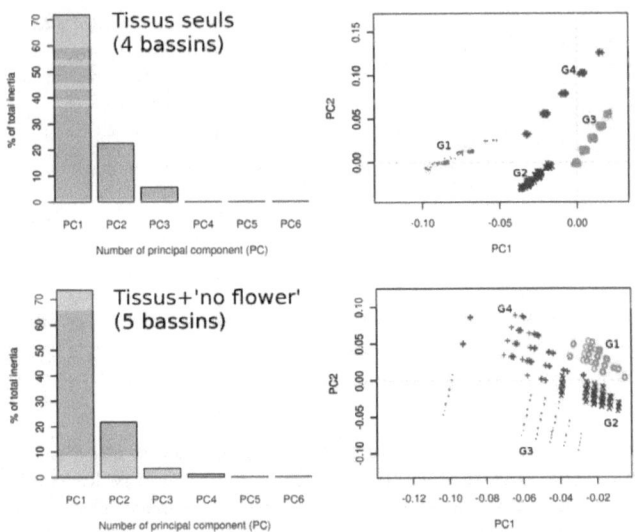

FIGURE 10.6 – **Analyse en composantes principales sur l'espace des modèles.** Cette fois, l'analyse en composantes principale a été faite dans l'espace des modèles. Les variables considérées sont donc les 532 modèles solutions et on calcule des bassins d'attraction moyens, 4 si on ne prend que les 4 tissus (sépales, pétales, pistil et étamines) seuls (graphiques du haut) et 5 si on prend aussi en compte le mutant 'no flower' (graphiques du bas). Dans ce contexte, les composantes principales représentent des combinaisons linéaires entre modèles, autrement dit elles représentent de nouveaux individus types. Ce type d'analyse permet de faire ressortir des groupes homogènes de modèles. L'analyse a été faite sur des données non réduites. On voit que, dans les 2 cas, on ne retient que 2 à 3 composantes principales, les 2 premières couvrant plus de 90% de l'information. Les graphiques de droite montrent la projection des modèles dans l'espace des composantes principales (nouveaux modèles). On y retrouve les 4 groupes G1 à G4 montrés précédemment dans le diagramme de corrélation. On voit que G1 et G2 se retrouvent principalement dans un même groupe homogène, les modèles de G1 ayant fortement contribué à sa formation, G4 constitue le 2ème groupe homogène et G3 appartient un peu aux deux.

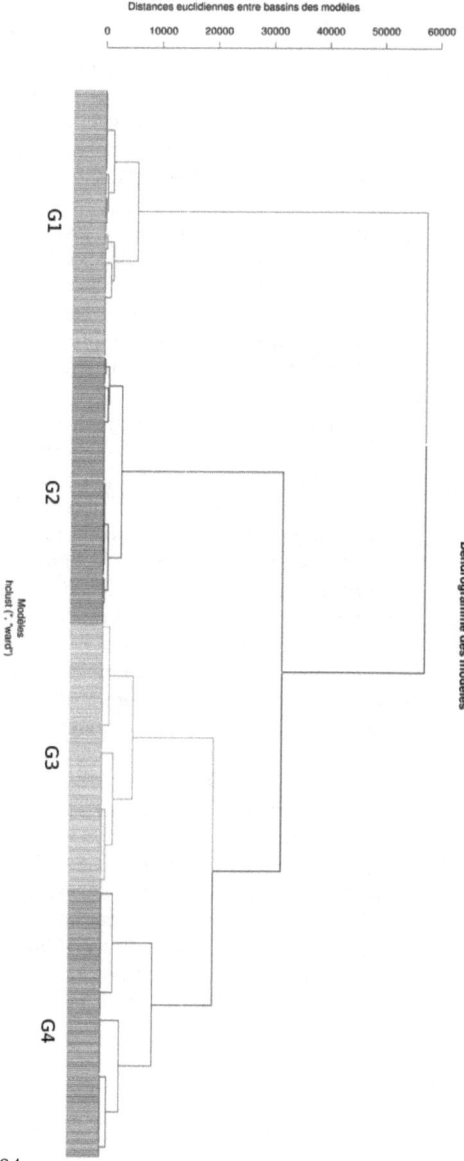

Distances euclidiennes entre bassins des modèles

0   10000   20000   30000   40000   50000   60000

Dendrogramme des modèles

Modèles
hclust (*, "ward")

G1   G2   G3   G4

FIGURE 10.7 – **Dendrogramme des distances euclidiennes entre les 532 modèles valides pour *Arabidopsis thaliana*.** Une vue plus intéressante que les projections d'ACP et la classification de k-means est donnée par un calcul des distances entre modèles et une représentation en dendrogramme. Les distances eucliennes entre modèles (caractérisés par la taille de leurs bassins d'attraction sur les 4 tissus de la fleur) sont préalablement calculées. L'algorithme utilisé pour la représentation est celui de Ward qui cherche des groupes sphériques et compacts, en utilisant un critère de variance minimale. D'autres algorithmes (médian, complet ...) affichent des résultats très semblables. On y retrouve nos 4 groupes de modèles G1 à G4, possiblement vus comme 4 stratégies de morphogenèse. L'intérêt de cette représentation est qu'elle évoque immédiatement un arbre phylogénétique fonctionnel. Cette représentation montre effectivement ici qu'on peut construire un arbre d'héritage des modèles sur la base de leurs distances respectives (ici la taille des bassins d'attraction des tissus, mais on pourrait faire de même en utilisant des distances entre les structures des réseaux). Les 'feuilles' de l'arbre représentent ici les instances de modèles que nous avons trouvées, tandis qu'au fur et à mesure qu'on remonte vers les plus grosses branches, on met en évidence des modèles aux propriétés communes. Dans cette vue, on voit les différentes stratégies de morphogenèse que la nature peut sélectionner. *Arabidopsis thaliana* correspond peut-être à une instance ou à un groupe d'instances ; d'autres espèces de plantes ont pu explorer d'autres stratégies et correspondraient ainsi à d'autres branches de cet arbre.

204

réseau de régulation biologique. Nous avons introduit une nouvelle approche (une approche par contraintes) peu utilisée en biologie systémique, mais qui se révèle utile dans l'inférence logique des modèles, en partant des connaissances expérimentales. Toutes les connaissances considérées du début à la fin de notre travail ont la même importance. La notion de minimalité des modèles a été aussi réintroduite, pour compléter notre approche d'inférence des réseaux Hopfield-semblables. Ces points seront développés lors de prochains articles.

Avec ce type d'approche, on peut aussi détecter les incohérences dans les connaissances expérimentales par l'utilisation de méthodes de relaxation de contraintes. Un autre intérêt est l'inférence de nouvelles connaissances concernant les relations entre la structure et la dynamique, telles les associations de motifs récurrents, comme les circuits positifs et les circuits négatifs présents dans la structure du graphe des interactions, à l'origine de certaines dynamiques particulières.

Le lien avec la première partie de cette thèse est possible, en imposant des cycles limites capables de se synchroniser plus facilement, en utilisant le moins de perturbations possibles affectant leurs composantes. Ces cycles limites serait construits de telle manière qu'ils devraient relaxer sur une phase particulière après une perturbation minimale affectant quelques-unes des composantes du système étudié. L'intérêt serait l'étude des comportements favorisant une réponse globale, où les effets individuels seraient mis à contribution pour exhiber une réponse collective. À l'échelle d'une population de réseaux, cela se traduit par une réponse synchrone globale favorisant un comportement collectif. Un développement possible de cette approche serait d'ajouter de nouvelles contraintes qui pourraient intégrer les différents modes de mise à jour (parallèle, séquentiel et bloc-parallèle).

Tous ces nouveaux développements nous permettent d'imaginer un cahier de laboratoire intelligent : le biologiste rajouterait ainsi de nouvelles connaissances au cahier, comme une série d'expériences concernant les activations et les inhibitions des gènes et les observations sur les dynamiques, par exemple à l'issue d'observations de mesure d'expression sur des acquisitions de type microarrays. Au fur et à mesure que les acquisitions seraient faites, elles seraient automatiquement traduites sous forme de contraintes injectées par la suite dans un solveur de satisfiabilité, qui inférerait l'ensemble des modèles compatibles avec les observations expérimentales. Cette démarche s'inscrit dans la philosophie de la falsifiabilité de Popper.

Quatrième partie

Perspectives

Chapitre 11

Perspectives

Les perspectives de ces travaux sont nombreuses. Elles concernent, en général, la contrôlabilité et l'ingénierie de systèmes complexes.

11.1 Perspectives de la partie II

Dans cette partie de la thèse, nous nous sommes intéressés initialement au processus de l'évocation mnésique. Nous avons supposé que, dans une population d'oscillateurs homogènes, ce processus se résume en une perturbation qui ramène toute la population au voisinage d'un isochron. Cet isochron est associé à une information codée sur un fragment du cycle limite. La mise en synchronie de la population d'oscillateurs amplifierait le signal codé associé à ce fragment. De cette manière, l'information d'intérêt est sélectionnée et, ainsi, la synchronisation permet à ce signal de dépasser un seuil qui rend cette information disponible à la lecture. Afin de rendre tenable une telle théorie, nous nous sommes fixés comme objectif la construction d'un système qui mime ce fonctionnement.

11.1.1 Résumé détaillé

D'un point de vue épistémologique, cette approche est similaire à l'approche adoptée dans le domaine de la vie artificielle. Ce champ scientifique cherche à comprendre comment juxtaposer, dans un même système, des principes tels que l'émergence, l'auto-organisation et l'autopoïèse. l'intérêt est de mettre en évidence les éléments nécessaires à la coexistence de ces principes au sein d'un même système, pour une meilleure compréhension du vivant. Afin d'arriver à cela, la vie artificielle se fonde sur l'utilisation de systèmes n'ayant pas nécessairement un fondement biophysique important, mais plutôt phénoménologique. De ce fait, comme nous l'avons énoncé précédemment, notre motivation principale est de construire un système à visée technologique, dans le cadre d'une modélisation phénoménologique. Il ne s'agit donc en aucun cas d'une modélisation biophysique ou qualitative. Il s'agit de l'ingénierie d'un système artificiel, motivée par l'imitation du phénomène d'évocation mnésique. La principale difficulté ici est d'arriver à faire coexister convenablement des mécanismes de synchronisation et de désynchronisation au sein d'un même système d'évocation.

Les hypothèses qui portent sur ce phénomène viennent des neurosciences, comme le rôle de la synchronisation dans la segmentation ou la reconstitution d'un percept et ses différentes modalités, et la nécessité de la désynchronisation neuronale dans la déspersévération comportementale. Malgré le fait que ces hypothèses viennent des neurosciences, leur exploration ne nous contraint pas à utiliser des modèles biophysiques de neurones ou d'oscillateurs neuronaux issus des neurosciences. En effet, les exemples d'oscillateurs à cycle limite sont nombreux et ils concernent aussi bien les systèmes vivants, que des systèmes mathématiques ou technologiques. Nous avons donc supposé qu'il était important d'identifier les caractéristiques mathématiques qui nous permettent d'envisager d'implémenter le phénomène d'évocation mnésique sur un plan plus large que celui des oscillateurs neuronaux. Ce plan rejoint celui qui est énoncé dans le livre *"Sync : The emerging science of spontaneous order"*, par Strogatz (2003).

Pour résumer, nous nous sommes imposés les spécifications suivantes :

– le système est constitué de populations d'oscillateurs identiques,
– l'information mémorisée est associé à un fragment du cycle limite,
– le type d'information mémorisée est spatial (par exemple, une image) ou séquentiel (par exemple, un mot binaire ou un signal temporel),
– les entrées dans le système se font via des perturbations instantanées, sans restriction sur leurs intensités,
– le système possède un mécanisme lui permettant de se désynchroniser à la suite d'une évocation.

Pour mettre en place ces spécifications, nous avons commencé par étudier les isochrons de certains systèmes classés selon leur symétrie. Cette étude nous a permis de voir ce qui est le plus important pour procéder au contrôle d'une population d'oscillateurs par perturbations instantanées : la régularité du resserrement et de l'écartement des isochrons est à prendre en compte dans le choix d'un oscillateur. Idéalement, un oscillateur qui possèderait des isochrons s'écartant en dehors du cycle limite serait le plus adapté pour le contrôle de sa réorganisation par des perturbations instantanées.

Dans une deuxième phase, nous avons imaginé plusieurs procédures pour l'impression et la lecture d'une donnée sur une population d'oscillateurs. Elles concernent les oscillateurs, choisis à l'issue du premier travail, qui valident ce critère qualitatif. Il s'agit des oscillateurs de Wilson-Cowan et de l'oscillateur anharmonique. Ces procédures dépendent du type de données que l'on veut stocker, c'est-à-dire de données spatiales (par exemple une image) ou de données séquentielles (un mot binaire ou un signal temporel). Dans le cas d'une image, nous associons une direction de perturbation à la couleur d'un pixel (ou à un niveau de gris). Ceci est une autre manière pour dire qu'on associe un isochron à une couleur (ou à un niveau de gris). Dans le cas d'une information séquentielle, l'association est faite entre un isochron et l'index séquentiel (par exemple un temps discret ou un ordre de lecture d'un signal) et la valeur de l'intensité du signal est déterminée par le nombre d'oscillateurs synchronisés autour de l'isochron associé à l'index de cette donnée. C'est ce que nous désignons lorsque nous parlons de l'association d'une donnée à un fragment du cycle limite. Dans ces deux applications, l'association est faite entre un fragment du cycle limite et des informations sémiques (par exemple, la couleur d'un pixel dans le cas d'une image ou l'ordre de lecture d'une donnée dans le cas d'un signal ou d'un mot binaire). Dans le cas d'une information séquentielle, il existe une autre manière de procéder à cette association. Elle consiste à faire une association 'en dur' entre l'information séquentielle et un fragment du cycle limite. Cela veut dire qu'on doit procéder à la modification de la forme géométrique du cycle limite (dans l'espace des états du cycle limite). La lecture de l'information mémorisée serait ainsi une synchronisation d'une population d'oscillateurs sur ce fragment du cycle limite pour extraire le signal qui lui est associé. Ce travail est en cours et portera le nom de *transformation en dynalets*. Cette approche nous permettra, dans le futur, d'envisager la mémorisation sur une population d'oscillateurs. C'est au niveau de ce carrefour méthodologique que la définition de l'évocation mnésique se ramifie avec, d'une part, (i) l'évocation d'une fonctionnalité et, d'autre part, (ii) l'évocation d'une information épisodique.

Au cours d'une troisième phase de cette partie de la thèse, nous avons exploré les mécanismes de réorganisation de l'information, en tenant compte des procédures de lecture et d'impression que nous avons définies. Ces mécanismes sont le couplage par pulsation, inspiré des travaux de Strogatz et Mirollo (1990), et le couplage continu entre oscillateurs. Nous avons implémenté le couplage par pulsation sur une population d'oscillateurs anharmoniques et sur une population d'oscillateurs de Wilson-Cowan. Dans le premier cas, la population d'oscillateurs anharmoniques évolue obligatoirement vers une réponse synchrone. Nous supposons que cela est dû à la forme de leurs isochrons. En effet, ces derniers sont radiaires. Nous avons ainsi exploré la possibilité de mémoriser un motif par synchronisation sur ces oscillateurs. Nous obtenons une évocation par couplage de ce motif. Cependant, selon l'intensité du couplage, nous obtenons une reconstitution du motif de manière instantanée, progressive ou alternée. Dans le deuxième cas, celui des oscillateurs de Wilson-Cowan, la grille initialement synchronisée finit par perdre sa synchronisation, par diffusion de motifs locaux d'organisation temporelle.

Quant au couplage continu, nous l'avons testé sur une grille d'oscillateurs de Wilson-Cowan. Les résultats analytiques obtenus précédemment par Tonnelier et al. (1999) prévoient que les oscillateurs évoluent vers un déphasage constant. C'est ce qui est appelé "phénomène de verrouillage de phase". Nous l'avons testé numériquement, particulièrement dans le cas de deux oscillateurs maîtres : les résultats montrent que ce déphasage dépend du déphasage d'entrée entre les deux oscillateurs maîtres et de l'intensité des couplages qu'ils exercent sur l'oscillateur esclave. L'oscillateur maître qui a la plus forte intensité de couplage avec l'oscillateur esclave est considéré comme l'oscillateur maître principal. De manière générale, l'oscillateur esclave tend vers un déphasage voisin de celui qu'aurait induit l'oscillateur maître principal, si ce dernier était le seul à être présent. Cette dernière application nous permet d'envisager de faire du traitement d'images. C'est une application que nous proposons pour un prochain travail avec notamment un système de détection de contours via ce mécanisme.

11.1.2 Perspectives technologiques : Un système à deux grilles pour le traitement d'image

Nous proposons un système à base d'oscillateurs de Wilson-Cowan pour le traitement d'image. Ce système sera constitué deux grilles : (i) une grille d'oscillateurs maîtres couplés par pulsation et (ii) une grille d'oscillateurs esclaves couplés par pulsation. Les deux grilles ont le même nombre de lignes.

Sur chaque ligne ayant la même position dans les deux grilles, nous proposons de coupler de manière continue deux oscillateurs de la grille maître à un oscillateur de la grille esclave selon cette règle de voisinage : $(Y_{M,i,j+1}, Y_{M,i,j+1}) \rightarrow Y_{E,i,j}$, où $Y_{M,i,j}$ (resp. $Y_{E,i,j}$) est l'inhibiteur de l'oscillateur $O_{M,i,j}$ (resp. $O_{E,i,j}$) de la grille maître (resp. esclave). La $2^{\grave{e}me}$ grille, celle des oscillateurs esclaves, aura donc une largeur inférieure d'une unité à celle de la grille des oscillateurs maîtres. Ainsi, nous résumons cette situation formellement par une grille d'oscillateurs maîtres de dimension (n, m) qui se comportent comme suit :

$$O_{M,i,j} \begin{cases} \frac{\mathrm{d}X_{M,i,j}}{\mathrm{d}t} = \frac{-X_{M,i,j}}{\tau} + \tanh(\lambda X_{M,i,j}) - \tanh(\lambda Y_{M,i,j}) \\ \frac{\mathrm{d}Y_{M,i,j}}{\mathrm{d}t} = \frac{-Y_{M,i,j}}{\tau} + \tanh(\lambda X_{M,i,j}) + \tanh(\lambda Y_{M,i,j}) \\ \qquad + C_{M,pulsation}(i,j) \end{cases} \quad (11.1)$$

et une grille d'oscillateurs esclaves de dimension $(n, m-1)$ qui se comportent comme suit.

$$O_{E,i,j} \begin{cases} \frac{\mathrm{d}X_{E,i,j}}{\mathrm{d}t} = \frac{-X_{E,i,j}}{\tau} + \tanh(\lambda X_{E,i,j}) - \tanh(\lambda Y_{E,i,j}) \\ \frac{\mathrm{d}Y_{E,i,j}}{\mathrm{d}t} = \frac{-Y_{E,i,j}}{\tau} + \tanh(\lambda X_{E,i,j}) + \tanh(\lambda Y_{E,i,j}) \\ \qquad + C_{E,pulsation}(i,j) + C_{M\rightarrow E,continu}(i,j) \end{cases} \quad (11.2)$$

où $\lambda = 1.1$ *et* $\tau = 1$ sont des valeurs de paramètres proches de la bifurcation de Hopf $\lambda\tau = 1$ qui nous permettent d'obtenir le phénomène de verrouillage de phase discuté dans la Section 6.2 ; n (resp. m) est le nombre de lignes (resp. colonnes) de la grille M, $X_{M,i,j}$ (resp. $Y_{M,i,j}$), l'excitateur (resp. l'inhibiteur) de la grille maître. Ceci est aussi valable pour la grille esclave en remplaçant M par E.

$C_{M,pulsation}(i,j)$ est le couplage par pulsation au sein de la grille d'oscillateurs maîtres. Ce couplage est similaire à celui qui est défini dans l'Équation 6.1. Il a la forme suivante :

$$C_{M,pulsation}(i,j) = \sum_{(k,l)\in V(M,i,j)} \frac{\sigma_M}{|V(M,i,j)|}(Y_{M,i,j} - Y_{M,k,l})H(Y_{M,k,l}) \quad (11.3)$$

$C_{E,pulsation}(i,j)$ a la même forme que $C_{M,pulsation}$, en remplaçant M par E.

σ_M (resp. σ_E) est l'intensité maximale du couplage cumulé par pulsation au sein de la grille d'oscillateurs maîtres (resp. esclaves), $V(M,i,j)$ est l'ensemble de couples $(k,l) \in \mathbb{N}$ qui représente le voisinage de l'oscillateur $O_{M,i,j}$. $V(E,i,j)$ représente la même entité, mais en remplaçant M par E. Nous nous plaçons principalement dans un voisinage de Moore et un voisinage de von Neumann (voir la Figure 6.1).

$|V(M,i,j)|$ est la taille du voisinage de l'oscillateur $O_{M,i,j}$; elle est égale à 8 (resp. 4) dans le cas d'un voisinage de Moore (resp. von Neumann). Ce couplage, tel que discuté dans la Section 6.1.1, contrôle la désynchronisation au sein d'une grille d'oscillateurs. Il doit être petit par rapport à 1, pour assurer le stabilité du cycle limite : $\sigma_M \ll 1$ et $\sigma_E \ll 1$.

$H(Y)$ est la fonction de Heaviside proche de l'événement de tir (la valeur maximale de l'inhibiteur sur le cycle limite, ici $Y_{max} \simeq 1$) de la variable Y, où $H(Y) = 1$, pour $Y \geq Y_{max}$, sinon $H(Y) = 0$. Cette fonction Heaviside représente le couplage par pulsation exercé par un oscillateur $O_{M,i,j}$ sur un oscillateur $O_{M,k,l}$, quand il existe, et le rend effectif, si et seulement si l'oscillateur $O_{M,i,j}$ est proche de son évènement de tir. Quant au couplage continu, il est tel que décrit dans la Section 6.2.2. En le transposant dans le système de notations utilisé dans cette partie, il adopte la forme suivante :

$$C_{M \to E,continu}(i,j) = -W_{M \to E,i,j} Y_{M,i,j} - W_{M \to E,i,j+1} Y_{M,i,j+1} \qquad (11.4)$$

où $W_{M \to E,i,j}$ (resp. $W_{M \to E,i,j+1}$) représente le poids de couplage exercé par l'oscillateur maître $O_{M,i,j}$ (resp. $O_{M,i,j+1}$) sur l'oscillateur esclave $O_{E,i,j}$. Afin de réduire cet ensemble de paramètres, nous supposons que seul l'ordre de couplage entre les deux oscillateurs maîtres est important. Nous implémentons cette hypothèse, tel que décrit dans la Section 6.2.2 et, en l'adaptant au système de notations utilisé dans cette partie, ceci donne :

$$\begin{cases} W_{M \to E,i,j} = \eta_{M \to E}\beta \\ W_{M \to E,i,j+1} = \eta_{M \to E}(1-\beta) \end{cases} \qquad (11.5)$$

où $\eta_{M \to E}$ est l'intensité cumulée du couplage continu qui doit être faible ($\eta_{M \to E} \ll 1$), afin de rester au voisinage du cycle limite et $\beta \in [0,1]$ un paramètre qui représente l'ordre des deux poids de couplage exercés par les deux oscillateurs maîtres sur l'oscillateur esclave. Par conséquent, en injectant les Équations 11.5 dans les Équations 11.4, nous avons :

$$C_{M \to E, continu}(i,j) = -\eta_{M \to E}\beta Y_{M,i,j} - \eta_{M \to E}(1-\beta)Y_{M,i,j+1} \qquad (11.6)$$

Ainsi, ce système est géré par 4 paramètres : σ_M (resp. σ_E) qui représente un paramètre contrôlant la vitesse de désynchronisation de la couche d'oscillateurs maîtres (resp. esclaves) via un couplage par pulsation (voir la Figure 6.3 et la Figure 6.4), $\eta_{M \to E}$ représente l'intensité du couplage exercé par 2 oscillateurs de la couche maître sur la couche esclave, ce paramètre contrôlant la vitesse de verrouillage de phase entre les deux couches d'oscillateurs (voir la Figure 6.10). β représente l'ordre entre les intensités du couplage exercé par les deux oscillateurs maîtres sur l'oscillateur esclave. Ce paramètre nous permet d'avoir toute une palette de réponses possibles (voir la Figure 6.12), pouvant faire figure de filtre pour une image d'entrée. Nous avançons qu'en particulier la valeur $\beta = 0.5$ va nous permettre de traiter de détecter les contours dans une image. En effet, si on part d'images d'entrée codées en niveaux de gris, la réponse obtenue sur la Figure 6.12 (qui correspond dans les autres notations à $b = 0.5$) montre que l'oscillateur esclave ne dépend que de ces conditions initiales. Pour cette valeur et dans le cas où les deux oscillateurs maîtres sont complètement déphasés, cette situation correspond à un contraste fort et donc, potentiellement à la présence d'un contour. Ceci est dû au fait que, dans le cas $b = 0.5$, le couplage est de même intensité pour les deux oscillateurs maîtres, ce qui résulte en l'annulation de leurs effets respectifs quand ils sont complètement déphasés.

La coexistence du couplage par pulsations et du couplage continu dans la couche d'oscillateurs esclaves pourrait suggérer une perte de l'émergence des phénomènes dynamiques observés dans des cas séparés, où chaque couplage est pris à part. Nous sommes tout de même optimistes : si on regarde la Figure 6.4, nous remarquons que la grille évolue vers une désynchronisation ; dans ce cas, elle est semblable à un échiquier. Nous supposons que le couplage par pulsation, étant donné un voisinage de von Neumann, lorsqu'il est introduit dans la couche des oscillateurs maîtres, finit par faire converger la grille vers une réorganisation temporelle constante. Cette situation nous permet d'envisager l'annulation des effets du couplage continu, quand tous les oscillateurs maîtres sont complètement désynchronisés. Cette situation correspondrait à la fin de l'évocation mnésique ou à la fin d'une opération de traitement d'images.

Les paramètres σ_M et σ_E peuvent être égaux et leur valeur doit être

telle que la vitesse de désynchronisation, au sein d'une couche d'oscillateurs, est plus lente que la vitesse de verrouillage de phase entre les deux
couches, contrôlée par le paramètre $\eta_{M \to E}$. Une lecture au préalable des
graphiques obtenus dans la Figure 6.10 et la Figure 6.3 nous donne les ordres
de grandeurs suivants : $\sigma_M = \sigma_E \simeq 0.1$ et $\eta_{M \to E} \simeq 0.1$. Un dernier calibrage sera sans doute nécessaire pour déterminer avec exactitude la valeur
de ces paramètres. Il restera sans doute des questions en suspens : qu'est ce
qui se passe pour les autres valeurs du paramètre β ? Comment implémenter
physiquement un tel système ? Ce système est-il sensible à des perturbations
si, par exemple, l'image d'entrée est bruitée ? Peut-on définir un système
similaire pour traiter une information séquentielle (mot binaire ou signal
temporel) ? Quels avantages offrent ces types de systèmes par rapport aux
systèmes classique de traitement de l'information ?

11.1.3   Perspectives méthodologiques et théoriques

Cette première expérience nous a permis d'approcher les difficultés que
pose la détermination des isochrons d'un oscillateur. En effet, la résolution
analytique des isochrons d'un oscillateur est une tâche non résolue. Ces
courbes sont définies à la limite et il est possible que leur résolution soit
liée à la résolution des solutions homogènes du système. Il n'existe pas pour
le moment de méthode générale qui permette de résoudre analytiquement
un système d'équations différentielles polynomiales. En revanche, il existe
des méthodes d'approximation des isochrons fondées sur une décomposition
potentiel-hamiltonienne. Cette approximation n'est valide qu'au voisinage du
cycle limite et pour le cas des systèmes de Liénard (Demongeot et Françoise,
2006). De ce fait, l'alternative que nous avons pour le moment est de les
résoudre numériquement.

Parmi les systèmes qui nous intriguent le plus, citons le système tridimensionnel décrit dans la Section 4.2.4. Les isochrons d'un système tridimensionnel sont des surfaces. Leur complexité nous incite à les résoudre.
Pour cela, nous avons vu qu'un algorithme fondé sur un tirage aléatoire
dans l'espace des états n'est pas très efficace, vu que l'ensemble de points
qu'on obtient est désordonné et ne nous permet pas d'avoir un beau rendu
par des techniques de maillage. Nous pensons qu'il pourrait être intéressant
d'implémenter un algorithme qui initie des fronts d'ondes concentriques appartenant aux isochrons, en partant des points des phases d'intérêt (celles
qui définissent les isochrons qu'on cherche à résoudre) du cycle limite. Tels
des fronts d'ondes, ces cercles, composés de *threads* (chargés des calculs en
chaque point du front) en nombre croissant, permettraient de constituer toute
la surface isochronale de proche en proche. Cet algorithme serait en définitive

une variante des pinceaux intelligents décris précédemment. Ceci permettrait l'obtention d'un ensemble de points ordonnés et rendrait l'utilisation de techniques de maillage envisageable.

D'autre part, nous nous demandons s'il existe une transformation qui permette de passer du flot du système dynamique (un système d'équations différentielles) à un autre système dynamique (un autre système d'équations différentielles) décrivant de manière explicite un équivalent du flot, mais pour les isochrons. Ceci se ferait, soit de manière dynamique en considérant les isochrons comme les bassins d'attraction d'un système dynamique et les points qui appartiennent au cycle limite comme leurs attracteurs point fixes, soit en trouvant une transformation qui permette d'exprimer leur forme en coordonnées polaires. Je pense que la première alternative n'est pas possible dans le cas général parce que les isochrons sont des entités définies à la limite et que leur résolution est probablement liée à la résolution des équations homogènes, mais, si cela s'avère possible, une transformation semblable à celle introduite par Minorsky (1954) sous le nom de *La méthode stroboscopique* serait un bon point de départ pour arriver à une telle fin. Quant à la deuxième possibilité, je pense qu'une investigation supplémentaire qui aille dans les sens des travaux de Demongeot et Françoise (2006); Demongeot et al. (2007b,a); Glade et al. (2007); Forest et al. (2007), où on transformerait le système initial via une décomposition de Hodge, serait une piste à poursuivre.

L'analyse des isochrons, même si elle est difficile, s'avère être particulièrement adéquate pour comprendre la réorganisation temporelle d'une population d'oscillateurs, suite à des perturbations instantanées. La question portant sur la pertinence de telles perturbations, surtout si elles sont intenses, est une question critique, si nous sommes intéressés par l'implémentation physique d'un système de traitement de l'information à base d'oscillateurs. Je pense que cela dépend des spécificités de chaque système et des degrés de liberté qu'il offre : par exemple, si l'oscillateur est chimique, comme dans l'implémentation de Adamatzky et al. (2002), il faut se poser la question suivante : est-ce que des apports instantanés de doses de réactifs chimiques modifient le cycle limite en amplitude ou en fréquence ? Si la réponse est mitigée, alors, quelle serait la quantité maximale au-delà de laquelle le cycle limite serait modifié ? Dans le cas où une perturbation instantanée serait une interprétation très grossière de la réalité et où une fonction d'entraînement ne serait plus plausible physiquement, alors, pourrait-il exister une transformation qui permettrait de passer à une perturbation instantanée ? L'intérêt d'une telle transformation est qu'elle permettrait l'utilisation du profil isochronal pour prédire la réponse du système.

L'analyse des effets du couplage a été menée par essais et observations.

Récemment, j'ai su qu'une analyse de type PRC[1] permettait d'obtenir des profils types permettant de prédire la réponse d'oscillateurs face aux couplages. J'ai su cela suite à une citation de notre article (Ben Amor et al., 2010b) par Osinga et Moehlis (2010). Les auteurs développent une méthode pour calculer les isochrons de systèmes à plusieurs échelles de temps. Ils font un lien entre le calcul de la PRC et la résolution des isochrons. Dans plusieurs travaux, on avance qu'il existe des profils types de PRC, qui permettent de prédire si un couplage excitateur ou inhibiteur fait converger la différence de phase naturelle entre deux oscillateurs vers une phase constante. Je pense que cela serait intéressant de mettre en correspondance les profils obtenus par une analyse PRC et ceux obtenus par une analyse des isochrons ou par la mesure du déphasage maximal afin d'aider au choix d'un oscillateur, pour l'utiliser comme outil de construction d'un système de traitement de l'information. Cette méthode permettrait une étude plus méthodique des effets d'un couplage par pulsation sur une population d'oscillateurs.

11.1.4 Perspectives épistémologiques

Au cours de ce travail, nous avons pu avoir un aperçu des difficultés que pose la construction d'un système de traitement de l'information à base d'oscillateurs. On pourra s'interroger sur l'intérêt de ce champ d'étude. Les éléments de réponse à cette question dépendent de l'optique dans laquelle on se situe. Si l'on se fixe comme objectif une performance technologique, on peut toujours nous dire qu'il y a des méthodes plus performantes pour traiter une image ou pour traiter un signal en général et que calculer à l'aide d'une population d'oscillateurs est *a priori* coûteux, du moins si l'on voit que cela implique de grandes populations d'oscillateurs. Je pense que ces systèmes en sont encore à leur début et qu'il faut leur accorder du temps, car il existe toute une palette d'oscillateurs concernés, dont certains sont assez peu connus : quantiques, électriques, optiques, chimiques, biologiques et théoriques. Dans le cas d'un système chimique, on peut créer autant d'unités oscillantes que l'on veut en créant des compartiments, comme le font Adamatzky et al. (2012), en construisant des compartiments appelés *Droplets*.

Au-delà de la perspective technologique, l'ingénierie des systèmes de traitement de l'information à base d'oscillateurs pourrait nous apporter une meilleure compréhension des processus cognitifs dans le sens où elle mettrait en évidence, par ingénierie, des dynamiques de synchronisation ou des architectures élémentaires d'oscillateurs associés à des mécanismes nécessaires aux traitements de l'information cognitive. Ce genre d'approche est aujourd'hui au coeur des neuro-

---

1. (en anglais, PRC pour *Phase Response Curve*)

sciences, à travers ce que l'on appelle "les corrélats neuronaux de la conscience (*NCC*)". C'est un changement de vision qui ne cherche pas une théorie de la conscience, mais plutôt à chercher ce qui est nécessaire à l'émergence d'une expérience consciente. La synchronisation et la désynchronisation neuronale font partie, justement, de ces hypothèses. C'est pour cela que les sciences de la synchronisation, sur des systèmes plus larges que les systèmes neuronaux, s'avèrent être une route prometteuse. Peut-être que, dans un avenir lointain, l'on arrivera à implémenter des processus cognitifs sur d'autres cellules excitables ou d'autres oscillateurs. Cela pourrait s'apparenter à de la science fiction, mais nous permettrait au moins d'être optimistes quant au développement de prothèses de processus cognitifs et la compréhension de cette horloge complexe qu'est notre conscience.

11.2   Perspectives de la partie III

L'impression dynamique d'informations (stockage) spatiales (image) ou séquentielles (mot binaire ou signal temporel) est assuré, dans les réseaux d'oscillateurs continus (oscillateurs anharmoniques et de Wilson-Cowan), par la réorganisation temporelle des oscillateurs. Par exemple, dans le cas d'une image, la carte des pixels correspond à la carte des oscillateurs et leurs couleurs correspondent aux phases des oscillateurs. Dans le cas d'un mot binaire, la position des bits correspond à la phase d'une sous-population d'oscillateurs et sa valeur à la taille de cette sous-population. Ceci nous permet d'accéder à cette information via les niveaux d'amplitude du signal créés par le contrôle de la synchronisation. Des informations, comme des mots binaires ou des signaux temporels, peuvent aussi être stockés de manière dynamique dans la structure d'un réseau d'automates booléens à seuil.

11.2.1   Intermède musical

Supposons que l'on cherche un réseau de neurones capable de "jouer" une séquence de notes de musique, sous la forme d'une succession d'activations ou d'inhibitions de noeuds terminaux correspondant aux notes, ou encore sous la forme d'un codage plus complexe indiquant la note à jouer sous la forme de mots binaires. Il est évident qu'une partition chargée de notes et peu répétitive requerra un réseau de neurones contenant beaucoup de noeuds. Il va aussi sans dire que les méthodes d'apprentissage classiques auraient du mal à converger vers un réseau de neurones capable de jouer cette séquence sans fautes. En revanche, on n'a aucun mal à imaginer que ces algorithmes puissent trouver sans peine des réseaux capables de jouer un mot binaire court (une séquence de notes courtes).

Lorsqu'un enfant commence à chanter, vers un à deux ans, il commence à chanter des ritournelles répétitives. Par exemple, s'il entend la chanson "Frère Jacques", il chantera inlassablement "Frère Jacques, frère Jacques ...". Rapidement, il apprendra à complexifier cet air simple (ce motif) en finissant le couplet par "Dormez vous? Dormez vous?". On remarquera que les notes correspondant aux paroles "Frère Jacques" (sol-la-si-sol) et celles de "Dormez vous?" (si-do-ré bémol-si) correspondent à une même séquence (à une longue près), décalée dans la gamme. A partir d'une séquence simple, on peut construire un air plus complexe.

Les compositeurs, ainsi que les musiciens qui pratiquent l'improvisation, procèdent beaucoup ainsi : à partir de motifs simples, d'éléments de séquences, de thèmes, ils développent une symphonie en appliquant des opérations de symmétrie, de translation, de dilatation dans la gamme, comme dans le rythme, par des mélanges de séquences ... Ainsi, le motif rythmique de la 5ème symphonie de Beethoven est formé de huit notes "sol-sol-sol-mi bémol" suivies de "fa-fa-fa-ré" (ces 4 notes répondent au 4 premières) jouées par les violons et les clarinettes, tandis qu'en parallèle sont jouées 2 séries de 8 autres notes par les altos et les basses "mi-mi-mi-do dièse" auxquelles répondent les "ré-ré-ré-si bémol", l'ensemble étant joué sur 2 gammes à la fois. Du strict point de vue de séquences de hauteurs ordonnées, toutes ces séquences sont équivalentes et le même motif peut être obtenu par copies et translations dans la gamme de la première séquence (voir la Figure 11.1).

On conçoit alors deux manières d'encoder l'information contenue dans une séquence complexe : soit on stocke naïvement la succession de notes (de signes binaires dans le cas d'une séquence binaire), soit on stocke des séquences simples dans des éléments de mémoire, des petits réseaux qu'on nommera "motifs" ou "noyaux", et on complexifiera ces réseaux par quelques neurones réalisant les opérations de transformation nécessaires pour construire la séquence complexe à partir des séquences simples. Ceci s'apparente à la question de la complexité de Kolmogorov d'une séquence d'informations dans laquelle on définit la complexité comme la taille du plus petit programme (ici un réseau de neurones) capable d'encoder cette information.

11.2.2 Stockage de séquences binaires par des méthodes inverses

Nous avons vu, dans le chapitre dédié aux méthodes formelles pour les réseaux Hopfield-semblables, qu'étant donné un réseau à n noeuds, si l'on

FIGURE 11.1 – **Thème de la 5ème symphonie de Beethoven.** Ces 8 séries de notes constituent les premières mesures du premier mouvement (allegro con brio), un motif récurrent dans la 5ème symphonie.

impose comme contrainte à un solveur SAT une certaine dynamique, on obtient soit aucune solution (cela signifie que le nombre de noeuds est insuffisant pour la contrainte imposée), soit un ensemble composé d'au moins une solution valide (satisfaisant cette contrainte). La dynamique imposée peut être un cycle limite composé d'une succession d'états de plusieurs noeuds, qui se répète après une certaine période. L'encodage d'une séquence musicale ne semble alors qu'une formalité, puisqu'*a priori* il suffit d'imposer la séquence musicale comme dynamique du réseau ou d'une partie du réseau. Cependant, l'utilisation de cette méthode est limitée par la complexité de ce qui est à rechercher. Dans le cas de petites séquences, avec des motifs comme '0', '01', '011', 01001', la recherche de solutions avec un petit nombre de noeuds ne pose pas de problèmes et on trouve rapidement des ensembles de modèles valides pour ces séquences. En revanche, ce n'est plus vrai lorsque le mot binaire est long, qu'un nombre de noeuds important est nécessaire et qu'aucune structure *a priori* n'est connue pour le réseau. Dans ce cas, la taille de la CNF explose ; la mémoire de l'ordinateur, comme le temps disponible, n'y survivent pas.

De la même manière que les partitions compliquées sont décomposables en séquences simples sur lesquelles sont appliquées des opérations, nous pensons qu'il est imaginable d'utiliser les méthodes inverses sur les réseaux Hopfield-semblables, pour trouver d'abord les motifs qui codent pour des séquences simples, puis les réseaux fils contenant ces réseaux simples et des noeuds chargés d'opérer sur les motifs des opérations de transformation se déroulant dans un certain ordre et capables de générer la séquence complexe recherchée. Une méthode consisterait à trouver un ensemble de modèles solution pour des séquences simples (les modèles parents), puis de faire en sorte que ces modèles deviennent eux-mêmes des noeuds d'un réseau plus complexe. Ceci n'est pas simple et constitue un travail à part entière comparable à l'extrac-

221

tion des grammaires génératives entrepris par Chomsky et Schützenberger (1963). Néanmoins, on pourrait commencer par montrer que les réseaux capables de stocker des mots longs contiennent des sous-réseaux codant les sous-séquences de ces mots et des méthodes pour les transformer.

11.2.3 Des modèles dans les modèles : héritage et motifs

Considérons à nouveau l'air de "Frère Jacques". Les premières mesures de cet air (séquence S) sont composées des 4 séries de notes suivantes : (sol-la-si-sol) (sol-la-s-sol) (si-do-ré bémol-si) (si-do-ré bémol-si). Supposons que le nombre minimal de noeuds pour coder cette séquence (traduite de façon binaire, un noeud activant une note) est n_min. Considérons un réseau complet (tous les noeuds sont connectés aux autres et à eux-mêmes). Si l'on fournit comme contrainte dynamique la séquence S sous forme d'un cycle limite, et aucune contrainte sur la structure du réseau, le solveur va fournir un ensemble de modèles minimaux (tels que la somme des poids sur les arcs est minimale), tous capables d'adopter un comportement de cycle limite correspondant à la séquence S. Parmi ces modèles, plusieurs seront des modèles *ad hoc* faisant l'encodage de S, mais certains modèles contiendront un sous-réseau (motif) encodant la séquence "si-la-sol-si" et des noeuds supplémentaires réalisant la répétition de cette séquence ou sa transformation par translation dans la gamme, sous la forme de la séquence "si-do-ré bémol-si". D'autres encore contiendront un motif capable de générer "si-la-sol-si" et un autre motif générant "si-do-ré bémol-si", plus des neurones chargés de la répétition de ces motifs. Ceci est possible bien entendu s'il existe des réseaux de neurones dont la fonctionalité est de répéter ou de translater des séquences. On pourra alors dire que certains modèles fils *héritent* de modèles parents plus simples.

Cet héritage peut aussi être mis à profit dans un autre cadre que les applications de mémorisation de séquences dans des comportements dynamiques. Les réseaux de neurones, qui sont Turing universels, peuvent encoder dans leur structure des fonctions de types très variés. Souvent, une application complexe est décomposable en fonctions élémentaires plus simples. Ces fonctions élémentaires pourraient être déterminées par des méthodes inverses, puis assemblées (à l'aide de quelques noeuds assurant la liaison entre ces modules fonctionnels) par des méthodes plus classiques de convergence de réseaux de neurones (apprentissage, algorithmes génétiques).

Enfin, au delà des applications de programmation modulaire et de stockage dynamique de l'information dans des réseaux d'automates booléens à seuil, ce travail trouve aussi son utilité dans la détermination de motifs (ou "noyaux") présents dans les réseaux de régulation (ex : le noyau de la régulation du cycle cellulaire décrit précédemment) (Elena et al., 2008).

Dans ce contexte, la taxonomie de l'ensemble des modèles valides permet de faire ressortir les classes de modèles qui se ressemblent. Ceux formés de motifs identifiables (fonctions élémentaires) seront groupés et pourront être extraits plus facilement de l'ensemble des modèles. L'utilisation d'un langage permettant l'unification, comme ASP, facilitera la recherche des modèles possédant des motifs donnés, dans l'ensemble valide à partir de la connaissance de la structure des motifs (Elena et al., 2008).

Bibliographie

Abacci A (2006) A modelisation of the ccmrn in superior eukaryotes cell population. Thèse de master, Université Joseph Fourier, Grenoble

Acebron JA, Bonilla LL, Perez Vincent CJ, Ritort F, Spigler R (2005) The kuramoto model : A simple paradigm for synchronization phenomena. Reviews of Modern Physics 77(1) :137–185

Adamatzky A, de Lacy Costello B, Ratcliffe NM (2002) Experimental reaction–diffusion pre-processor for shape recognition. Physics Letters A 297 :344–352

Adamatzky A, Holley J, Dittrich P, Gorecki J, De Lacy Costello B, Zauner K, Bull L (2012) On architectures of circuits implemented in simulated belousov–zhabotinsky droplets. Biosystems p In press

Alon U (2003) Biological networks : The tinkerer as an engineer. Science 301 :1866–1867

Alon U (2007) Network motifs : theory and experimental approaches. Nat Rev Genet 8 :450–461

Apt K (2003) Principles of Constraint Programming. Cambridge University Press

Aracena J, Demongeot J (2004a) Mathematical Methods for Inferring Regulatory Networks Interactions : Application to Genetic Regulation. Acta Biotheoretica 51 :391–400

Aracena J, Demongeot J (2004b) Mathematical methods for inferring regulatory networks interactions : Application to genetic regulation. Acta Biotheoretica 52 :391–400

Aracena J, Ben Lamine S, Mermet MA, Cohen O, Demongeot J (2003a) Mathematical Modelling in Genetic Networks : Relationships Between the

Genetic Expression and Both Chromosomic Breakage and Positive Circuits. IEEE Transactions in Systems Man Cybernetics 3 :825–834

Aracena J, Lamine SB, Mermet M, Cohen O, Demongeot J (2003b) Mathematical modelling in genetic networks : relationships between the genetic expression and both chromosomic breakage and positive circuits. IEEE Trans Systems Man Cyber 33 :825–834

Aracena J, Demongeot J, Goles E (2004a) Fixed Points and Maximal Independent Sets on AND-OR Networks. Discrete Applied Mathematics 138 :277–288

Aracena J, Demongeot J, Goles E (2004b) Mathematical Modelling in Genetic Networks. IEEE Transaction in Neural Networks 15 :77–83

Aracena J, Demongeot J, Goles E (2004c) On Limit Cycles of Monotone Functions With Symmetric Connection Graphs. Theoretical Computer Science 322 :237–244

Atkinson R, Shiffrin R (1968) Human memory : A proposed system and its control processes. The Psychology of Learning and Motivation : Advances in Research and Theory 2 :89–195

Atlan H, Synder SH (1993) Invariance under the ordre of updating in automata networks. Network 4 :117–130

Baldi P, Meir R (1990) Computing with arrays of coupled oscillators : An application to preattentive texture discrimination. Neural Computation 2 :458–471

Bartesaghi R, Migliore M, Gessi T (2006) Input-output relations in the entorhinal cortex-dentatehippocampal system : evidence for a non-linear transfer of signal. Neuroscience 142 :247–265

Belatreche A, Maguire L, McGinnity M, McDaid L, Ghani A (2010) Computing with biologically inspired neural oscillators : Application to colour image segmentation. Advances in Artificial Intelligence 10 :1–21

Ben Amor H (2008) Etude de la robustesse dans les réseaux de neurones et les réseaux de régulation biologique. Thèse de master, Ecole Nationale des Sciences de l'Informatique, Tunisie, Université de Manouba, La Manouba 2010, Tunisie

Ben Amor H (2009) Applications of a constraint-based approach to build and re-examine biological regulatory and formal neural networks. Dans : 3rd Franco-Japanese Symposium on Knowledge Discovery in Systems Biology, Corsica, France

Ben Amor H (2010) Formal methods for biological regulatory networks. Dans : 3rd international conference of the SFBT, Institut Pasteur of Tunis, Tunisia

Ben Amor H, Demongeot J, Sené S (2008) Structural sensitivity of neural and genetic networks. Dans : MICAI 2008 : Advances in Artificial Intelligence, Lecture Notes in Computer Sciences, volume 5317, pp 973–986

Ben Amor H, Cadau S, Elena A, Dhouailly D, Demongeot J (2009) Regulatory networks analysis : Robustness in morphogenesis regulation. Dans : Advanced Information Networking and Applications Workshops, 2009. WAINA '09. International Conference on, pp 924–929

Ben Amor H, Glade N, Demongeot J (2010a) Mnesic evocation : An isochron-based analysis. Dans : Advanced Information Networking and Applications Workshops (WAINA), 2010 IEEE 24th International Conference on, pp 745–750

Ben Amor H, Glade N, Lobos C, Demongeot J (2010b) The isochronal fibration : Characterization and implication in biology. Acta Biotheoretica (58) :121–142

Ben Amor H, Corblin F, Fanchon E, Elena A, Trilling L, Demongeot J, Glade N (2012) Formal methods for hopfield-like networks, submitted

Berger H (1929) Über das elektroenkephalogramm des menschen. Archiv für Psychiatrie und Nervenkrankheiten 87 :527–570

Bier M, Bakker BM, Westerhoff HV (2000) How yeast cells synchronize their glycolytic oscillations : A perturbation analytic treatment. Biophysical Journal 78 :1087–1093

Birkhoff GD (1942) What is the ergodic theorem. American mathematical monthly 49 :222–226

Borisyuk GN, Borisyuk RM, Khibnik AI, Roose D (1995) Dynamics and bifurcations of two coupled neural oscillators with different connection types. Bull Math Biol 57 :809–840

Borisyuk RM, Denham M, Hoppensteadt FC, Kazanovich Y, Vinogradova O (2001) Oscillatory model of novelty detection. Network : Computation in Neural Systems 12 :1–20

Bosch H, Milanese R, Labbi A, Demongeot J (1998) Rate and temporal coding with a neural oscillator. Dans : ICANN'98, Springer Verlag, London, pp 1021–1026

Bowen R (1975) -limit sets for axiom a diffeomorphismsω. J Differential Equations 18 :333–339

Brown E, Moehilis J, Holmes P (2004) On the phase reduction and response dynamics of neural oscillator populations. Neural Computatation 16(4) :673–715

Buzsaki G (1984) Feed-forward inhibition in the hippocampal formation. Progress in Neurobiology 22(2) :131–153

Buzsaki G, Draguhn A (2006) Neuronal oscillations in cortical networks. Science 304 :1926–1929

Carlsson M, Ottosson G, Carlson B (1997) An open-ended finite domain constraint solver. Dans : Proc. Programming Languages : Implementations, Logics, and Programs

Chen K, Wang DL (2002) A dynamically coupled neural oscillators network for image segmentation. Neural Networks 15 :423–439

Chomsky N (1957) Syntactic Structures. The Hague/Paris : Mouton

Chomsky N, Schützenberger M (1963) The algebraic theory of context-free languages. Computer Programming and Formal Systems 35 :118–161

Cinquin O, Demongeot J (2002) Positive and negative feedback : striking a balance between necessary antagonists. Journal of Theoretical Biology 216 :229–241

Cobb SR, Buhl EH, Halasy K, Paulsen O, Semogyi P (1995) Synchronization of neuronal activity in hippocampus by individual gabaergic interneurons. Nature 378 :75–78

Coen ES, Meyerowitz EM (1991) The war of the whorls : genetic interactions controlling flower development. Nature pp 31–37

Corblin F (2008) Conception et mise en oeuvre d'un outil déclaratif pour l'analyse des réseaux génétiques discrets. Thèse de doctorat, Université Joseph Fourier, Grenoble

Corblin F, Tripodi S, Fanchon E, Ropers D, Trilling L (2009) A declarative constraint-based method for analysing discrete genetic regulatory networks. Biosystems 98 :91–104

Corblin F, Fanchon E, Trilling L (2010) Applications of a formal approach to decipher discrete genetic networks. BMC Bioinformatics 11 :385

Corblin F, Bordeaux F, Fanchon E, Hamadi Y, Trilling L (2011a) Connections and integration with sat solvers : A survey and a case study in computational biology. Dans : Springer (éditeur) Hybrid Optimization : Optimization and Its Applications, volume 45, pp 425–461

Corblin F, Bordeaux L, Fanchon E, Hamadi Y, Trilling L (2011b) Connections and integration with SAT solvers : A survey and a case study in computational biology. Dans : van Hentenryck P, Milano M (éditeurs) Hybrid Optimization, Springer Optimization and Its Applications, volume 45, Springer, pp 425–461

Cosnard M, Demongeot J (1985a) Attracteurs : une approche déterministe. C R Acad Sc Maths Série I 300 :551–556

Cosnard M, Demongeot J (1985b) On the definitions of attractors. Lecture Notes in Mathematics 1163 :23–31

Csicsvari J, Hirase H, Czurko A, Mamiya A, Buzsaki G (1999) Fast network oscillations in the hippocampal ca1 region of the behaving rat. The Journal of Neuroscience RC20 19 :1–4

Deisig N, Kropf J, Vitecek S, Pervergne D, Rouyar A, Sandoz JC, Lucas P, Gadenne C, Anton S, Barrozo R (2012) Differential interactions of sex pheromone and plant odour in the olfactory pathway of a male moth. Plos One 7(3) :e33,159

Demongeot J (1981) Existence de solutions périodiques pour une classe de systèmes différentiels gouvernant la cinétique de chaînes enzymatiques oscillantes. Lecture Notes in Biomaths 41 :40–62

Demongeot J, Françoise JP (2006) Approximation for limit cycles and their isochrons. Comptes Rendus Biologies 329 :967–970

Demongeot J, Moreira A (2007a) A Circular Hamming Distance, Circular Gumbel Distribution, RNA Relics and Primitive Genome. Dans : Proceedings of the International Conference on Advanced Information Networking and Applications Workshops, IEEE Computer Society Press, pp 719–726

Demongeot J, Moreira A (2007b) A Circular RNA at the Origin of Life. Journal of Theoretical Biology 249 :314–324

Demongeot J, Waku J (2012a) Robustness in biological regulatory networks ii : Application to genetic threshold boolean random regulatory networks (getbren). Comptes Rendus Mathématiques 350 :225–228

Demongeot J, Waku J (2012b) Robustness in biological regulatory networks iii : Application to genetic networks controlling the morphogenesis. Comptes Rendus Mathématiques 350 :289–292

Demongeot J, Waku J (2012c) Robustness in biological regulatory networks iv : Application to genetic networks controlling the cell cycle. Comptes Rendus Mathématiques 350 :293–298

Demongeot J, Waku J (2012d) Robustness in regulatory networks i : Mathematical approach. Comptes Rendus Mathématiques 350 :221–224

Demongeot J, Kaufman M, Thomas R (2000) Positive feedback circuits and memory. CR Acad Sc Sciences de la Vie 323 :69–79

Demongeot J, J A, Thuderoz F, Baum TP, Cohen O (2003a) Genetic Regulation Networks : Circuits, Regulons and Attractors. Comptes Rendus Biologies 326 :171–188

Demongeot J, Thuderoz F, P BT, Berger F, Cohen O (2003b) Bio-array Images Processing and Genetic Networks Modelling. Comptes Rendus Biologies 326 :487–500

Demongeot J, Glade N, Forest L (2007a) Lienard systems and potential-hamiltonian decomposition. i methodology. C R Math 344 :191–194

Demongeot J, Glade N, Forest L (2007b) Lienard systems and potential-hamiltonian decomposition. ii algorithm. C R Math 344 :121–126

Demongeot J, Elena A, Sené S (2008) Robustness in neural and genetic networks. Acta Biotheor 56 :27–49

Demongeot J, Ben Amor H, Elena A, Gillois P, Noual M, Sené S (2009) Robustness in regulatory interaction networks. a generic approach with applications at different levels : physiologic, metabolic and genetic. International Journal of Molecular Sciencesci 10(10) :4437–4473

Dubrova E, Teslenko M (2011) A sat-based algorithm for finding attractors in synchronous boolean networks. IEEE/ACM Trans Comp Biol Bioinfo 8 :1393–1399

Edelman GM, Tononi G (2000) Comment la matière devient conscience. Odile Jacob

Eén N, Biere A (2005) Effective preprocessing in SAT through variable and clause elimination. Dans : SAT'2005 – Theory and Applications of Satisfiability Testing, LNCS 3569

Eén N, Sörensson N (2004) An extensible SAT-solver. Dans : SAT'2003 – Theory and Applications of Satisfiability Testing, LNCS 2919

Elena A (2004) Algorithme pour la simulation dynamique des réseaux de régulation génétique. Thèse de master, Université Joseph Fourier, Grenoble

Elena A (2009) Robustesse des réseaux d'automates booléens à seuil aux modes d'itération. application à la modélisation des réseaux de régulation génétique. Thèse de doctorat, Université Joseph Fourier, Grenoble

Elena A, Demongeot J (2008) Interaction Motifs in Regulatory Networks and Structural Robustness. Dans : Proceeding of the International Conference on Complex, Intelligent and Software Intensive Systems, IEEE Computer Society Press, pp 682–686

Elena A, Ben Amor H, Glade N, Demongeot J (2008) Motifs in regulatory networks and their structural robustness. Dans : BioInformatics and Bio-Engineering, 2008. BIBE 2008. 8th IEEE International Conference on, pp 1–6

Ermentrout B, Kopell N (1994) Learning of phase lags in coupled neural oscillators. Neural Computatation 6(2) :225–241

Fitzugh R (1961) Impulses and physiological states in theoretical models of nerve membrane. Biophysical Journal 1(6) :445–466

Forest L, Glade N, Demongeot J (2007) Lienard systems and potential-hamiltonian decomposition. applications in biology. C R Biologies 330 :97–106

Francois P, Hakim V (2004) Design of genetic networks with specified functions by evolution in silico. Proceedings of the National Academy of Sciences of the USA 101(2) :580–585

Freeman WJ (1975) Mass action in the nervous system. Academic Press, New York, Academic Press, New York

Freeman WJ (1977) Spatial properties of an eeg event in the olfactory bulb and cortex. Electroencephalography and Clinical Neurophysiology 44(5) :586–605

Freire E, Gasull A, Guillamon A (2007) Limit cycles and lie symmetries. Bull Sci Maths 131 :501–517

von Frisch K (1965) Tanzsprache und Orientierung der Bienen. Springer Verlag, Berlin

Giacomantonio EC, Goodhill GJ (2010) A boolean model of the gene regulatory network underlying mammalian cortical area development. PLoS Comput Biol 6 :e1000,936, DOI 10.1371/journal.pcbi.1000936

Giovannetti T, Bettcher BM, Libon DJ, Sestito N, Kessler RK (2007) Environmental adaptations improve everyday action performance in alzheimer's disease : empirical support from performance-based assessment. Neuropsychology 21(4) :448–457

Glade N, Forest L, Demongeot J (2007) Lienard systems and potential-hamiltonian decomposition. iii applications. C R Math 344 :253–258

Glade N, Elena A, Corblin F, Fanchon E, Demongeot J, Ben Amor H (2011) Determination, optimization and taxonomy of regulatory networks. the example of *Arabidopsis thaliana* flower morphogenesis. Dans : IEEE (éditeur) IEEE Proceedings of International Conference on Advanced Information Networking and Applications Workshops, AINA' 11 and BLSMC' 11, Singapore, IEEE Proceedings, Piscataway

Gluck MA (1996) Computational models of hippocampal function in memory. Hippocampus 6(6) :565–566

Goff JL (1988) Histoire et mémoire. Gallimard

Goldbeter A (2010) La vie oscillatoire. Au coeur des rythmes du vivant. Sciences, Odile Jacob

Goles E (1980) Comportement oscillatoire d'une famille d'automates cellulaires non uniformes. Thèse de doctorat, UJF & INPG, Grenoble

Goles E, Martinez S (1990) Neural and automata networks : dynamical behavior and applications, kluwer academic publishers édition. Kluwer Academic Publishers

Gouze JJ (1998) Positive and negative circuits in dynamical systems. Journal of Biological Systems 6 :11–15

Gowda T, Vrudhula S, Seungchan K (2009) Prediction of pairwise gene interaction using threshold logic. The challenges of systems biology : Annals of the New York Academy of Sciences 1158(1) :276–286

Gray CM, Singer W (1989) Stimulus-specific neuronal oscillations in orientation columns of cat visual cortex. Proceedings of the National Academy of Sciences of the USA 86 :1698–1702

Gray CM, König P, Engel AK, Singer W (1989) Oscillatory responses in cat visual cortex exhibit inter-columnar synchronization which reflects global stimulus properties. Nature 338 :334–337

Guckenheimer J (1975) Isochrons and phaseless sets. J Math Biol 1 :259–273

Hayashi H, Nakada K, Morie T (2007) Moving object detection algorithm inspired by the sequence detection in the hippocampus and its digital lsi implementation. Int Congr Ser 1031 :35–38

Hebb DO (1949) The Organization of Behavior : A Neuropsychological Theory, wiley édition. New York

Hefft S, Jonas P (2005) Asynchronous gaba release generates long-lasting inhibition at a hippocampal interneuron-principal neuron synapse. Nature Neuroscience 8 :1319–1328

Hendin O, Horn D, Tsodyks MV (1998) Associative memory and segmentation in an oscillatory neural model of the olfactory bulb. Journal of Computational Neuroscience 5(2) :157–169

Hodgkin AL, Huxley AF (1952) A quantitative description of membrane current and its application to conduction and excitation in nerve. J Physiol 117(4) :500–544

Hopfield JJ (1982) Neural networks and physical systems with emergent collective computational abilities. Proceedings of the National Academy of Sciences of the USA 79(8) :2554–2558

Hoppensteadt FC, Izhikevich E (1997) Weakly connected neural networks. Applied Mathematical Sciences, Springer

Hoppensteadt FC, Izhikevich E (2001a) Canonical neural models. Dans : Brain Theory and Neural Networks, The MIT press, Cambridge, MA

Hoppensteadt FC, Izhikevich E (2001b) Synchronization of mems resonators and mechanical neurocomputing. IEEE Transactions on Circuits and Systems 48(2) :133–138

Huang YY, Simpson E, Kellendonk C, Kandel ER (2004) Genetic evidence for the bidirectional modulation of synaptic plasticity in the prefrontal cortex by d1 receptors. Proceedings of the National Academy of Sciences of the USA 101 :3236–3241

Hudson GH (1918) Concerted flashing of fireflies. Science 48(1249) :573–575

Jouvet M (1992) Le sommeil et le rêve. Sciences, Editions Odile Jacob

Kandel ER (1976) Cellular basis of behavior : an introduction to behavioral neurobiology. Freeman, San Francisco

Kandel ER (2007) À la recherche de la mémoire. Une nouvelle théorie de l'esprit. Odile Jacob, Paris

Kauffman S (1969) Metabolic stability and epigenesis in randomly constructed genetic nets. J Theor Biol 22 :437–467

Kauffman S (1993) The Origins of Order : Self-Organization and Selection in Evolution. Oxford University Press, USA

Kauffman S (2008) Reinventing the Sacred : A New View of Science, Reason, and Religion. Basic Books

Kaufman M, Soule C, Thomas R (2007) A new necessary conditions on interaction graphs for multistationnarity. Journal of Theoretical Biology 248 :675–685

Klimesch W (1996) Memory processes, brain oscillations and eeg synchronization. Internation Journal of Psychphysiology 24 :61–100

Kowalski J, Strzelecki M, Hyongsuk K (2011) Implementation of a synchronized oscillator circuit for fast sensing and labeling of image objects. Sensors 11 :3401–3417

Kuzmina M, Manykin E, Surina I (2004) Oscillatory networks with self-organized dynamical connections for synchronization-based image segmentation. Biosystems 76 :43–53

Lapique L (1907) Recherches quantitatives sur l'excitation electrique des nerfs traitee comme une polarization. J Physiol Pathol Gen 9 :620–635

von der Malsburg C (1981) The correlation theory of brain function. Internal Report 81-2, Department of Neurobiology, Max Planck Institute for Biophysical Chemistry

von der Malsburg C, Buhmann J (1992) Sensory segmentation with coupled neural oscillators. Biological Cybernetics 67 :233–242

von der Malsburg C, Schneider W (1986) A neural cocktail-party processor. Biological Cybernetics 54 :29–40

Marr D (1971) Simple memory : A theory for archicortex. Phil Trans R Soc Lond B 262 :23–81

McCulloch WS, Pitts WH (1943) A logical calculus of the ideas immanent in nervous activity. Bulletin of Mathematical Biophysics 5 :115–133

Mendoza L, Alvarez-Buylla E (1998) Dynamics of the genetic regulatory network : Arabidopsis thaliana flower morphogenesis. Journal of Theoretical Biology 193(2) :307–319

Michon F, Forest L, Collomb E, Demongeot J, Dhouailly D (2008) BMP-2 and BMP-7 Play Antagonistic Roles in Feather Induction. Development In press

Milo R, Shen-Orr S, Itzkovitz S, Kashtan N, Chklovskii D (2002) Blocks of complex networks. Science 298 :824–827

Minorsky N (1954) La méthode stroboscopique et ses applications. Bull Soc Franç Méc 4 :15–26

Minorsky N (1962) Nonlinear Oscillations. D. Van Nostrand Company, Inc.

Mori M, Gahwiler BH, Gerber U (2007) Recruitment of an inhibitory hippocampal network after bursting in a single granule cell. Proceedings of the National Academy of Sciences of the USA 104 :7640–7645

Murray J (1993) Biological oscillators and switches. Springer-Verlag

Nagumo J, Arimoto S, Yoshizawa S (1962) An active pulse transmission line simulating nerve axon. Proceedings of the IRE 50(10) :2061–2070

Nérot O (1996) Mémorisation par forçage neuronal des dynamiques chaotiques dans les modèles connexionnistes réucurrents. Thèse de doctorat, L'Institut National Polytechnique de Grenoble

Noual M (2012) Dynamics of circuits and intersecting circuit. Dans : Language and automata theory and applications, Lecture Notes in Computer Sciences, volume 7183, pp 433–444

Osinga HM, Moehlis J (2010) Continuation-based computation of global isochrons. SIAM Journal on Applied Mathematics 9(4) :1201–1228

Peskin CS (1975) Mathematical aspects of heart physiology, Courant Institute of Mathematical Sciences, New York University, New York, pp 268–278

Plathe E, Mestl T, Omholt SW (1995) Feedback loops, stability and multistationnarity in dynamical systems. Journal of Theoretical Biology 3 :569–577

Plathe E, Mestl T, Omholt SW (1998) Necessary conditions for multistationarity and stable periodicity. Journal of Biological Systems 6 :3–9

van der Pol B, van der Mark J (1928) The heartbeat considered as a relaxation oscillation, and an electrical model of the heart. Philosophical Magazine Supplement 6 :763–775

Puig MV, Gulledge AT (2011) Serotonin and prefrontal cortex function : Neurons, networks, and circuits. Molecular Neurobiology 44 :449–464

Remy E, Ruet P, Thieffry D (2008) Graphic requirements for multistability and attractive cycles in a boolean dynamical framework. Adv Appl Math 41 :335–350

Ricci JCD (1996) Influence of phosphoenolpyruvate on the dynamic behavior of phosphofructokinase of escherichia coli. Journal of Theoretical Biology 178 :145–150

Richard A (2010) Negative circuits and sustained oscillations in asynchronous automata networks. Adv Appl Math 44 :378–392

Richard A, Comet JP (2007) Necessary conditions for multistationnarity in discrete dynamical systems. Discrete Applied Mathematics 155 :2403–2413

Robert F (1986) Discrete iterations : a metric study, springer-verlag édition. Springer-Verlag

Robins AV, McCallum SJR (2004) A robust method for distinguishing between learned and spurious attractors. Neural Networks 17 :313–326

Rosenblatt F (1958) The perceptron : A probalistic model for information storage and organization in the brain. Psychological Review 65(6) :386–408

Roskies AL (1999) The binding problem. Neuron 24 :7–9

Russel B (1921) The analysis of mind

Samsonovich A, Ascoli GA (2005) A simple neural network model of the hippocampus suggesting its pathfinding role in episodic memory retrieval. Learn Mem 12 :193–208 12 :193–208

Sené S (2008) Influence des conditions de bord dans les réseaux d'automates booléens à seuil et application à la biologie. Thèse de doctorat, Université Joseph Fourier, Grenoble

Senor TD (2009) Epistemological problems of memory. Dans : The Stanford Encyclopedia of Philosophy, Edward N. Zalta, http ://plato.stanford.edu/archives/fall2009/entries/memory-episprob/

Shen-Orr SS, Milo R, Mangan S, Alon U (2002) Network motifs in the transcriptional regulation network of escherichia coli. Nature Genetics 31 :64–68

Smalheiser NR, Lugli G, Thimmapuram J, Cook EH, Larson J (2011) Endogenous sirnas and noncoding rna-derived small rnas are expressed in adult mouse hippocampus and are up-regulated in olfactory discrimination training. RNA 17 :166–181

Smalheiser NR, Lugli G, Rizavi HS, Torvik VI, Turecki G, Dwivedi Y (2012) Microrna expression is down-regulated and reorganized in prefrontal cortex of depressed suicide subjects. Plos One 7 :e33,201

Soulé C (2006) Mathematical approaches to differentiation and gene regulation. Comptes Rendus de l'Académie des Sciences Biologies 329 :13–20

Stickgold H, Hobson JA, Fosse R, Fosse M (2001) Sleep, learning, and dreams : Off-line memory reprocessing. Science 294 :1052–1057

Strogatz SH (2000) From kuramoto to crawford : exploring the onset of synchronization in populations of coupled oscillators. Physica D : Nonlinear Phenomena 143(1-4) :1–20

Strogatz SH (2003) Sync : The emerging science of spontaneous order. New York : Hyperion

Strogatz SH, Mirollo RE (1990) Synchronization of pulse-coupled biological oscillators. SIAM Journal on Applied Mathematics 50(6) :1645–1662

Terman D, Wang DL (1995) Global competition and local cooperation in a network of neural oscillators. Physica D 81 :148–176

Thelen E, Schoner G, Scheier C, Smith LB (2001) The dynamics of embodiment : A field theory of infant perseverative reaching. Behavioral and Brain Sciences 24 :1–86

Thomas R (1973) Boolean formalisation of genetic control circuits. Journal of Theoretical Biology 42 :563–585

Thomas R (1980) On the relation between the logical structure of systems and their ability to generate multiple steady states or sustained oscillations. Springer series in synergetics 9 :180–193

Tonnelier A (2001) Dynamique non-linéaire et bifurcations en neurosciences mathématiques. Thèse de doctorat, Université Joseph Fourier, Grenoble

Tonnelier A, Meignen S, Bosch H, Demongeot J (1999) Synchronization and desynchronization of neural oscillators. Neural Networks 12 :1213–1228

Treisman A (1999) Solutions to the binding problem. Neuron 24 :105–110

Triclot M (2008) Le moment cybernétique : la constitution de la notion d'information. Éditions Champ Vallon

Tulving E (1995) Organisation of memory : quo vadis ? The cognitive neurosciences, Cambridge, Mass : MIT Press pp 839–847

Tulving E, Markowitsch HJ (1998) Episodic and declarative memory : Role of the hippocampus. Hippocampus 8(3) :198–204

Ursino M, Magosso E, Cuppini C (2009) Recognition of abstract objectsvia neural oscillators : Interaction among topological organization, associative memory and gamma band synchronization. Neural Networks, IEEE Transactions on 20(2) :316–335

Whitfield ML, Sherlock G, Saldanha AJ, Murray JI, Ball CA, Alexander KE, Matese JC, Perou CM, Hurt MM, Brown PO, Botstein D (2002) Identification of genes periodically expressed in the human cell cycle and their expression in tumors. Molecular Biology of the Cell 13(6) :1977–2000

Wills TJ, Lever C, Garucci F, Burgess N, O'Keefe J (2005) Attractor dynamics in the hippocampal representation of the local environment. Science 308 :873–876

Wilson HR, Cowan JD (1972) Excitatory and inhibitory interactions in localized populations of model neurons. Biophysical Journal 12

Winfree AT (1974) Patterns of phase compromise in biological cycles. J Math Biol 1 :73–95

Winfree AT (2001) The Geometry of Biological Time, Interdisciplinary Applied Mathematics, volume 12, 2ème édition. Springer

Yu G, Slotine JJ (2009) Visual grouping by neural oscillators. Neural Networks, IEEE Transactions on 20(12) :1871–1884

Cinquième partie

Annexes

Annexe A

Fibre isochronale

L A notion d'isochron a été introduite par Winfree (1974). Il s'agit de courbes que l'on trace dans le bassin d'attraction d'un attracteur cycle limite afin de comprendre ses propriétés de synchronisation. Dans cet annexe, nous commençons par rappeler quelques définitions avant de définir ce qu'est un isochron. Puis, dans un second temps, nous dressons un aperçu des différentes méthodes permettant leur résolution.

A.1 Définition mathématique des isochrons

Notre objet d'étude sont les systèmes dynamiques, plus particulièrement les oscillateurs. Intuitivement, un système dynamique est un système qui change d'un état à un autre de manière causale et déterministe. Le changement est causale puisque l'état suivant ne dépend que de ses états passés et présents et il est déterministe, du fait qu'il ne possède qu'un seul et unique état suivant. Le temps peut s'écouler de manière continue ou de manière discrète. Dans ce qui suit, en partant de cette idée, nous posons les définitions mathématiques nécessaires à l'étude des oscillateurs.

A.1.1 Notions et définitions

Tout d'abord, en supposant que les états d'un système dynamique peuvent être représentés par des réels et que le temps est une entité mesurable, nous posons les notations suivantes :

Notation(s) 1. *(Espace d'état & Ensemble temps)*
$E \subset \mathbb{R}^n$ *est l'ensemble de tous les états d'un système dynamique.*

$T \subset \mathbb{R}$ *est l'ensemble temps (contenant le temps 0).*

En partant d'un état x et après le déroulement d'un temps t, le système dynamique se retrouve dans un état y. L'application qui associe x et t à y est appelée le flot, elle peut représenter l'effet de l'écoulement d'un liquide sur une masse, l'effet d'un champ magnétique sur un objet ferromagnétique, *etc.* Formellement, nous pouvons le définir comme suit :

Définition 6. *(Flot)*
Le flot φ est une application du produit Cartésien $E \times T$ dans E qui satisfait les propriétés suivantes :
$\forall x \in E, \forall s, t \in T$ alors :
(i) $\varphi(x, 0) = x$
(ii) $\varphi(\varphi(x, t), s) = \varphi(x, t + s)$.

La première propriété (i) que doit satisfaire l'application φ est d'associer un point à lui-même après l'écoulement d'un temps nul. La deuxième propriété (ii) permet de composer des flots locaux pour construire le flot (propriété de semi-groupe).
Le flot, l'ensemble temps et l'espace des états définissent un système dynamique.

Notation(s) 2. *(Système dynamique)*
On appelle système dynamique le triplet $\mathcal{S} = (T, E, \varphi)$ avec $T \subset \mathbb{R}$ l'ensemble temps, $E \subset \mathbb{R}^n$ l'espace de tous les états du système et φ le flot du système.

Nous pouvons définir d'autres notions utiles pour la suite :

Notation(s) 3. *(Trajectoire & Condition initiale)*
Une trajectoire est une notation implicite du flot $x(t)$ et qui signifie $\varphi(x, t)$.
La condition initiale est exprimée par $x(0) = x$.

Nous insistons sur le fait que la valeur $x(t)$ est l'état du système dynamique au temps t sachant que son état au temps 0 est x.

Définition 7. *(Orbite)*
L'orbite d'un état y itéré par le flot φ est l'ensemble des points $\mathcal{O}_\varphi(y) = \{\varphi(y, t), \ t \in T\}$.

La définition qui suit est la définition de la distance. Cette définition marque un premier pas vers une représentation géométrique des systèmes dynamiques.

Définition 8. *(Distance)*
On appelle distance sur E, une application $d : E \times E \to \mathbb{R}+$ qui vérifie les propriétés suivantes :
(i) La symétrie : $\forall x, y \in E, d(x,y) = d(y,x)$
(ii) La séparation : $\forall x, y \in E, d(x,y) = 0 \iff x = y$
(iii) L'inégalité triangulaire : $\forall x, y, z \in E, d(x,z) \leq d(x,y) + d(y,z)$

À partir de la définition de la distance, nous pouvons définir une notion topologique basique. Il s'agit de la notion de boule ouverte.

Définition 9. *(Boule ouverte)*
On appelle boule ouverte centrée en x et de rayon $\varepsilon \in \mathbb{R}+$ l'ensemble :
$B_a(x, \varepsilon) = \{y \in E; d(x,y) < \varepsilon\}$.

Intuitivement, c'est un ensemble de points dont la distance à un point de référence est bornée.
À présent, nous pouvons définir l'ensemble limite en avant $L(x)$ d'un état $x \in E$, pris comme condition initiale de $x(t)$. Cette définition est l'adaptation de la notion "Ensemble $\omega - limit$", bien connue dans la théorie des systèmes dynamiques et introduite par Birkhoff (1942) dans sa théorie de l'ergodicité.

Définition 10. *(Ensemble limite en avant)*
On appelle ensemble limite en avant de l'état x, pris comme condition initiale de la trajectoire $x(t)$, l'ensemble :
$L(x) = \{y \in E; \forall \varepsilon > 0, \forall t \in T, \exists s \in T \ / \ s > t \ et \ \varphi(x,s) \in B(y, \varepsilon)\}$.

$L(x)$ est l'ensemble des accumulations temporelles de points de la trajectoire $x(t)$. La définition de cet ensemble nous permet d'aller un peu plus loin dans une description topologique de l'espace E. Cette description repose principalement sur le comportement du flot.

Définition 11. *(Bassin d'attraction)*
Le bassin d'attraction $B_a(A)$ d'un sous-ensemble $A \subset E$ est défini comme suit :
$B_a(A) = \{x \in E; x \notin A, \ et \ L(x) \subset A\}$

En excluant A de $B_a(A)$, nous éliminons la possibilité de désigner comme attracteurs les trajectoires closes d'un système Hamiltonien comme celui de Lotka-Volterra par exemple.
Un attracteur est un ensemble asymptotique. Une trajectoire initiée dans son bassin d'attraction convergera vers lui, mais sans jamais l'atteindre. Nous devons considérer le fait qu'en simulation numérique, il faut considérer que deux points sont confondus, quand la distance qui les sépare est suffisamment

petite. Ainsi pour définir ce qu'est un attracteur, nous aurons besoin de relaxer la notion de distance et de considérer une autre notion : la notion de pseudo-métrique.

Définition 12. *(Pseudo-métrique)*
On appelle une pseudo-métrique sur E, une application $m : E \times E \to \mathbb{R}+$ qui vérifie les propriétés suivantes :
(i) La symétrie : $\forall x, y \in E, m(x,y) = m(y,x)$
(ii) La séparation : $\forall x \in E, m(x,x) = 0$ et, pour quelques $x \neq y$, $m(x,y) = 0$
(iii) L'inégalité triangulaire : $\forall x, y, z \in E, m(x,z) \leq m(x,y) + m(y,z)$

Cette notion est différente de celle de la distance au niveau de la propriété (ii), en d'autres termes les points de l'espace E muni de la pseudo-métrique m ne sont pas forcément discernables. Nous explicitons un peu plus ce qu'est la séparation et nous explicitons son rapport au flot.

Définition 13. *(Conservation de l'indiscernabilité)*
La pseudo-métrique m conserve l'indiscernabilité :

$$\forall x, y \in E, m(x,y) = 0 \iff$$

$$x = y$$
$$\vee$$
$\forall \varepsilon > 0, \exists n \in \mathbb{N}^*, \exists t_1, ..., t_n > 0, \exists x_0, .., x_n \in E$
$x_0 = \varphi(x, 0), x_1 \in B(\varphi(x, t_1), \varepsilon), ..., y \in B(\varphi(x_{n-1}, t_n), \varepsilon)$
$\forall i \in [0, n-1], m(x_i, x_{i+1}) = 0$
$$\vee$$
$\forall \varepsilon > 0, \exists n \in \mathbb{N}^*, \exists t_1, ..., t_n > 0, \exists y_0, .., y_n \in E$
$y_0 = \varphi(y, 0), y_1 \in B(\varphi(y, t_1), \varepsilon), ..., x \in B(\varphi(y_{n-1}, t_n), \varepsilon)$
$\forall i \in [0, n-1], m(y_i, y_{i+1}) = 0$

Nous avons directement la proposition suivante.

Proposition 1. *m est un pseudo-métrique qui conserve l'indiscernabilité alors :*
Si $m(x,y) = 0$ alors $m(\varphi(x,s), \varphi(y,s)) = 0, \forall s \in \mathbb{N}$

La démonstration est faite par récurrence. Elle découle directement de la propriété de semi-groupe.

Notation(s) 4. *($L(A)$ & $\overline{A}_m$)*
$L(A) = \cup_{x \in A} L(x)$
$\overline{A}_m = A \cup \{y \in E; \exists x \in A, x \neq y$ et $m(x,y) = 0\}$
$E_m = (E, m)$ est l'espace E muni de la pseudo-métrique m.

$\overline{A}_m$ est l'ensemble A complété par tout les points situés à une distance nulle selon la pseudo-métrique m.

Cette technique a été utilisé par Bowen (1975) sous le nom de $\varepsilon - pseudo - orbite$.

Dans ce qui suit, nous reprenons la définition d'attracteur développée par Cosnard et Demongeot (1985a,b).

Définition 14. *(Attracteur)*
Un sous-ensemble non vide $A \subset E$ est dit attracteur de $E_m = (E, m)$ s'il vérifie les propriétés suivantes :
i) A est un ensemble fixe par l'opérateur de composition d'ensemble $L \circ B_a$:
$A = L(B_a(A))$,
ii) Il n'y a pas d'ensemble C sachant que $A \subset C \subset \overline{A}_m, C \neq A$, vérifiant i),
iii) Il n'y a pas d'ensemble $D \subset A, D \neq A$, vérifiant i) et ii).

Nous nous intéressons à un cas particulier des attracteurs, les attracteurs cycliques. En partant d'un point appartenant à un attracteur cyclique, on met un temps fini pour retourner au même endroit.

Définition 15. *(Attracteur cyclique)*
Un attracteur A est appelée attracteur cyclique de E_m, si $\forall x \in A$, $\forall t \in T, \exists s > t$ tel que $m(\varphi(x, s), x) = 0$.

Nous nous intéressons en particulier aux attracteurs périodiques.

Définition 16. *(Attracteur périodique/Cycle-limite)*
Un attracteur A est appelé attracteur périodique, ou cycle-limite, dans E_m et de période $\tau \in T$, s'il vérifie les propriétés suivantes :
i) $\forall x \in A$, $m(\varphi(x, \tau), x) = 0$,
ii) $\forall u \in [0, 1[$, $m(\varphi(x, u.\tau), x) > 0$.

La première propriété énonce qu'une trajectoire de condition initiale en A repasse par sa condition initiale après une période τ. La deuxième propriété énonce que la première propriété n'est pas vérifiée par une fraction de la période, en d'autres termes τ est le plus petit réel qui permet de vérifier la première propriété. Un attracteur périodique est un attracteur cyclique. L'inverse n'est pas vrai, ceci est dû au fait que nous utilisons une pseudo-métrique et non pas une distance : une pseudo-métrique nulle entre deux points n'implique pas qu'ils sont égaux.

Pour définir un répulseur, nous allons plutôt remonter le temps. Ainsi, il est possible de définir un ensemble limite en arrière.

Définition 17. *(Ensemble limite en arrière)*
On appelle ensemble limite en arrière d'un état x pris comme condition initiale de la trajectoire $x(t)$, l'ensemble :
$$Q(x) = \{y \in E; \forall \varepsilon > 0, \forall t \in T, \exists s \in T \ / \ s < t \ et \ \varphi(x, s) \in B(y, \varepsilon)\}.$$

Cette définition est l'adaptation de la notion "Ensemble $\alpha - limit$", bien connue dans la théorie des systèmes dynamiques et introduite par Birkhoff (1942) dans sa théorie de l'ergodicité.
Nous définissons de manière analogue un bassin de répulsion.

Définition 18. *(Bassin de répulsion)*
Le bassin de répulsion $B_r(R)$ d'un sous-ensemble $R \subset E$ est défini comme suit :
$$B_r(R) = \{x \in E; x \notin R, \ et \ Q(x) \subset R\}$$

Maintenant, nous pouvons définir ce qu'est un répulseur.

Définition 19. *(Répulseur)*
Un sous-ensemble non vide $R \subset E$ est dit répulseur de $E_m = (E, m)$ s'il vérifie les propriétés suivantes :
i) R est un ensemble fixe par l'opérateur de composition d'ensemble $Q \circ B_r$:
$R = Q(B_r(R))$,
ii) Il n'y a pas d'ensemble C sachant que $R \subset C \subset \overline{R}_m, C \neq R$, vérifiant i),
iii) Il n'y a pas d'ensemble $D \subset R, D \neq A$, vérifiant i) et ii).

Notation(s) 5. *(L'ensemble des ensembles limites)*
On note $\mathcal{A}$ l'ensemble des attracteurs et des répulseurs d'un système dynamique.

Nous venons ainsi à la définition d'un oscillateur.

Définition 20. *(Oscillateur de période τ)*
Un oscillateur de période τ est un système dynamique $\mathcal{O}$ dont l'ensemble des ensembles limites $\mathcal{A} = \{C, R\}$ où C est un cycle limite de période τ et R est un répulseur avec $B_a(C) = B_r(R)$.

Le bassin d'attraction d'un cycle limite peut-être décrit de manière temporelle. Ceci est possible en utilisant la notion d'isochron introduite par Winfree (1974, 2001). La notion d'isochron repose sur la la définition de ce qu'est une phase latente. Plus explicitement, la phase latente d'un point dans l'espace d'états est la phase du point atteint dans le voisinage immédiat du cycle limite, c'est-à-dire après l'écoulement d'un temps égal à un nombre entier suffisant de périodes τ. L'ensemble des points du bassin d'attraction du cycle limite qui possèdent la même phase latente est l'isochron associé à cette phase. Plus intuitivement, l'ensemble des points obtenus de manière successive, suite à des observations périodiques, à intervalles de temps τ, appartient au même isochron. L'ensemble des suites de points obtenues ainsi, qui convergent vers le même point sur le cycle limite constitue un isochron. Ces ensembles de points peuvent être obtenus en utilisant la méthode stroboscopique, introduite par Minorsky (1962), par exemple. De manière plus formelle, nous définissons la phase comme suit :

Définition 21. *(La phase)*
Soit C un cycle limite de période τ et θ la fonction bijective suivante :
$$\theta \ : \ C \ \to \ [0, \tau[$$
$$x \ \to \ \theta(x)$$

Tel que θ vérifie :$\forall x \in C, \ \forall t \in T$

$$\theta(\varphi(x,t)) = \left\{ \begin{array}{ll} \theta(x) + t & Si \ \ 0 \leq \theta(x) + t < \tau \\ \theta(x) + t + \tau E(-\frac{\theta(x)+t}{\tau} + 1) & Si \ \ \theta(x) + t < 0 \\ \theta(x) + t - \tau E(\frac{\theta(x)+t}{\tau}) & Si \ \ \tau \leq \theta(x) + t \end{array} \right.$$

où $E(y)$ est la fonction partie entière de y.

On appelle la phase de l'état $x \in C$ le réel $\theta(x)$.

À partir de la définition de la phase sur le cycle limite, nous pouvons étendre cette définition à la notion de phase latente (Winfree, 2001). Cette notion associe un réel dans $[0, \tau[$ à un point du bassin d'attraction du cycle limite.

Définition 22. *(La phase latente)*
Soit C un cycle limite de période τ et $\tilde{\theta}$ l'extension de θ à $B_a(C)$:
$$\tilde{\theta} \ : \ B_a(C) \ \to \ [0, \tau[$$
$$x \ \to \ \tilde{\theta}(x) = \theta(\lim_{n \, \to \, +\infty} \varphi(x, n\tau))$$

On appelle $\tilde{\theta}(x)$ la phase latente de x.

Pour un $x \in B_a(C)$, $\lim_{n \to +\infty} \varphi(x, n\tau)$ existe par définition de l'attracteur cycle limite.

La structuration temporelle du bassin d'attraction de C est désormais possible avec la notion d'isochron.

Définition 23. *(Isochron)*
Soit $\phi \in [0, \tau[$, $I_\phi = \{x \in B_a(C); \ \tilde{\theta}(x) = \phi\}$ est l'isochron de phase ϕ.

Un profil isochronal de taille $p \in \mathbb{N}^*$ est la fibration isochronale équiphasée à $\frac{\tau}{p}$.

Définition 24. *(Profil isochronal)*
On appelle profil isochronal de taille $p \in \mathbb{N}^*$ l'ensemble :
$$\mathcal{P}_{iso, \, p} = \{I_\phi, \exists k \in [0, p[, \phi = k \tfrac{\tau}{p}\}$$

Quelques propriétés ont été démontrées par Guckenheimer (1975) :

Propriété 1.
(i) $\quad \forall \phi, \phi' \in [0, \tau[, \; \phi \neq \phi' \Leftrightarrow I_\phi \cap I_{\phi'} = \emptyset$
(ii) $\quad B_a(C) = \bigcup_{\phi \in [0, \tau[} I_\phi$
(iii) $\quad B_a(C) = \lim\limits_{p \to +\infty} \mathcal{P}_{iso, \, p} = \lim\limits_{p \to +\infty} \bigcup_{k=0}^{p-1} I_{k\frac{\tau}{p}}$

A présent nous disposons de tous les êtres mathématiques qui seront utilisés tout au long de cette thèse. L'exemple suivant est une illustration de l'utilisation de ces êtres dans le cas d'un système dynamique discret.

A.1.2   Notion d'isochron dans le cas d'un système discret : un réseau booléen

Soit le système dynamique $S = (\mathbb{N}, \{0, 1\}^{11}, \varphi)$ avec φ l'application :

$$\varphi \; : \; \begin{array}{ccc} (\{0, 1\}^{11} \times \mathbb{N}) & \to & \{0, 1\}^{11} \\ (x, t) & \to & \varphi(x, t) \end{array}$$

avec φ défini par récurrence

$$\varphi(x, t+1) = \left[\begin{array}{c} \varphi_0(x_0, t) \\ \varphi_1(x_1, t) \\ ... \\ \varphi_{10}(x_{10}, t) \end{array} \right]$$

Le graphe d'interaction à droite de la Figure A.1 donne le voisinage et les interactions (+ pour une activation et − pour une inhibition) que possède un nœud. La valeur de $\varphi_i(x_i, t+1)$ est calculée à partir de la règle de majorité suivante :
"L'état du nœud est égal à 1, si le nombre des voisins activateurs qui sont à l'état 1 est supérieur à celui des voisins inhibiteurs qui sont à l'état 1 ; dans le cas contraire, l'état du nœud est à 0".
Nous utilisons une pseudo-métrique dérivée de la distance de Hamming. Il s'agit d'une pseudo-métrique qui a cette forme : $d_{H_k}(x, y) = Max(0, n_{diff} - k)$, où n_{diff} est le nombre de bits différents. Notons que d_{H_0} correspond à la distance de Hamming. Quand les pseudo-métriques sont utilisées, l'axiome

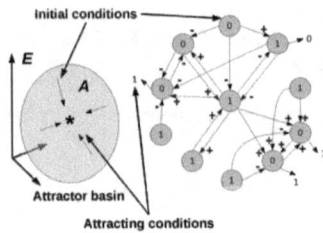

FIGURE A.1 – Définition d'un attracteur (le caractère 'astérisque') et son bassin d'attraction (bulle en gris) dans le cas d'un réseau booléen, dont l'espace des états E est l'hypercube $\{0,1\}^{11}$ (à gauche). Les conditions initiales sont indiquées dans les disques en gris et les conditions d'attraction sont données en dehors des disques en gris (à droite).

de l'identité des indiscernables est omis, c'est-à-dire qu'il existe $x, y \in E$ tels que $x \neq y$ et $d(x, y) = 0$ et l'inégalité triangulaire n'est plus vérifiée, dû à un changement de comportement de la fonction distance en fonction du signe de $n_{diff} - k$ (granularité grossière au-dessous de k, sinon granularité fine). Supposons maintenant que l'attracteur A est un cycle limite, *c'est-à-dire*, en désignant par τ la période du cycle limite, $A = \{a_0, a_1 = \varphi(a_0, 1), ..., a_{\tau-1} = \varphi(a_0, \tau - 1)\}$ et il existe un isomorphisme naturel ψ entre A et l'ensemble $S = \{0, ..., \tau - 1\}$. En notant $T_s = \{t \in T / t = s + k\tau\}_{k \in N, s \in S}$, nous avons : $T = \cup_{s \in S} T_s$.

L'isochron I_s de phase s est le bassin d'attraction de $\{\psi(s) = a_s\}$ pour le flot $\varphi_{,s}$ (équivalent à φ sur $E \times T_s$) et $B_a(A) = \cup_{s \in S} I_s$. Si $T = \mathbb{R}+$ (l'ensemble des nombres réels positifs), I_s est transversal à A, *c'est-à-dire*, le vecteur tangent à I_s à l'état a_s est transverse à A (Guckenheimer, 1975; Freire et al., 2007).

A.1.3   Conclusion

Dans cette partie, nous avons rappelé et formalisé les êtres mathématiques suivants : Système dynamique, trajectoire, orbite, attracteur, bassin d'attraction, bassin de répulsion, répulseur, attracteur cycle limite. L'objectif était de définir ce qu'est un isochron. Nous avons aussi introduit la notion de profil isochronal. Certains aspects et propriétés des isochrons sont traités ailleurs en simulation. Guckenheimer (1975) a démontré l'existence des isochrons, leur resserrement à la frontière du bassin d'attraction, au voisinage du répulseur.

Toute ces démonstrations viennent à la suite de questions posées par *A. T. Winfree* et motivées par les expériences qu'il a faites. Avant d'aborder les propriétés des isochrons, nous nous intéressons aux méthodes de calcul de ceux-ci.

A.2 Détermination et calcul des isochrons d'un oscillateur

Nous nous penchons sur les méthodes de calcul des isochrons dans le cadre des systèmes différentiels. Les systèmes différentiels sont des systèmes dynamiques qui s'écrivent sous cette forme : $\frac{dX}{dt} = F(X)$ avec $X \in \mathbb{R}^n$, $F : \mathbb{R}^n \to \mathbb{R}^n$ (flot du système) et t variable temps. La détermination des isochrons d'un système différentiel est un problème difficile à résoudre analytiquement. Très généralement, ce problème est lié à la détermination des solutions homogènes du système. Les systèmes différentiels sont assez connus pour la difficulté de la résolution de leurs solutions homogènes. Dans ce cas-là, nous nous orientons vers des méthodes numériques où nous déterminons numériquement la phase d'un ensemble de points de l'espace des états. Il faut alors adopter la méthode de résolution des isochrons en fonction de l'oscillateur étudié. Dans ce qui suit nous présentons une palette des méthodes que nous avons utilisées pour calculer les isochrons.

A.2.1 Approches analytiques

Les deux méthodes analytiques ci-dessous reposent sur une transformation du système différentiel initial en un système dans lequel la notion d'isochron est beaucoup plus explicite.

La méthode stroboscopique de Minorsky

Un oscillateur actif est un oscillateur qui est dans le bassin d'attraction de son cycle-limite. Quand il est relaxé, c'est-à-dire sur son cycle-limite, nous observons une activité périodique. Tel un point sur une roue en rotation, le point décrit un cercle. Maintenant, imaginons que cette roue est dans un endroit sombre et que nous disposons d'un stroboscope. À l'aide de notre stroboscope, nous décidons d'émettre un flash périodique, de période égale à la période de rotation de la roue. Le point qui est en rotation sur la roue paraît fixe. En fait, nous ne voyons que la suite des points obtenus par intégration sur une période du système différentiel. Quand notre plan d'observation n'est plus la roue, mais l'espace abstrait des états, la suite de points obtenus à partir d'une même condition initiale dans le bassin d'attraction appartient à un même isochron. Il est alors possible de voir le cycle-limite comme une suite de points fixes et chaque point fixe a, comme bassin d'attraction, l'isochron qui lui est associé. C'est dans le cadre de cette réflexion que N. *Minorsky* avant qu'*A. T. Winfree* ne pose la notion d'isochrons, propose sa méthode stroboscopique expliquée (Minorsky, 1962) et publiée pour la première fois dans le *Bulletin de la Société Française des Mécaniciens* (Minorsky, 1954). Cette méthode consiste à transformer un système presque linéaire et non autonome ayant cette forme :

$$\frac{dx}{dt} = X(x,y,t); \qquad \frac{dy}{dt} = Y(x,y,t) \qquad (A.1)$$

En passant par le changement de variable polaire où :

$$\rho = r^2 = x^2 + y^2; \qquad \psi = \arctan(y/x) \qquad (A.2)$$

De cette manière, on arrive à une autre description du système, qui repose sur ses nouvelles variables :

$$\frac{d\rho}{dt} = F(\rho,\psi,t); \qquad \frac{d\psi}{dt} = G(\rho,\psi,t) \qquad (A.3)$$

La variable r représente un rayon et la variable ρ une mesure d'énergie dans un cadre de physique. F et G sont des fonctions périodiques de période 2π sur t. Comme on considère un système proche d'un système linéaire, les équations A.3 sont voisines des équations d'un oscillateur harmonique :

$$\frac{d\rho}{dt} = 0; \qquad \frac{d\psi}{dt} = -1 \qquad (A.4)$$

Cela veut dire que la mesure ρ de l'énergie de l'oscillateur tend vers une constante $\rho = \rho_0$, sa vitesse angulaire aussi, égale à -1, et sa position évolue selon le sens des aiguilles d'une montre. La solution de ce système a cette forme :

$$\rho_0(t) = \rho_0; \qquad \psi_0(t) = \varphi_0 - t \qquad (A.5)$$

253

avec ρ_0 et φ_0 comme valeurs initiales du système A.4. Si nous étendons cette approximation à un système presque linéaire s'écrivant sous la forme des équations A.3, alors nous pouvons approximer ce système par la forme suivante :

$$\frac{\mathrm{d}\rho}{\mathrm{d}t} = \mu f(\rho, \psi, t) + \ldots; \qquad \frac{\mathrm{d}\psi}{\mathrm{d}t} = -1 + \mu g(\rho, \psi, t) + \ldots \qquad (A.6)$$

Les fonctions f et g sont périodiques de période 2π sur t. La solution de ce système s'écrit comme la somme de la solution du premier ordre (voir les équations A.5) et celles d'ordres supérieurs. En résumé cela donne :

$$\rho(t) = \rho_0(t) + \mu \rho_1(t) + \ldots; \qquad \psi(t) = \psi_0(t) + \mu \psi_1(t) + \ldots \qquad (A.7)$$

Avec :

$$\rho_1(t) = \int_0^t f(\rho_0, \varphi_0 - \sigma, \sigma)\, \mathrm{d}\sigma; \qquad \psi_1(t) = \int_0^t g(\rho_0, \varphi_0 - \sigma, \sigma)\, \mathrm{d}\sigma \qquad (A.8)$$

A ce stade-là, on a deux expressions de premier ordre :

$$\rho(t) = \rho_0 + \mu \rho_1(t); \qquad \psi(t) = \varphi_0 - t + \mu \psi_1(t) \qquad (A.9)$$

Cela permet d'évaluer ρ et ψ pour $t = 2\pi$, $t = 4\pi$,.., mais non pour $t \to \infty$. Pour l'éviter, Minorsky propose de remplacer les valeurs initiales ρ_0 et φ_0, à chaque variation 2π de t, au lieu de faire varier t indéfiniment, ce qui pourrait entraîner le cumul d'erreurs d'intégration dû au fait qu'on a omis les termes d'ordre élevé. Il introduit alors deux entités :

$$\rho_1(2\pi) = K'(\rho_0, \varphi_0); \qquad \psi_1(2\pi) = L'(\rho_0, \varphi_0) \qquad (A.10)$$

où $K'(\rho_0, \varphi_0)$ et $L'(\rho_0, \varphi_0)$ sont les intégrales entre 0 et 2π des équations A.8 prises dans leur ordre d'apparition dans le texte. K' et L' sont des fonctions de ρ_0 et φ_0 et, après intégration, la variable t indépendante a disparu. En tenant compte de la précédente remarque et du fait que :

$$\rho(t) = \rho_0 + \mu\rho_1(t); \qquad \psi(t) = \psi_0 + \mu\psi_1(t) \tag{A.11}$$

Minorsky obtient deux transformations :

$$\rho(2\pi) = K(\rho_0, \varphi_0); \qquad \psi(2\pi) = L(\rho_0, \varphi_0) \tag{A.12}$$

En partant d'une condition initiale (ρ_0, φ_0), les équations A.12 permettent d'obtenir une suite de points $(\rho_0', \varphi_0'), (\rho_0'', \varphi_0''), \ldots$ Cette suite de points constituent l'ensemble des points obtenus par observation stroboscopique.

La variable temps n'est plus présente ici, ce qui est problématique si on veut parler d'attraction vers un point fixe. Minorsky propose de rajouter un nouveau temps, un temps stroboscopique. L'équation A.12 peut également être écrite sous la forme de A.9, puisque :

$$\rho' = \rho + \mu\rho_1, \qquad \varphi' = \varphi + \mu\psi_1 \tag{A.13}$$

où ρ' et φ' sont les valeurs de ρ et φ à la fin de la transformation (2π) et ρ et φ sont ces valeurs avant la transformation. $\Delta\rho = \rho' - \rho$ et $\Delta\varphi = \varphi' - \varphi$ sont les effets de la transformation sur un intervalle 2π. Comme dans l'intégration A.8 le facteur 2π apparaît généralement, on peut écrire :

$$\Delta\rho = 2\pi\mu K(\rho_0, \varphi_0); \qquad \Delta\varphi = 2\pi\mu L(\rho_0, \varphi_0) \tag{A.14}$$

Évidement, la transformation nous ramène à un point fixe, $\Delta\rho = \Delta_\varphi = 0$. Il est alors convenable d'introduire un nouveau temps pour exprimer cette convergence, en substitution de la variable temps t disparue suite à l'intégration A.8 en 0 et 2π. Le nouveau temps qu'on introduit est un temps qu'on appelle temps stroboscopique τ. Son expression est telle que :

$$\Delta\tau = 2\pi\mu \tag{A.15}$$

Ceci donne une forme familière des équations A.14.

$$\frac{\Delta\rho}{\Delta\tau} = K(\rho_0, \varphi_0); \qquad \frac{\Delta\varphi}{\Delta\tau} = L(\rho_0, \varphi_0) \tag{A.16}$$

Ces équations permettent de déterminer les quantités à rajouter successivement à partir d'une condition initiale (ρ_0, φ_0) pour obtenir les points A', A'', ... obtenus par observation stroboscopique du système A.1. En poussant cette analogie jusqu'au bout, Minorsky suggère que, de manière similaire à l'impression de flot produite par la persistance d'une suite d'images sur la rétine, il est possible de faire un passage à la limite du système A.16 pour décrire une courbe C qui passe par A, A', A''.... Ceci donne un nouveau système qu'il appelle système stroboscopique :

$$\frac{d\rho}{d\tau} = K(\rho, \varphi); \qquad \frac{d\varphi}{d\tau} = L(\rho, \varphi) \qquad (A.17)$$

Minorsky dit que l'équation stroboscopique obtenue dans A.17 permet de réduire le problème d'existence d'un cycle limite du système A.1 à un problème d'existence de point fixe. Cela constitue la principale motivation de l'élaboration de cette méthode. Quoiqu'initialement cela n'était pas dans les objectifs de cette méthode, nous remarquons que la notion d'isochron est plus explicite en utilisons le système A.16. En effet, les points obtenus par observations stroboscopiques sont des points appartenant au même isochron. Les équations A.17 vont nous servir comme base pour un algorithme de résolution des isochrons d'un système de type A.1.

Une résolution des isochrons basée sur la méthode stroboscopique : cas de l'oscillateur anharmonique

Dans ce qui suit nous considérons les isochrons du pendule anharmonique. Ce système a l'avantage d'être simple et l'expression de ses solutions homogènes est connue. Ses isochrons ont une forme simple : ils sont distribués de manière radiale. Les équations différentielles qui décrivent le pendule anharmonique sont :

$$\frac{dx}{dt} = y + x(1 - x^2 - y^2); \qquad \frac{dy}{dt} = -x + y(1 - x^2 - y^2) \qquad (A.18)$$

et leurs solutions homogènes sont de la forme suivante (Demongeot et al., 2007a) :

$$x(t) = \rho_0 e^t \frac{\cos(t - \theta_0)}{\sqrt{1 + \rho_0^2(e^{2t} - 1)}}; \quad y(t) = -\rho_0 e^t \frac{\sin(t - \theta_0)}{\sqrt{1 + \rho_0^2(e^{2t} - 1)}} \qquad (A.19)$$

avec (ρ_0, θ_0), la condition initiale exprimée en coordonnées polaires. Admettons que le système a un cycle limite ψ et que la période nécessaire pour effectuer une révolution converge vers T. Une solution prise avec une condition initiale appartenant au cycle est une solution qui vérifie la propriété suivante :

$\int_0^T \frac{dx}{dt} dt = \Delta_0^T x = 0$ et $\int_0^T \frac{dy}{dt} dt = \Delta_0^T y = 0$.

Nous définissons deux entités qui représentent les déplacements effectués après un nombre entier de période T à partir de n'importe quelle solution écrite sous forme des équations A.19 :

$$\Delta_0^{kT} x = \rho_0 \frac{\cos{(kT - \theta_0)} e^{kT}}{\sqrt{1 + \rho_0^2 (e^{2kT} - 1)}} - \cos{(\theta_0)} = 0;$$

$$\Delta_0^{kT} y = \rho_0 \frac{\sin{(kT - \theta_0)} e^{kT}}{\sqrt{1 + \rho_0^2 (e^{2kT} - 1)}} - \sin{(\theta_0)} = 0 \quad avec \ \ T > 0$$

$$(A.20)$$

Comme pour la première approximation, nous supposons que $\rho_0 = 1$ et $\theta_0 = 0$ est un point appartenant à l'attracteur. Nous avons $T = 2\pi$. Nous remarquons que les deux quantités $\Delta_0^T x$ et $\Delta_0^T y$ représentent les variations respectives de x et y après une révolution. Quand $\rho \to 1$ ces deux quantités tendent vers 0. L'attracteur du pendule anharmonique est alors décrit par le cercle unitaire $\rho = 1$. Alors, $x(T) = x(0) + \Delta_0^T x$ et $y(T) = y(0) + \Delta_0^T y$. Dès lors, nous définissons $x_{n+1} = x(T)$, $x_n = x(0)$ et nous appliquons la même technique pour y. En substituant dans $\Delta_0^T x$ (resp. $\Delta_0^T y$) $\rho_0 \cos{(\theta_0)}$ (resp. $\rho_0 \sin{(\theta_0)}$) par x_n (resp. y_n) et ρ_0^2 par $(x_n^2 + y_n^2)$, nous obtenons le système discret suivant :

$$\begin{cases} x_{n+1} = x_n \frac{e^{2\pi}}{\sqrt{1 + (x_n^2 + y_n^2)(e^{4\pi} - 1)}} \\ y_{n+1} = y_n \frac{e^{2\pi}}{\sqrt{1 + (x_n^2 + y_n^2)(e^{4\pi} - 1)}} \end{cases} \quad (A.21)$$

En partant d'un point (x_0, y_0) et en itérant ce système, nous retrouvons une série de points appartenant au même isochron. Ce système décrit une série de points appartenant au même isochron, en partant d'une série de points initiaux équitablement répartie, en phase autour de l'attracteur (voir la Figure 4.5). Dans le cas de ce système, la détermination d'un isochron de phase ϕ se fait simplement en reliant graphiquement les différent points $(x_n, y_n)_n$ avec (x_0, y_0) le point de phase ϕ. Cela détermine exactement l'isochron car les isochrons du pendule anharmonique sont radiaires (numériquement). Pour un autre système, comme le cas du Wilson-Cowan, cela n'est plus valable puisque ses isochrons sont en spirale.

La décomposition potentiel-hamiltonienne

Il s'agit d'une autre méthode pour approximer les isochrons d'un système. Cette méthode a été développée dans une série d'articles. Elle repose sur l'idée suivante : lorsque le système est proche d'un système purement hamiltonien (reps. potentiel) les isochrons tendent vers la partie potentielle (reps. hamiltonienne). Demongeot et al. (2007a) ont commencé par introduire une méthode pour effectuer une décomposition de Hodge sur des systèmes d'équations différentielles ordinaires de dimension 2. Puis, ils ont élaboré un algorithme pour estimer les composantes potentiel et hamiltonienne, dans le cas particulier des systèmes de Liénard, et les ont comparer aux isochrons de quelques systèmes (Demongeot et al., 2007b). Enfin, ils ont discuté et appliqué cette méthode sur quelques systèmes (Forest et al., 2007; Glade et al., 2007). Dans ce qui suit, nous présentons un résumé des principales étapes de cette méthode. Un système d'EDO est dit potentiel-hamiltonien décomposable s'il existe un couple de polynômes (P, H), tel que :

$$\frac{\mathrm{d}x}{\mathrm{d}t} = -\frac{\partial P}{\partial x} + \frac{\partial H}{\partial y}; \qquad \frac{\mathrm{d}y}{\mathrm{d}t} = -\frac{\partial P}{\partial y} - \frac{\partial H}{\partial x} \qquad \text{(A.22)}$$

Comme illustrer sur la Figure A.2, la partie P et la partie H représente respectivement le flot gradient et le flot conservateur. À présent considérant

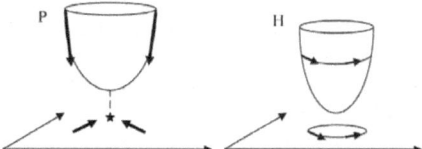

FIGURE A.2 – **Illustration schématique de la partie potentielle (P) et la partie hamiltonienne (H).** La surface représentée est celle décrite par P. L'aspect gradient du flot est la partie P et l'aspect conservateur du flot est la partie H. La Figure est copiée, après accord, depuis (Demongeot et al., 2007a).

le système d'EDO de dimension 2 suivant :

$$\frac{\mathrm{d}x}{\mathrm{d}t} = f(x, y); \qquad \frac{\mathrm{d}y}{\mathrm{d}t} = g(x, y) \qquad \text{(A.23)}$$

où f et g sont des polynômes de cette forme :

$$f(x,y) = \sum_{i \geq j} a_{ij} x^i y^j + \sum_{i < j} c_{ij} x^i y^j; \qquad g(x,y) = \sum_{i \geq j} b_{ij} x^i y^j + \sum_{i < j} d_{ij} x^i y^j \tag{A.24}$$

alors on a (Demongeot et al., 2007a), pour $k \geq 4$:

$$P = \sum_{j \leq k, j = 4p+1} -f_1^{[j](j-1)} - g_1^{(j-1)[j]} + \sum_{j \leq k, j = 4p+2} -f_2^{(j-1)[j]} - g_2^{[j](j-1)}$$
$$+ \sum_{j \leq k, j = 4p+3} f_1^{[j](j-1)} + g_1^{(j-1)[j]} + \sum_{j \leq k, j = 4p+4} f_2^{(j-1)[j]} + g_2^{[j](j-1)}$$
$$+ (f + ig)(x + iy) + (f - ig)(x - iy)$$

$$H = \sum_{j \leq k, j = 4p+1} f_2^{(j-1)[j]} - g_2^{[j](j-1)} + \sum_{j \leq k, j = 4p+2} f_1^{[j](j-1)} - g_1^{(j-1)[j]}$$
$$+ \sum_{j \leq k, j = 4p+3} -f_2^{(j-1)[j]} + g_2^{[j](j-1)} + \sum_{j \leq k, j = 4p+4} -f_1^{[j](j-1)} + g_1^{(j-1)[j]}$$
$$- i(f + ig)(x + iy) + i(f - ig)(x - iy)$$

avec :

$$f_1 = \sum_{i > j} a_{ij} x^i y^j + \tfrac{1}{2} \sum_{i=j} a_{ij} x^i y^j$$
$$f_2 = \sum_{i < j} c_{ij} x^i y^j + \tfrac{1}{2} \sum_{i=j} a_{ij} x^i y^j$$
$$g_1 = \sum_{i > j} b_{ij} x^i y^j + \tfrac{1}{2} \sum_{i=j} b_{ij} x^i y^j$$
$$g_2 = \sum_{i < j} d_{ij} x^i y^j + \tfrac{1}{2} \sum_{i=j} b_{ij} x^i y^j$$

La notation $f^{(n)[m]}(x,y)$ représente la fonction obtenue en intégrant n fois f par rapport à x et en la dérivant m fois par rapport à y.

Pour avoir une approximation de ces polynômes, il faut fixer un k, puis choisir numériquement k points appartenant à l'attracteur et par une approximation polynomiale avoir les coefficients a_{ij}, b_{ij}, c_{ij} et d_{ij} (Demongeot et al., 2007b). Cette méthode est appliquée, particulièrement, au système de van der Pol (Demongeot et al., 2007b). Après la détermination de $H(x,y)$, les auteurs obtiennent une bonne approximation du cycle limite décrite par l'ensemble des points vérifiant $H(x,y) = 0$ pour le cas du van der Pol. En appliquant cette décomposition sur le pendule anharmonique, qui est un système proche d'un système purement hamiltonien, Demongeot et al. (2007b) avancent que l'inversion de H et de P donne un nouveau système dynamique dont les trajectoires sont les isochrons du système dynamique initial.

Approximation des isochrons du van der Pol

Avec une approche similaire à la précédente, c'est-à-dire qui repose sur une décomposition potentiel-hamiltonienne, Demongeot et Françoise (2006) donnent une approximation du premier ordre des systèmes potentiel-hamiltonien et l'appliquent pour approximer les isochrons du système de van der Pol qui, rappelons le, a les Équations A.25 suivantes :

$$\begin{cases} \frac{dx}{dt} = y \\ \frac{dy}{dt} = -\omega_0^2 x + \omega_0 \, \mu \, y(1 - x^2) \end{cases} \tag{A.25}$$

Après application de leur méthode, les auteurs donne l'approximation suivante les coordonnés polaires : $\theta + \omega \rho^2 [(\frac{cos^4(\theta)}{4} - 1) + \frac{1}{2} sin^2(\theta)] = c$, où c est une constante.

A.2.2   Approches numériques

Dans l'ensemble de ces algorithmes, on utilise une intégration numérique de type Runge-Kutta d'ordre 4 (RG4).

Algorithme de Monte-Carlo

Cet algorithme est exécuté après détermination de l'attracteur cycle limite et de sa période, il prend comme entrée le nombre d'isochrons qu'on souhaite résoudre, un paramètre de précision p (décrit dans la Figure 4.2) et deux paramètres entiers N_0 et M.
L'algorithme est parallélisé en plusieurs processus ou threads. Chaque processus déroule l'algorithme suivant :

1. Un processus tire un point initial X_0, aléatoirement dans l'espace des états.

2. Il effectue une intégration RG4 pendant un nombre initial N_0 de périodes. Puis, l'intégration est poursuivie pendant des créneaux d'intégration égaux au nombre de pas de temps discret qu'il faut pour faire une révolution sur l'attracteur cycle limite.

3. après chaque créneau, on vérifie si la trajectoire a atteint le cycle limite (voir plus loin la méthode de détection d'appartenance au cycle limite).

4. si la trajectoire n'a pas atteint le cycle limite, alors on intègre une nouvelle fois pendant une période et une nouvelle vérification est effectuée, s'il y a cumul d'échec de détection pendant un nombre M (grand) de créneau alors le processus rejette X_0 et reprend à la première étape, en choisissant un nouveau point initial X_0.

5. sinon si on détecte que la trajectoire a atteint le cycle limite alors on identifie l'isochron d'intérêt qui lui est le plus proche I_ϕ (par distance avec le point de I_ϕ appartenant au cycle limite).

6. si le point courant de la trajectoire appartient à I_ϕ selon le paramètre de précision p (voir la Figure 4.2) alors :

    • on range le point initial X_0 dans la collection de points de I_ϕ.

    • sinon le point initial X_0 est rejeté et le processus reprend à la première étape en tirant un nouveau point initial X_0.

L'algorithme ne possède pas de condition d'arrêt, nous faisons un plot des points graphiquement à chaque fois pour voir si le rendu est continu ou pas (à l'œil) pour décider d'arrêter l'algorithme.

Algorithme des pinceaux intelligents

L'algorithme précédent tire aléatoirement dans tout l'espace des états. Cela peut s'avérer coûteux, nous avons donc proposer une autre alternative qui réduit la fenêtre de tire. Nous définissons deux fenêtres de tire pour chaque isochrons. Nous les plaçons initialement au voisinage des points de l'isochron sur le cycle limite. Puis, nous procédons comme l'algorithme précédent mais cette fois sur une fenêtre plus réduite et avec un nombre de points Max, qui représente le nombre de points à trouver dans cette fenêtre. Une fois que nous avons trouver ses points, une régression linéaire simple permet de trouver le vecteur $\vec{V}$ directeur décrivant ces points. Une fois que nous l'obtenons, la première fenêtre est déplacée dans le sens du vecteur $\vec{V}$ et la deuxième, dans le sens contraire (pour trouver les points appartenant à l'isochron et qui sont situés à l'intérieur du cycle limite). À l'issu de cette étape, le vecteur de déplacement W de chaque fenêtre est mémorisés. Les déplacements suivant des 2 fenêtres de tire sont effectués pour chacune, en calculant encore un nouveau vecteur $\vec{V}'$ (à partir du nouvel ensemble de points) puis chaque fenêtre est déplacée dans le sens d'un nouveau vecteur déplacement $\vec{W}' = \frac{\langle \vec{V}', \vec{W} \rangle}{\|\vec{V}'\|} \cdot \vec{V}'$ (ceci nous permet de ne pas rebrousser chemin). C'est l'idée de cette algorithme conçu pour des systèmes bidimensionnels. Il présente quelque difficulté quand la courbe des isochrons est très angulaire (en spirale par exemple comme le cas du Wilson-Cowan, voir la Figure 4.6).

Algorithme de retour en arrière

Cette algorithme se résume à l'idée suivante : l'ensemble des points d'un isochron est déterminé par intégration en arrière (en remontant le temps), depuis le point appartenant à l'isochron sur le cycle limite. Les isochrons sont déterminés en déroulant le temps dans le sens contraire et en partant d'un petit voisinage du points de phase sur le cycle limite.

Annexe B

Outils logiciels

P_{OUR} mener à bien ce travail de thèse, 3 développements logiciels ont été nécessaires. Le premier logiciel, NetworkDesigner, logiciel que j'ai commencé à développer pendant mon stage de fin d'études au laboratoire TIMC-IMAG. Le second, DSAnalyser, est un environnement informatique que j'ai développé pour résoudre les isochrons de quelques oscillateurs et la simulation de populations d'oscillateurs. Enfin, j'ai contribué à un troisième environnement logiciels, GNBox, conçu par Fabien Corblin, initialement, pour transformer le problème de modélisation d'un réseau de régulation avec un formalisme de Thomas en un problème de satisfiabilité. Nous avons collaboré tous les deux pour étendre cet environnement au cas des réseaux d'automates booléens à seuil. Dans ce qui suit, je résume brièvement les fonctionnalités et les caractéristiques de chaque logiciel.

B.1   NetworkDesigner

Il s'agit d'un logiciel de conception de réseaux d'automates discrets à seuil, pour la modélisation de réseaux de régulation génétique. Il offre différentes possibilités de simulation numérique, telles que (i) l'analyse de la dynamique du réseau, attracteurs (point fixes et cycles limites) et leurs bassins d'attraction, (ii) l'analyse des transitions entre les différents bassins d'attraction sous des conditions de stochasticité représentées par une fonction de transition de type machine de Boltzmann et (iii) d'autres fonctionnalités d'interfaçage avec GNBox (voir en-dessous).

Je l'ai conçu en UML implémenté sous l'environnement Eclipse pour C++ en utilisant la bibliothèque graphique Qt4. Il a été développé dans le cadre du

Virtual Physiological Human Network of Excellence (European Project). Il est disponible gratuitement sous licence GPL 2.0 à l'adresse suivante : `http://toolkit.vph-noe.eu/home/tools/modelling-tools/networkdesigner.html`.

Nombre de lignes de code : $\simeq$ 8000

B.2 DSAnalyser

Il s'agit d'un environnement que j'ai développé en C++ pour la simulation de systèmes dynamiques d'oscillateurs périodiques, exprimés sous forme d'équations différentielles.

Les principales fonctionnalités qu'offre ce logiciel sont la détermination de l'attracteur cycle limite, des trajectoires et des isochrons d'un système dynamique. Je cite aussi d'autres fonctionnalités, telles que la simulation d'une population d'oscillateurs.

Ce logiciel devrait être disponible en téléchargement gratuit vers juin 2012 sur le portail du VPH NoE.

Nombre de lignes de codes : $\simeq$ 7000.

B.3 GNBox

Ce logiciel est conçu et développé par mon collègue et ami Fabien Corblin. Il a été initialement développé pour intégrer des réseaux de régulation exprimés dans le formalisme des réseaux de Thomas. J'ai contribué à l'extension de ce logiciel vers le formalisme des réseaux booléens à seuil (réseaux Hopfield-like) et au développement de son interface avec NetworkDesigner. La puissance de ce logiciel réside dans sa manière d'aborder la problématique de modélisation des réseaux de régulation génétique, en proposant une approche nouvelle. La manière classique est d'intégrer les données structurelles incomplètes (typiquement du type interaction entre gènes) et d'essayer de tendre vers la dynamique observée expérimentalement en minimisant une fonction coût pour trouver un modéle convenable. L'approche implémentée par ce logiciel passe par une formalisation des données structurelles et des dynamiques observées sous forme de contraintes logiques. Le problème devient alors un problème de satisfiabilité qui sera traité par un solveur SAT. Dans certains cas, tout un ensemble de solutions modèles est trouvé, une réduction des modèles est effectuée et l'étude taxonomique devient envisageable. Nous donnons un exemple de cette approche dans l'article :

Determination, optimization and taxonomy of regulatory networks. Nicolas Glade, Adrien Elena, Fabien Corblin, Eric Fanchon, Jacques Demongeot and Hedi Ben Amor. Advanced Information Networking and Applications Workshops (WAINA), 2011 IEEE 25th International Conference on, Piscataway, 488-494 (2011).

Nombre de lignes de codes (de ma contribution) : $\simeq$ 300.

Oui, je veux morebooks!

i want morebooks!

Buy your books fast and straightforward online - at one of world's fastest growing online book stores! Environmentally sound due to Print-on-Demand technologies.

Buy your books online at
www.get-morebooks.com

Achetez vos livres en ligne, vite et bien, sur l'une des librairies en ligne les plus performantes au monde!
En protégeant nos ressources et notre environnement grâce à l'impression à la demande.

La librairie en ligne pour acheter plus vite
www.morebooks.fr

 VDM Verlagsservice-gesellschaft mbH

VDM Verlagsservicegesellschaft mbH
Heinrich-Böcking-Str. 6-8   Telefon: +49 681 3720 174   info@vdm-vsg.de
D - 66121 Saarbrücken   Telefax: +49 681 3720 1749   www.vdm-vsg.de

Zeitfracht Medien GmbH
Ferdinand-Jühlke-Straße 7
99095 Erfurt, Deutschland
produktsicherheit@kolibri360.de

Druck:
CPI Druckdienstleistungen GmbH
im Auftrag der
Zeitfracht Medien GmbH
Ein Unternehmen der Zeitfracht - Gruppe
Ferdinand-Jühlke-Str. 7
99095 Erfurt